FAHRT INS UNGEWISSE

PER FAHRRAD VON DEN ARGENTINISCHEN ANDEN ZU DEN KANADISCHEN ROCKY MOUNTAINS

SVEN SCHMID

April 2013

Lieber Marc,

Viel Spaß und gute Unterhaltung beim Lesen meines Buches!

Sven

Edition Fahrrad

Reisebuchverlag Kastanienhof

FAHRT INS UNGEWISSE – PER FAHRRAD VON DEN ARGENTINISCHEN ANDEN ZU DEN KANADISCHEN ROCKY MOUNTAINS

Hauptstraße 59, 01796 Struppen

E-Mail: anfrage@verlag-kastanienhof.de

Homepage: www.verlag-kastanienhof.de

ISBN 978-3941760271

Fotos: Sven Schmid

Umschlagsgestaltung: © Verlag Kastanienhof

Innengestaltung & Satz : © Verlag Kastanienhof

Lektorat: Monika Welz

Gesamtkonzept: Manfred Hoffmann

Erste Auflage 2013

Sven Schmid, geboren 1977 in Waiblingen, studierte und promovierte an der Universität Stuttgart. Als Ingenieur für Luft- und Raumfahrttechnik arbeitete er unter anderem bei der NASA in Kalifornien und in Brasilien.

Schon als Jugendlicher entdeckte er das Fahrradfahren als die perfekte Form, Land und Leute kennenzulernen. Nach mehreren erlebnisreichen Touren quer durch Europa wurde schließlich sein Traum von einer längeren Reise auf einem anderen Kontinent Wirklichkeit.

Unterwegs durch Südamerika erkannte er, dass das von den Medien gezeichnete Bild die Wirklichkeit einseitig und verzerrt darstellt. Besonders in den Ländern Kolumbien und Mexiko, über die meist im Zusammenhang mit Gewalt, Verbrechen und Drogenkriminalität berichtet wird, begegnete er sehr friedliebenden, ehrlichen und gastfreundlichen Menschen.

Sven Schmid fasst seine Erfahrungen so zusammen: „Seit der Reise schätze ich die selbstverständlich gewordenen Gegebenheiten unserer westlichen Welt mehr denn je. Ich sehe die Vorteile unseres manchmal langweilig und spießig wirkenden Lebens in Deutschland, wo Sicherheit, ein gutes Bildungssystem, Jobchancen, medizinische Versorgung, Umweltbewusstsein, Verkehrssicherheit und vieles mehr zum Alltag gehören. Auf unserer Erde sind die Chancen sehr ungleich verteilt und ich bin dankbar, in Mitteleuropa geboren zu sein. Die in vielen Gegenden Lateinamerikas voranschreitende Zerstörung der Natur macht mich traurig und gibt mir sehr zu denken – nicht nur wegen des Verlusts atemberaubend schöner Landschaften, sondern weil damit auch viele Menschen ihre Lebensgrundlage verlieren.

Die Erfahrung, Ausländer zu sein – das Ausgeliefertsein und die Abhängigkeit von Fremden – hat mich verändert. Anfangs glich jede Begegnung einer Überwindung, Verständigungsprobleme machten mich unsicher und ein Stück weit misstrauisch. Zahlreiche Situationen zwangen mich aber zum Glück immer wieder dazu, auf Menschen einzugehen, ihnen zu vertrauen und ihre Hilfe anzunehmen. Dies erforderte oft sehr viel Mut und Kraft, aber es brachte mich den Menschen auch sehr nahe und macht es mir heute leichter, Fremden und Ungewohntem offen zu begegnen."

Inhaltsverzeichnis

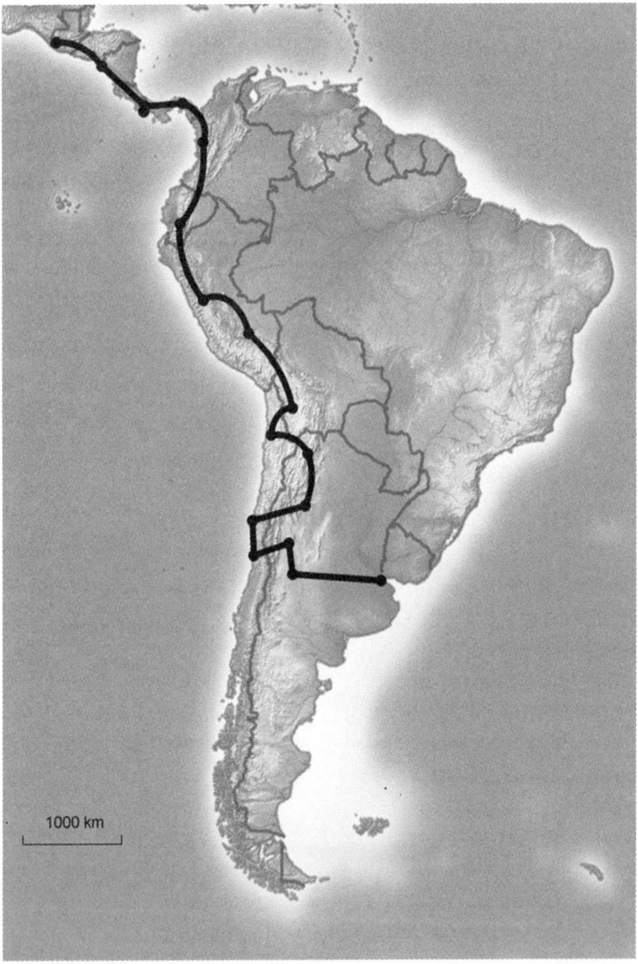
1000 km

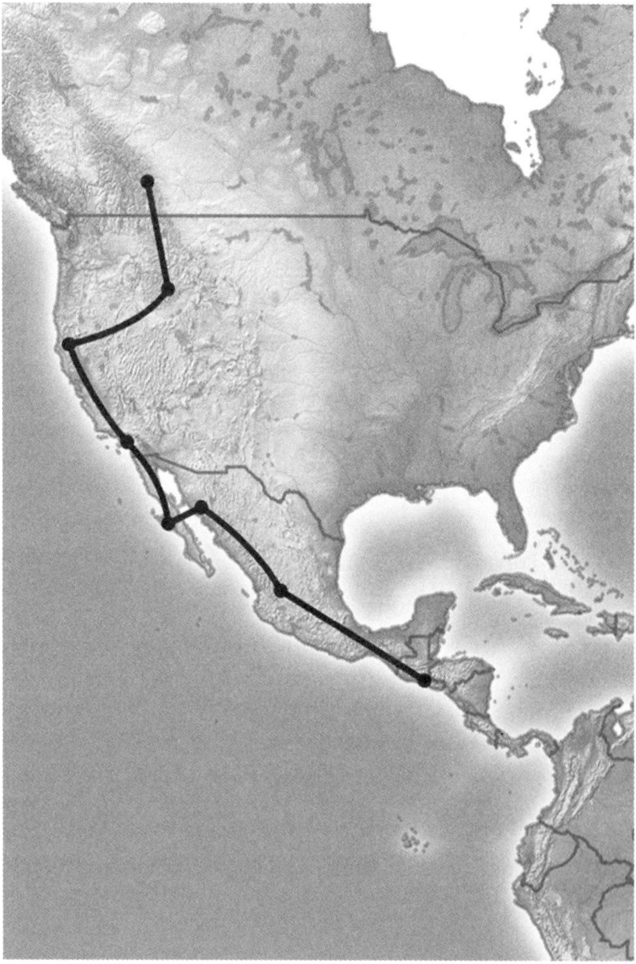

PROLOG

Welcher Tag ist heute eigentlich? Seit Wochen schon bin ich mit meinem Fahrrad in den peruanischen Anden unterwegs, winde mich täglich auf schmalen Schottersträßchen über riesige Pässe und durchquere tiefe Täler mit reißenden Flüssen. Tagelang bin ich alleine, nur selten führt die Straße durch kleine Bergdörfer oder vorbei an abgelegenen Bauernhöfen. Aus weiter Ferne erscheinen die bunten Wiesen, auf denen Lamas und Alpakas grasen, wie ein Mosaik. Innerhalb weniger Stunden gelange ich durch verschiedenste Klimazonen mit vielfältigstem Bewuchs. Karge und steinige Landschaften wechseln sich ab mit saftig grünen Wiesen und subtropischen Gegenden mit Kakteen und Büschen. In tieferen Lagen ziehen Bananenstauden, Mango- und Papayabäume an mir vorbei. Die eisige Kälte auf über 4 000 Metern Höhe lässt sich nur mit Handschuhen, Winterjacke und Wollmütze ertragen, in den Talgründen hingegen rinnt mir bei feuchtheißen 30 Grad im Schatten der Schweiß über die Haut. Immer wieder folgt die Straße riesigen Flussläufen, unbändig haben deren Wassermassen im Lauf der Zeit tiefe Schluchten mit steilen Flanken in die Gebirgslandschaft geschnitten, die das Fortbewegen per Fahrrad äußerst mühsam machen.

Ich schaue kurz nach hinten und erstarre vor Schreck. Drei Männer mit Stöcken in den Händen rennen hinter mir her und rufen mir zu: „Gringo[1], anhalten!" Adrenalin schießt mir in die Adern, ich trete kräftiger in die Pedale und versuche ihnen zu entkommen. Geschichten von Raubüberfällen in Lateinamerika stecken mir in den Knochen und machen mich angespannt. Mein Puls ist am oberen Limit, meine Hände umschließen verkrampft die Griffe des Lenkers. Dann wage ich einen zweiten Blick in den Spiegel und sehe drei Jugendliche mit selbst gemachten Angelruten aus Bambusrohr sowie einen kleinen Hund hinter mir. „Wo kommst du her und wo fährst du hin?", fragt mich einer der Jungs, als ich anhalte und sie zu mir aufschließen. „Willst du nicht eine Pause in unserem Dorf einlegen und dich ausruhen?" Eine Viertelstunde später stehe ich mit meinem Fahrrad auf dem Dorfplatz von La Esmeralda in der Kordillera de Vilcabamba, umringt von gut zehn Kindern. „Magst du ein paar Kaktusfeigen essen?", fragt mich einer der Jungs und erscheint mit seiner Großmutter und einer Schüssel mit frischen Früchten wenig später wieder. Ich erzähle den Kindern von meiner Reise, zeige ihnen meine Landkarte, erkläre die Funktionen meines Fahrradcomputers und führe meinen Benzinkocher vor. Mit neugierigen Augen schauen sie mir dabei zu und überhäufen mich mit Fragen, erst schüchtern und zurückhaltend, doch dann sind sie fast nicht mehr zu bremsen.

Es sind diese kleinen und einzigartigen Geschichten, die das Reisen per Fahrrad zu etwas Besonderem machen. Als

[1] *Span. Ausdruck für europäische bzw. nordamerikanische Ausländer*

Radfahrer ist man den Menschen sehr nah, man ist greifbar und kommt situationsbedingt ins Gespräch mit Bauarbeitern, Lkw-Fahrern, Polizisten, Kioskverkäufern, Feldarbeitern, Kindern. Fast immer ist es die Neugier der Menschen, fast immer beginnt alles mit ihren Fragen nach der Herkunft, Ziel oder Dauer der Reise. Sich in diesen Situationen zu öffnen und auf die Leute einzulassen, bedarf anfangs einer Überwindung. Doch wenn man es wagt, dann erlebt man die unglaublichsten und schönsten Geschichten mit fremden Menschen einer fremder Kultur, erfährt wahre Gastfreundschaft und erhält die großartige Chance, für einen kurzen Moment einen Einblick in ihr Leben zu bekommen.

Der Tagesablauf im Fahrradsattel unterliegt einem eigenen Rhythmus. Dinge des gewohnten Alltags treten in den Hintergrund, andere gewinnen dagegen an Bedeutung. Entfernungen, Höhendifferenzen, Straßenbelag, Wind und Wetter bestimmen die Entscheidungen. Gegessen wird nicht zu festen Zeiten, sondern wenn der Magen knurrt, und das tut er eigentlich permanent. Die Landkarte wird zur Tageszeitung, man liest sie wie die Schlagzeilen der Nachrichten und versucht, sich damit eine Vorstellung von der bevorstehenden Etappe zu machen. Aus Höhenlinien, Kilometerzahlen und Streckenverläufen entsteht im Kopf ein vages Bild des bevorstehenden Tagesablaufes und der zu erwartenden Schwierigkeiten und dennoch bleibt ein großes Fragezeichen bestehen. Wind, Wetter, Straßenzustand, Pannen, Begegnungen mit Menschen – man ist vielen äußeren Einflüssen ausgesetzt, die sich weder vorhersagen noch planen lassen. Doch genau dies macht die Sache so interessant.

Über zwanzig Jahre sind mittlerweile vergangen, als ich im Alter von 13 Jahren zum ersten Mal Zelt, Schlafsack und Gaskocher auf den Gepäckträger meines Fahrrads packte und mit meinem Schulfreund von Stuttgart aus nach Konstanz am Bodensee fuhr. Wir beide waren zuvor noch keine 50 Kilometer am Stück geradelt, als wir auf unsere Mountainbikes stiegen und ein lässiges „Tschüss" in die besorgten Gesichter unserer Eltern winkten. Ich glaube, sie ließen uns nur fahren, weil sie dachten, wir würden nach wenigen Kilometern umkehren und dann ein paar Stunden später wieder kleinlaut vor der Haustür stehen. Eine gute Woche waren wir insgesamt unterwegs, zelteten auf Wiesen oder in privaten Gärten hinter Häusern. Von Bauern erhielten wir Milch, Brot und Obst, oft wurde es uns angeboten, ohne dass wir danach fragten. Eine Nacht campten wir hinter einem Bauernhaus auf der Schwäbischen Alb, am nächsten Morgen weckte uns die Bäuerin und streckte ein Tablett mit Tee und Honigbroten in unser Zelt. Wir radelten die gleiche Strecke, wie wir sie zuvor schon mehrere Male im Auto unserer Eltern gefahren waren, und doch hatten wir das Gefühl, durch eine andere Welt mit anderen Menschen zu reisen. Es waren kleine, aber wesentliche Details, die den Unterschied zu den Autofahrten entlang der Strecke ausmachten und uns zu einem Teil der Landschaft und der Dörfer werden ließen, durch die wir fuhren.

Über ein Jahrzehnt schlummerte in mir der Traum einer längeren Fahrradtour, immer wieder wurde er genährt von Erzählungen anderer Radreisender. In meinem Regal stapelten sich die Bücher. Wie Gummibärchen verschlang ich die abenteuerlichen Geschichten von Radtouren durch Asien, Afrika, Amerika und sah mich jedes Mal selbst im Sattel sitzen. Viele Stunden saß ich vor Landkarten und malte mir mögliche Routen durch die hintersten Winkel der Erde aus – durch die Weite Sibiriens, den Dschungel Brasiliens, die Berge des Himalaja oder entlang der Küste der USA. Mit Freunden unternahm ich viele Radtouren durch Europa, radelte von Genua bis zum Nordkap. Doch mehr war zeitlich einfach nicht drin, Studium und Arbeit ließen keine Chance.

Nach einem zweieinhalbjährigen Aufenthalt in Kalifornien trat ich eine Arbeitsstelle in Rio de Janeiro als Luft- und Raumfahrtingenieur bei einer kleinen privaten brasilianischen Firma an. Sechs Monate arbeitete ich in der Entwicklungsabteilung. Da ich Jahre zuvor ein Praktikum bei einer Firma in São Paulo absolvierte, beherrschte ich bereits die portugiesische Sprache. Die Tätigkeit in dem kleinen Unternehmen in Rio de Janeiro machte Spaß, wenngleich es für meinen Geschmack etwas chaotisch zuging und ich mir Sorgen um meine Sicherheit machte. Die Firma befand sich in einer recht unsicheren Gegend Rio de Janeiros, in der Überfälle an der Tagesordnung sind. Im kugelsicheren Jeep meines Arbeitskollegen fuhr ich zur Arbeit, immer wieder hörte man von bewaffneten Überfällen in dem Stadtviertel. Selbst im Büro hörten wir hin und wieder Schüsse von Pistolen und Maschinengewehren aus den Favelas[2] nebenan und auf dem Dach des Gebäudes landete eines Tages eine „Bala Perdida", eine fehlgeschossene Pistolenkugel. Stromausfälle waren an der Tagesordnung, da ein Großteil der Einwohner dieses Stadtviertels die Hauptstromleitung illegal anzapfte. Die nicht fachgerecht durchgeführten Installationen führten immer wieder zu Kurzschlüssen und Kabelbränden. An einem Nachmittag mussten wir mehrere Stunden ohne Elektrizität auskommen, da der Verteilerkasten vor unserem Gebäude in Flammen aufging und einige Häuser vom Stromnetz trennte. Ich kann mich noch gut an

[2] *Port.: Armenviertel*

den Knall und an den gleißenden Feuerball vor meinem Fenster erinnern, der aus dem chaotischen Stromkabelknäuel schoss. Glück hatte ich auch, dass ich nicht von der Mauer erschlagen wurde, die bei einem heftigen Regenschauer neben unserem Gebäude kollabierte.

Wenngleich ich mich mit den beiden Firmenbesitzern und meinen Arbeitskollegen bestens verstand, vermisste ich verlässliche Strukturen. Es fing bereits damit an, dass mich mein Chef am ersten Arbeitstag vergaß. Wir wollten uns morgens um 9 Uhr vor seiner Wohnung treffen. Als er längere Zeit nicht erschien, klingelte ich an seiner Tür. Nach etwa zehn Minuten meldete er sich mit sichtlich verschlafener Stimme und meinte: „Sorry, ich habe dich ganz vergessen. Du brauchst heute nicht arbeiten, geh in die Stadt oder an den Strand und erhol dich, relaxe!" Die Firmenleitung versäumte es auch, sich rechtzeitig um die Verlängerung meiner Arbeits- und Aufenthaltserlaubnis zu kümmern. Ich war daher gezwungen, Brasilien zeitweilig zu verlassen und im Ausland auf die Bearbeitung meiner Papiere zu warten. Als Alternative blieb mir die Möglichkeit, illegal im Land zu bleiben und zu arbeiten, mit dem Risiko, aus Brasilien hinausgeworfen zu werden. Die Chance war zwar gering, aber für mich immer noch groß genug, mich dabei unwohl zu fühlen. Ich entschied mich dafür, vorübergehend aus Brasilien auszureisen und im Ausland zu warten, bis ich wieder legal zurückkehren konnte.

Der anfängliche Ärger wandelte sich in Euphorie, als mir die Idee kam, die Wartezeit für eine Reise durch Südamerika zu nutzen. Noch nie in meinem Leben waren die Umstände günstiger als in diesem Moment, noch nie war ich so frei und ungebunden. Es war ein Wink mit dem Zaunpfahl. Wenn ich nicht jetzt aufbrechen würde, dann wahrscheinlich nie. Zudem war ich ja bereits in Südamerika, ich musste mir nur noch ein geeignetes Fahrrad besorgen und schon könnte es losgehen. Als Startpunkt wählte ich Buenos Aires. Die Stadt gilt für südamerikanische Verhältnisse als vergleichsweise sicheres Pflaster und ist von Rio de Janeiro aus per Direktflug innerhalb weniger Stunden erreichbar. Nach einer Ost-West-Durchquerung Argentiniens plante ich nach Norden zu radeln, entlang der Anden, um dabei die Highlights abzugrasen – die hohen Pässe Argentiniens und Chiles, die gigantischen Salzseen Boliviens, den Regenwald Perus, den Titicacasee und Machu Picchu. Das endgültige Ziel und die Dauer der Tour ließ ich vorerst offen, da ich nicht einschätzen konnte, wie ich zurechtkommen würde und wie es sich nach mehreren Wochen anfühlt, alleine unterwegs zu sein. „In Bolivien wirst du sicher ausgeraubt" und „Hoffentlich foltern sie dich nicht, bevor sie dich töten", bekam ich von Freunden und Arbeitskollegen zu hören. Von Bolivien rieten mir fast alle Brasilianer ab. Die Wahrscheinlichkeit, in diesem Land überfallen zu werden, schien für viele zu hoch, insbesondere für mich als hellhäutigen Alleinreisenden auf dem Fahrrad. In meinen Ohren klingt noch immer das laute Lachen meines Arbeitskollegen, als ich ihm davon berichtete. Er gab mir keine zwei Monate, bis meine Ausrüstung gestohlen werden würde.

Ich besorgte ein Mountainbike, die wichtigsten Notfallmedikamente, vervollständigte meinen Impfpass durch Cholera- und Hepatitisimpfungen und ließ mir meine Satteltaschen aus Deutschland zuschicken. Diese in Brasilien zu kaufen wäre sehr teuer geworden, da es keine brasilianischen Hersteller von Fahrradtaschen gibt und auf Importprodukte teilweise exorbitant hohe Einfuhrzölle zu entrichten sind. Kein einziges Fahrradgeschäft Rio de Janeiros führte Front-Fahrradgepäckträger, mir blieb also nichts anderes übrig, als mir selbst solch ein Gestell zu bauen. In einer Nachtaktion bastelte ich einen aus Aluminiumröhrchen, Blechwinkeln und Wasserrohrschellen. Es war eine dilettantische Konstruktion, doch sie hielt erstaunlich lange. Erst in Kanada brach eine der Blechschellen durch Materialermüdung. In drei Satteltaschen und zwei wasserdichten Säcken verstaute ich Zelt, Schlafsack, Isomatte, Kocher, Fotoausrüstung, Werkzeuge, Ersatzteile und Kleidung. Eine der Taschen ließ ich leer, um Lebensmittel und Wasservorräte darin zu transportieren, die ich für mehrtägige Etappen in der Wüste und in den Bergen benötigen würde. Mit bepacktem Rad drehte ich am Vorabend eine letzte Testrunde entlang des Strandes von Copacabana.

BEGEGNUNG MIT DER EINSAMKEIT

„Bitte schnallen Sie sich an und bringen Sie Ihre Sitze in eine aufrechte Position, wir landen in Kürze", dröhnt es aus den Lautsprechern, als ich durch das kleine verkratzte Kabinenfenster auf das gigantische Häusermeer von Buenos Aires unter mir blicke. In wenigen Minuten wird ein Gepäckband mein Fahrrad und die Gepäcktaschen ausspucken und dann stehe ich erst einmal da mit meinen Sachen. Ich spüre, wie sich ein Hauch von Unbehagen unter meine von Freiheit und Vorfreude geprägte Stimmung schleicht. War in den vergangenen Wochen mein Kopf unaufhaltsam mit Vorbereiten und Planen beschäftigt, mit der Besorgung von Kartenmaterial, Kochausrüstung, Wasserfilter und Fahrradersatzteilen etc., so wird mir jetzt erstmals auch gefühlsmäßig bewusst, dass es ernst wird und etwas Großes auf mich zukommt. Die Gefahrenhinweise des deutschen Auswärtigen Amtes zu den Ländern Lateinamerikas gehen mir durch den Kopf – die in vielen Gebieten vorherrschende Gefahr von Überfällen und Entführungen und die hohe Gewaltbereitschaft. Aber auch der Gedanke an Krankheiten wie Dengue, Chagas[3] und Malaria machen mich angespannt. Wie werde ich mit den klimatischen Bedingungen zurechtkommen, den hohen Temperaturen, dem Wind in der Wüste und der dünnen Luft in den Höhenlagen der Anden? Werden meine Ausrüstung und mein Körper durchhalten?

[3] *Infektiöse Erkrankung mit teilweise tödlichem Verlauf, übertragen durch blutsaugende Raubwanzen*

Respekt treibt mir auch die monatelange Einsamkeit ein, während der unzähligen Stunden auf dem Rad tagsüber und den stillen Nächten im Zelt, abseits der Zivilisation und in völliger Abgeschiedenheit. Welche Gedanken werden mir während dieser Zeit durch den Kopf gehen? Werde ich mich frei und wohlfühlen oder werde ich diesen Zustand als erdrückende Last empfinden und daran scheitern? Welche im Unterbewusstsein schlummernden Gedanken wird die lange Abstinenz von den vielen im „normalen Alltag" vorhandenen Faktoren wie Beruf, Partnerschaft, Freundeskreis, Familie etc. hervorbringen? Ich bin mir bewusst, dass die Reise nicht in jedem Moment genussvoll sein wird und ich nicht jeden Abend glücklich und zufrieden einschlafen werde. Doch endlich werde ich wieder Zeit haben – Zeit, um mich einem einzigen Thema voll und ganz widmen zu können, mehrere Wochen am Stück. Die Komplexität des normalen Alltags lässt einem nur noch sehr selten die Möglichkeit, sich für längere Zeit auf eine einzige Sache konzentrieren zu können. Widersprüchliche Anforderungen des Berufslebens, von Beziehungen oder anderen Verpflichtungen wollen miteinander in Einklang gebracht werden. Die Konsequenz: Man fühlt sich hin- und hergerissen und wird an vielen Stellen zu Kompromissen gezwungen. Vielleicht kann ich mich während der Reise von einigen dieser Fesseln befreien und manche Aspekte in einem ganz neuen Licht betrachten.

Mein Fahrradkarton wird als allerletztes Gepäckstück ausgeworfen, dann wird das Band abgestellt. Ein gutes Dutzend Schaulustiger beobachtet mich, wie ich die Teile aus der Kiste nehme und sie zu einem Fahrrad zusammenbaue. Es hat sich bereits ein geschlossener Kreis aus Taxifahrern, Sicherheitskräften und Reisenden um mich herum gebildet, als ich die Taschen in die Gepäckträger einhänge und mich auf den Sattel schwinge. „Wo soll's denn hingehen?", werde ich gefragt und sorge mit meinem Achselzucken für reichlich Verwunderung. „Wieso reisen Sie nicht per Motorrad oder per Auto?" Meine Antwort „Radfahren macht mir viel mehr Spaß, als in einem motorisierten Fahrzeug zu sitzen", lässt die Leute ungläubig den Kopf schütteln. In Südamerika scheint nur Fahrrad zu fahren, wer sich kein Auto leisten kann, und dass ausgerechnet ich als „reicher" Europäer mit diesem Verkehrsmittel reise, mag ihnen nicht einleuchten. Im Beisein der Schaulustigen setze mich zum ersten Mal auf das vollbepackte Fahrrad, ich habe Mühe, das Monstrum zu bändigen und nicht auf die Seite zu kippen. Schwer vorstellbar, größere Strecken damit zurückzulegen oder eine Steigung zu erklimmen.

Ich verbringe einige Tage in Buenos Aires, um mich an Argentinien zu gewöhnen und meine Ausrüstung für die Fahrt zu vervollständigen. Im Gegensatz zu den meisten anderen Städten Südamerikas sind die Straßen verhältnismäßig sauber, der Verkehr läuft einigermaßen geordnet und selbst abends kann man sich noch recht sicher in der Stadt bewegen. Die Stadt und die Menschen auf den Straßen wirken sehr europäisch, die vielen Straßencafés und Restaurants, die Architektur der Gebäude und die vielen Museen erinnern mich ein wenig an Paris. Nur dass man hier ein ganzes Mittagessen zu einem Preis erhält, für den es in Paris nicht einmal für einen Cappuccino reicht. Ich denke anfangs, dass ich mich im Wechselkurs vertan habe, als ich den Preis für mein Hotelzimmer in Euro umrechne. Gerade einmal acht Euro kostet die Nacht inklusive Frühstück in dem Hotel mitten im Zentrum. Argentinien gehörte Anfang des 20. Jahrhunderts zu den reichsten Ländern der Erde, doch die unter der Politik der Militärdiktatur hervorgerufene Staatsverschuldung fügte der Wirtschaft schweren Schaden zu, von dem sich das Land bis heute noch nicht erholt hat. Der Wohlstand Argentiniens liegt 2012 noch immer unterhalb des Niveaus von 1950 und die jährliche Inflationsrate pendelt zwischen fünf und zehn Prozent.

Reich ist die Stadt hingegen an Kultur. Buenos Aires gilt als die Welthauptstadt des Tangos und es gibt hier mehr Theatersäle als in jeder anderen Stadt der Welt, 187 sollen es insgesamt sein. Es waren zuerst Spanier, dann Italiener, die sich hier niederließen und heute den größten Teil der Stadtbevölkerung stellen. An Stadtteilnamen wie „Palermo“ und an dem italienischen Touch der Küche erkennt man noch immer die italienischen Wurzeln. Anfangs verständigten sich die Einwanderer mittels „Cocoliche", einer Mischsprache aus Italienisch und Spanisch. Zeitweise wurde diese von über 40 Prozent der Einwohner gesprochen.

Ich tingle gemütlich durch die Stadt und sauge die fremden Düfte, Geräusche und Farben in mich auf. In Restaurants werden die köstlichsten Speisen angeboten – deftige Gemüse- und Fleischeintöpfe, saftige Lendensteaks und ausgefallene exotische Gerichte wie antarktische Königskrabbe locken an jeder Straßenecke. Dazu wird tiefgekühltes argentinisches Bier aus Einliterflaschen serviert. Prost!

Mindestens genauso bunt und quirlig wie auf den Straßen von Buenos Aires geht es in meinem Inneren zu. Ich kann meine Vorfreude auf die kommenden Monate kaum bändigen, das Gefühl dieser grenzenlosen Freiheit und der beinahe unendlichen Möglichkeiten ist fantastisch, beinahe schon berauschend. Es ist nur eine Frage der Zeit, bis ich an dem noch so weit entfernten Ort auf der Südamerika-Karte ankommen werde. Das alles nur mit der eigenen Muskelkraft zu leisten, gibt mir das Gefühl, die Erde in der Hand zu halten. Andererseits schwingen tief in meinem Unterbewusstsein eine gehörige Portion Unsicherheit und eine unangenehme Angst mit, wie die Anspannung vor einer großen Prüfung. Es sind nicht nur die Schwierigkeiten der Reise und die lauernden Gefahren auf der Strecke, die mich beschäftigen, sondern auch die Frage, wie diese Auszeit in mein Leben passt und wie es danach weitergehen könnte. Noch nie zuvor stand ich vor einem derart offenen und unbestimmten Lebensabschnitt ohne festgelegtem Plan.

Die ersten Kilometer auf dem Fahrrad laufen wie geschmiert, es ist ein perfekter Anfang für die Reise. Auf völlig verkehrsfreien Straßen segle ich Ende Oktober mit dem kräftigen Ostwind im Rücken förmlich aus der Stadt hinaus. Zu meinen Gunsten findet am Tag der Abfahrt eine Volkszählung statt, an dem alle Bürger Argentiniens aufgefordert sind, zu Hause zu bleiben und sich von hausierenden Vertretern erfassen zu lassen. Am Stadtrand überholt mich ein Radfahrer und ruft: „Hola Gringo, wie weit bist du denn schon gefahren?“ „Fünfzehn Kilometer“, antworte ich und sehe, dass er von dieser Zahl nicht besonders beeindruckt ist. „Und wo fährst du hin?“ Ich erzähle ihm von meiner geplanten Tour und sehe in seinen funkelnden Augen, dass er mich am liebsten begleiten würde. Er hat in seiner Pfadfinderzeit früher ebenfalls mehrere Radtouren in Argentinien unternommen. Wir fahren einige Kilometer nebeneinander her und halten dann an einer Kreuzung an. Auf dem Gehweg sitzend erzählt er mir von seinen Radtouren, dann zieht er Stift und Papier aus seiner Jackentasche und zeichnet kleine Landkarten mit Feldwegen und Nebenstraßen. Er kenne schönere und weniger befahrenere Wege, als die Straße, auf der ich gefahren bin und ich solle auf diesen kleinen Pfaden weiterfahren. Ich habe Zweifel, dass ich die von ihm auf vier bierdeckelgroßen Papierschnipseln skizzierte 40 Kilometer lange Strecke wirklich nachvollziehen kann, ohne mich dabei zu verfahren, doch es gelingt tatsächlich ohne Probleme. Zwei Stunden lang fahre ich über nahezu verkehrsfreie und teilweise sehr abgelegene Feldwege, entlang von kleinen Bächen neben Viehweiden und durch winzige verlassene Dörfchen, in denen alte und verrostete Traktor- und Landmaschinengerippe einen Charme von Geisterstädten verbreiten. Bereits innerhalb der ersten wenigen Tage erlebe ich eine unbeschreibliche Gastfreundschaft der Bevölkerung, mehrfach werde ich zum Essen, zum Duschen, auf einen Mate-Tee oder zum Übernachten eingeladen.

Die riesigen Distanzen zwischen den Ortschaften sind für mich Europäer anfangs noch etwas gewöhnungsbedürftig, in manchen Gegenden passiere ich auf über 100 Kilometern kein einziges Haus. Das Wasser in den Bächen ist aufgrund der intensiven landwirtschaftlichen Nutzung nicht trinkbar. An einem Nachmittag geht deshalb mein Wasservorrat zur Neige und bis zur nächsten Siedlung wären es noch gut zwei Stunden Fahrt. Hinter einer Baumreihe neben der Straße sehe ich ein Gebäude, auf den Mauern steht mit hellblauen Buchstaben „Escuela No. 65“[4] geschrieben. Isoliert steht die Schule mitten in der Landschaft. In der näheren

[4] *Span.: Schule Nr. 65*

Umgebung gibt es nur ein paar kleinere Bauernhöfe, ansonsten Wiesen und Äcker so weit das Auge reicht. Durch ein offenes Fenster sehe ich eine Lehrerin an einer Tafel beim Unterrichten. Ich möchte sie nicht stören und setze mich deshalb wieder auf mein Fahrrad, doch sie hat mich bereits gesehen und winkt mir zu. „Hallo, was führt dich zu uns?“, fragt ihre Assistentin freundlich lächelnd und öffnet die Tür. Ich deute auf meine leeren Trinkflaschen und frage, ob ich diese an einem Wasserhahn wieder auffüllen könnte. Die Lehrerin sowie all ihre Schüler sind mittlerweile ebenfalls aus dem Schulraum gekommen und stehen neugierig vor mir. „Klar haben wir Wasser für dich, es ist zwar nur gesammeltes Regenwasser, aber es ist sauber und

wir trinken das ebenfalls", meint die Assistentin.

Die Schule hat insgesamt nur elf Schüler, die Jüngsten sind sechs, die Ältesten vierzehn Jahre alt. Es gibt auch nur eine einzige Lehrerin, gemeinsam mit drei Assistentinnen hält sie Unterricht für alle Schüler gleichzeitig. Nach einer anfänglichen Phase des schüchternen Bestaunens kann ich die Kinder kaum noch bremsen. „Wieso trägst du so merkwürdige Kleider? Was befindet sich in den Packtaschen? Was ist deine Lieblingsspeise und hast du Haustiere zu Hause?", werde ich von den Kleinen gelöchert. Sie wollen einfach restlos alles wissen. Ich erzähle ihnen von meiner geplanten Radtour und packe einige meiner Gegenstände aus. Aus ihren Augen spricht eine Neugier, wie sie nur bei Kindern möglich ist, als ich meinen Kocher vorführe und mein Zelt aufbaue. Ganz besonders bestaunen sie meine Landkarte, einige von ihnen scheinen einen solchen Gegenstand noch nie in den Händen gehalten zu haben.

Einige Wochen nach diesem Erlebnis erhalte ich von einer der Assistentinnen per E-Mail eine Nachricht mit Fotos. Ich traue meinen Augen nicht, als ich die Bilder betrachte. Es ist darauf ein kleines Bäumchen zu sehen, dahinter steht ein kleines Schild aus Holz mit der Aufschrift „Sven". Gerührt entnehme ich der Nachricht, dass es die Lehrerin zusammen mit den Schülern gepflanzt hat, um damit an unsere Begegnung zu erinnern. Was für eine nette Geste!

In den ersten Nächten schlafe ich nicht sehr gut. Die Sorge, von gefährlichen Tieren oder von unliebsamen Leuten gestört zu werden, und die auf mich wartenden Gefahren auf den Straßen und Städten setzen mich unter Druck. Ich versuche, mein Zelt meist in Gegenden aufzustellen, wo es von Straßen aus nicht sichtbar ist, doch das lässt sich in der offenen Weidelandschaft nicht immer machen. Morgens bin ich deshalb oft müde und unkonzentriert und so kommt es eines Tages, dass ich für einen Moment nicht auf den Straßenbelag achte. Zu spät sehe ich das große Loch vor mir. Krachend geht mein Rad mit den schweren Taschen zu Boden, ich folge wenige Sekundenbruchteile später. Noch im Flug bereue ich, dass ich in diesem Moment weder Handschuhe noch einen Helm trage. Meinem Kopf passiert zum Glück nichts, dafür erwischt es die beiden Handflächen und den rechten Ellenbogen. Blut rinnt mir über den Arm und die Hände, doch außer Schürfwunden scheine ich nichts Schlimmeres davongetragen zu haben. Ich rolle ins benachbarte Dorf Huinca Renanco und stelle am Eingang eines Lebensmittelgeschäfts mein Rad ab.

In dem Laden kaufe ich mir frisches Obst, Brot, Joghurt und Wasser. Durch die Schaufensterscheibe behalte ich mein Fahrrad im Auge, das zwar an einen Baum gekettet ist, doch die Packtaschen mit meiner gesamten Ausrüstung ließen sich mit zwei Handgriffen abmontieren und mitnehmen. Ein junger Herr steht schon eine Weile neben meinem Fahrrad und schaut es interessiert an. Ich sehe, wie er zum Handy greift und zu reden beginnt. Der Typ macht mich ein bisschen nervös. Erleichtert er mich gleich um mein Equipment? Nach einer gefühlten Unendlichkeit stehe ich endlich wieder vor meinem Fahrrad, das inzwischen von einer kleinen Menschentraube umstellt ist. Der Mann mit dem Handy unterhält sich mit einer Frau, die mit Mikrofon und Videokamera ausgestattet ist. Als er mich erblickt, zeigt er auf mich und sagt: „Guten Tag, wir sind vom Radiosender Huinca Renanco, dürften wir Sie um ein Interview zu Ihrer Radtour bitten?" Gerade habe ich ein unsicheres „Ja" ausgesprochen, da ertönt auch schon ein lautes „Aufnahme läuft". Noch immer den Schreck des Unfalls in den Knochen stehe ich mit zittrigen Beinen vor ihnen. Mittlerweile habe ich die Aufmerksamkeit des halben Dorfes für mich. Von meiner Nasenspitze rinnen Schweißtropfen und an meinen Händen und Armen kleben blutverschmierte Pflaster. Mit gebrochenem Spanisch versuche ich die Fragen der Reporterin über meine Radtour zu beantworten und verkrampft lächle ich in die Kamera. Wenige Tage später erhalte ich die Nachricht, dass ein Foto von mir auf der Webseite des kleinen Supermarktes mit dem Titel „Deutscher Weltumradler kauft Lebensmittel in unserem Geschäft" abgebildet wurde. So einfach wird man über Nacht zum Star.

Die Dimensionen des Landes sind beeindruckend, rechts und links der Straße liegen gigantische Weideflächen, die selbst die riesigen Rinderherden darauf verloren und klein wirken lassen. Niemand verzehrt so viel Rindfleisch wie die Argentinier, verglichen mit uns Deutschen essen sie das Sechsfache. Das Gelände ist topfeben, von Horizont zu Horizont kein einziger Hügel, nur hin und wieder werden die Wiesen von kleinen Seen und Sumpfgebieten durchzogen, an denen sich Vogel- und Gänseschwärme tummeln. Nur selten verlasse ich die völlig kurvenlose Straße für eine Unterkunft oder um Lebensmittel zu kaufen.

In den kleinen Städtchen herrscht am Abend reger Verkehr, nicht etwa weil Leute von der Arbeit nach Hause fahren oder sich von A nach B bewegen, sondern weil die Dorfjugend auf Mopeds um den Dorfplatz cruist. Eis essend setze ich mich eine Weile an den Straßenrand und beobachte die Szene. Im Abstand von etwa fünf Minuten ziehen immer wieder dieselben Fahrzeuge an mir vorbei, auf einem einzigen Moped sitzen teilweise drei bis vier Jugendliche. Mädchen fahren hauptsächlich Scooter, Jungs sind auf kleinen Motorrädern oder Mopeds unterwegs. Die Jüngeren ahmen das Spiel mit ihren Fahrrädern nach. Im Gegensatz zu Deutschland scheint es hier generell mehr junge Leute zu geben. Ich sehe auch auffallend junge Paare, die bereits Kinder haben, obwohl sie noch keine zwanzig Jahre alt sind.

Ein extremer Kontrast zu dem lebendigen Stadtleben sind die Nächte im Zelt, sie könnten nicht ruhiger sein. Außer dem Rascheln von Eidechsen und dem Zirpen von Grillen ist weit und breit kein Geräusch auszumachen. Die Einzigen, denen ich von den Strapazen des Tages erzählen kann, sind die kleinen Hasen, die mir abends regelmäßig Gesellschaft leisten. Je mehr Nächte ich draußen verbringe, umso mehr werden die immer wiederkehrenden Handgriffe des Auf- und Abbauens des Zeltes, des Zubereitens meiner Mahlzeiten mit dem Benzinkocher, des Packens der Taschen, des Eincremens mit Sonnencreme und des Waschens der Kleider zur Routine. Ich gewöhne mich recht schnell an die Umgebung und schlafe bereits nach zwei Wochen so gut und tief wie in meinem Bett zu Hause. Die trockene und saubere Luft macht den Abendhimmel zu einem Spektakel der besonderen Art, fast jeden Tag bieten sich mir eindrucksvolle Sonnenuntergänge.

Auf endlos scheinenden schnurgeraden Straßen durchquere ich die nach Westen hin immer öder werdende Pampa, das Heimatland der „Gauchos". Die vorwiegend von Spaniern und Indios abstammenden Rinderzüchter werden auch als argentinische Cowboys bezeichnet. Ihre Einkünfte erzielen sie mit Rindsleder und Trockenfleisch. Durch die sehr ebene Landschaft zieht sich die Straße teilweise mehrere Hundert Kilometer ohne eine einzige Kurve. Himmel und Erde werden durch einen messerscharfen Horizont in der Ferne voneinander getrennt, der sich irgendwo in der Unendlichkeit mit der vor mir liegenden Straße schneidet. So sehr ich mich auch bemühe, der Schnittpunkt will einfach nicht näher rücken. Stundenlang das gleiche Bild. Ich habe das bedrückende Gefühl, ich bewege mich gar nicht vorwärts, sondern strample wie ein Hamster auf der Stelle. Die Eintönigkeit der Umgebung, die sich permanent wiederholende Bewegung des Tretens in die Pedale und das Fehlen äußerer Reize entziehen mir das Gefühl für Zeit und Distanz. Wie ein monoton tickendes Uhrwerk sitze ich im Sattel und werde Teil einer Mechanik, die sich fortbewegt und gleichzeitig stillzustehen scheint. Es ist zum Verrücktwerden. Nur ab und zu, wenn Verkehrsschilder oder Büsche eine Referenz bieten und ich an ihnen meine eigene Bewegung erkennen kann, habe ich das Gefühl, ich bewege mich tatsächlich. Von Zeit zu Zeit muss ich daher in kleinen Dörfchen anhalten und mich in Cafés setzen, nicht etwa weil ich körperlich erschöpft bin oder weil ich den Spaß am Radfahren verloren hätte. Ich halte an, weil mein Kopf nach Abwechslung dürstet und ich das Gefühl habe, dass mich dieses „leere Nichts" irgendwann in den Wahnsinn treibt.

Je weiter ich nach Westen gelange, umso trockener und steppenartiger wird die Landschaft. Von vielen Flüssen ist häufig nur noch ein ausgetrocknetes Tal übrig. Um Wasser zu sparen, das ich über weite Distanzen aufwendig transportieren muss, versuche ich bei der abendlichen Körperwäsche nicht mehr als einen Viertel Liter dafür zu verbrauchen. Angesichts des mit Straßenstaub, Kettenfett, Sonnencreme und Schweiß bedeckten Körpers stellt dies eine echte Herausforderung dar. Das Resultat ist meist unbefriedigend und der Geruch in meinem Zelt erinnert hin und wieder an einen Pumakäfig, der schon länger nicht mehr gelüftet wurde. Für den Abwasch meines Essgeschirrs gönne ich mir ebenfalls nur wenige Tropfen des kostbaren Gutes. Zur Kleiderwäsche suche ich entweder Waschsalons in kleineren Städten auf oder ich erledige dies in den Waschbecken von Unterkünften.

Zwischen den Provinzen San Luis und Mendoza im Westen Argentiniens darf kein frisches Obst und Gemüse transportiert werden, um die Ausbreitung von pflanzlichen Infektionskrankheiten zu verhindern. Die Behörden kontrollieren die Einhaltung dieses Verbots sehr streng, indem alle passierenden Fahrzeuge angehalten, durchsucht und anschließend mit einer Desinfektionslösung eingesprüht werden. Da ich nichts dergleichen im Gepäck habe und per Fahrrad unterwegs bin, gehe ich davon aus, dass ich zügig und ohne anzuhalten passieren darf. Doch ich habe mich getäuscht, denn als ich mit Schrittgeschwindigkeit durch das Tor rolle, werde ich von einem der Polizisten lautstark zurückgepfiffen. Der Herr wirkt etwas garstig, mit meiner angedeuteten Durchfahrt scheine ich ihm auf den Schlips getreten bzw. gerollt zu sein. Als Retourkutsche lässt er mich deshalb fein säuberlich all meine Taschen öffnen und ihm die mitgeführten Gegenstände zeigen. „Wo hast du denn das Fahrrad gekauft?", fragt er mich kritisch, und als ich ihm erkläre, dass es aus Rio de Janeiro stammt und ich aus Stuttgart komme, erweichen plötzlich seine Gesichtszüge und ein Lächeln kommt ihm über die Lippen. „Aaahhh –

Rio, die Stadt der schönen Mädchen, des Sambas und Caipirinhas. Und Stuttgart, die Stadt des VfB." Die Codewörter „Rio" und „Stuttgart" haben in ihm scheinbar einen Schalter umgelegt, denn plötzlich unterhalten wir uns auf eine freundschaftliche Art und Weise über langbeinige, braun gebrannte und wohlgeformte Schönheiten und das Lieblingsthema der Südamerikaner: Fußball. Ich bin erleichtert. Welch plötzlicher Stimmungswechsel! Die Situation soll mir eine Lehre sein, ich begreife, dass man durch geschickte Themenführung hin zu Fußball bei fast allen Latinos punkten kann. Er ist so sehr in unsere Unterhaltung vertieft, dass er die passierenden Fahrzeuge ohne Kontrolle durchwinkt, unser Gespräch scheint ihm momentan wichtiger zu sein. Freundlich winkt er mir nach, als ich mich von ihm irgendwann verabschiede.

Tags darauf erreiche ich General Alvear, eine kleine Stadt südöstlich von Mendoza. Ich traue meinen Augen nicht, als da der Polizist vom Vortag am Straßenrand steht und bereits aus der Ferne mit wilden Winkbewegungen versucht, mich auf sich aufmerksam zu machen. Was für ein riesiger Zufall, wir können es beide kaum glauben, uns wiederzusehen. Er kriegt sich nicht mehr ein vor Lachen, seine Mundwinkel kleben ihm an den Ohren. „Wollen wir zusammen mittagessen gehen?", fragt er mich kurzerhand und deutet auf eine Gaststätte auf der gegenüberliegenden Straßenseite.

„Wenn du möchtest, kannst du auch gerne bei mir und meiner Familie ein paar Tage bleiben und dich erholen, wir haben ein großes Haus nicht weit von hier." Die Einladung nehme ich gerne an.

Die restliche Strecke nach Mendoza bringt mich dann richtig ins Schwitzen. Nachmittags klettert das Thermometer auf 40 °C im Schatten und das macht das Radeln zur Tortur. Die enorme Hitze lässt mich schwindelerregende Mengen Flüssigkeit trinken, nicht selten fließen an einem einzigen Tag zwölf Liter durch meine Kehle. Von Schatten spendenden Bäumen ist weit und breit nichts zu sehen, zudem ist es mittlerweile windstill geworden. Handgroße Taranteln krabbeln über die Straße, ihnen scheint es nicht heiß genug zu sein.

Der starke Wind der Vortage hat die Samen der Büsche und Sträucher auf die Straße geweht, in regelmäßigen Abständen bohren sich deren spitze Nadeln in meine Reifen. Immer wieder muss ich anhalten und mein Pannenset auspacken, an manchen Tagen mehrere Male. Bei einer Reparatur muss ich jedes Mal die Gepäcktaschen vom Rad entfernen, was die Angelegenheit besonders mühsam und zeitraubend macht. Bereits nach zwei Wochen ähneln meine Finger denen eines Totengräbers, dem vom Montieren und Reparieren unter meine Fingernägel und in meine Hautritzen gekrochenen Kettenfett ist selbst mit Seife nicht mehr beizukommen.

150 Kilometer vor Mendoza tut sich dann endlich etwas am Horizont. Die fast schon unmenschlich gerade Linie der Vortage beult sich an einer Stelle nach oben. Handelt es sich um einen Berg? Ist das etwa bereits der erste Ausläufer der Anden? Mit jedem Tritt zeichnet sich die Kontur klarer und deutlicher ab. Die Vorstellung, bald durch Gebirgslandschaften zu fahren, verleiht mir einen gewaltigen Schub an Euphorie. Die erste große Etappe wäre somit erst einmal geschafft, nur noch ein paar Tage und ich erreiche die Pazifikküste.

Ich verbringe ein paar Ruhetage in Mendoza, mein Körper ist durch die Strapazen und die Hitze ausgezehrt und verlangt nach Ruhe. Ich traue meinen Augen nicht, als ich auf eine Waage steige und den Wert auf der Skala ablese. Acht Kilogramm hat mein Körper während der Fahrt seit Buenos Aires verloren. Zum Glück sieht mich meine Mutter jetzt nicht, sie würde beim Anblick meiner eingefallenen Backen und den spitz hervorstehenden Wangenknochen vor Schreck in Ohnmacht fallen. Mit größter Leidenschaft arbeite ich mehrere Tage daran, diesen körperlichen Missstand wieder zu beheben, was mir dank der saftig-leckeren pfundschweren Steaks problemlos gelingt.

Die geschmackvoll urbanisierte Oasenmetropole am östlichen Fuße der Anden liegt in einem der bedeutendsten Weinanbaugebiete Argentiniens, in dem dank der klimatischen Bedingungen und der Bodenbeschaffenheit ideale Anbaubedingungen herrschen. Der Wein lockt sehr viele ausländische Touristen, insbesondere zur Erntezeit Anfang März, wenn sich die Stadt in einen riesigen Marktplatz für Kunsthandwerk, Wein, Sangria und kulinarische Spezialitäten verwandelt. Höhepunkt stellt die Wahl einer Schönheitskönigin im Amphitheater dar, die von Musik, Tanz und einer Lichtershow begleitet wird.

DER ERSTE ANDENPASS

Dann geht's ans Eingemachte: Das nächste größere Ziel lautet Santiago de Chile und dafür müssen die Anden überquert werden, deren Gipfel in dieser Region auf fast 7 000 Meter Höhe erreichen. Die Hauptverbindungsstraße zwischen Mendoza und Santiago de Chile ist stark befahren, ich wähle daher für die erste Hälfte eine abgelegene Schotterstraße. Diese Variante ist zwar um einige Kilometer länger und führt zudem über einen weiteren Pass, dafür ist sie aber nahezu verkehrsfrei.

Während der acht Stunden Fahrt habe ich die Straße fast für mich alleine, ich begegne insgesamt nur einer Handvoll Autos. In zahllosen Serpentinen geht es einen Steilhang hinauf, von oben betrachtet gleicht der Weg einem Knäuel Spaghetti. Ich fahre vorbei an riesigen Herden Vicuñas, den „wilden" Ureltern der Alpakas. Die Tiere sind sehr scheu, bei der kleinsten Bewegung machen sie sich aus dem Staub. Unglaublich, wie schnell und geschickt sie dabei die steilen Bergflanken erklimmen. Die Wolle ihres Fells ist die feinste des gesamten Tierreichs und dadurch besonders weich und angenehm zu tragen. Ein einziges Tier produziert allerdings nur ein halbes Kilo Wolle pro Jahr, was Vicuñahaar-Produkte entsprechend teuer macht. Eine Jacke aus dem edlen Material kostet bis zu 20 000 US-Dollar.

Trotz schwierig zu fahrendem Fahrbahnbelag und völlig

überbeladenem Rad läuft es überraschend gut. Wesentlich schneller als erwartet steige ich die Passstraße hinauf und sehe das argentinische Flachland langsam unter mir abtauchen. Die Vegetation wird mit zunehmender Höhe karger und die Landschaft geht allmählich in eine Steinwüste ohne jeglichen Bewuchs über. Je näher ich der Passhöhe komme, umso schlechter wird die Straßenbeschaffenheit und umso dominanter der Gegenwind. Die Sicht auf der Passhöhe in Richtung Westen verschlägt mir fast den Atem. Vor mir tut sich ein riesiger Höhenzug mit schneebedeckten Bergen auf, die Landschaft ist wild und rau. In den Gipfeln der Berge tobt sich gerade ein Gewitter aus, aus dunklen Wolken zuckende Blitze lassen mir den kalten Schweiß über den Rücken laufen. Mit Unbehagen baue ich mein Zelt windgeschützt neben einer zerfallenen Hütte einer alten ausgedienten Mine auf und lege mich erschöpft in meinen Schlafsack. Sollte das Gewitter über Nacht zu mir herüberziehen, dann bin ich ihm schutzlos ausgeliefert. Das Unwetter liegt direkt auf meinem Weg nach Santiago, der Gedanke an die Durchfahrt durch diese Region in den kommenden Tagen bereitet mir Sorgen.

Ich bleibe von dem Gewitter glücklicherweise verschont, bei der Abfahrt hinab nach Uspallata am nächsten Morgen begleitet mich wieder strahlender Sonnenschein. Von den bedrohlichen Wolken des Vortages ist weit und breit nichts mehr zu sehen. Im Vergleich zum Vorabend fühle ich mich wie in einer anderen Welt. Kaum zu glauben, wie sehr sich Tageszeit, Wetter und die körperliche Verfassung auf den Gemütszustand auswirken. Ich rolle bergab, ohne auch nur ein einziges Mal in die Pedale treten zu müssen. Die Gegend ist wunderschön und sagenhaft bunt. Bizarre rotbraune und gelbe Felsformationen stechen in den stahlblauen Himmel, dahinter erheben sich die frisch beschneiten schneeweißen Bergkuppen und durch das ockerfarbene Tal vor mir windet sich ein grünes Band aus Wiesen und Bäumen entlang eines Flusses. Die Luft ist völlig trocken und sauber, die Sicht glasklar und die Farben so intensiv wie schon lange nicht mehr.

In einer Allee im Tal treffe ich auf Alister und Anna aus den USA, die vor zweieinhalb Jahren mit ihrem Fahrrad in Alaska aufbrachen und nun auf dem Weg nach Ushuaia in Feuerland sind. 28 000 Kilometer zeigt ihr Tachometer bisher an, noch 4 000 Kilometer und sie gelangen an ihr Ziel am Ende des Kontinents. Ich bin überglücklich, als wir uns bereits aus der Ferne zuwinken. Ich bin gespannt, was sie zu erzählen haben. Die beiden sind Ende zwanzig, Anna hat vor Kurzem ihr Medizinstudium beendet und Alister ist von Beruf Umweltberater. Mit funkelnden Augen erzählen sie mir von ihren Erlebnissen unterwegs, von der unerträglichen Hitze Mexicos, dem Urwald Costa Ricas, den eisigen Andenpässen Chiles und der Fahrt über die gigantischen Salzseen Boliviens. Von Kolumbien schwärmen sie besonders, die Gastfreundschaft und die Hilfsbereitschaft der Menschen dort sind unvergleichlich. Ich spiele zum ersten Mal mit dem Gedanken, bis Kolumbien zu radeln, doch die Distanz ist einfach zu groß, das werde ich nie schaffen, denke ich mir. Wenn ich bis Quito in Ecuador komme, dann kann ich mich schon glücklich schätzen.

Ich bin begeistert von ihren Geschichten und bewundere sie um ihre reichhaltigen Erfahrungen und die Erlebnisse, die aus ihren braun gebrannten Gesichtern sprechen. Auch an ihrer Ausrüstung kann man erkennen, was sie hinter sich haben. Der Stoff ihrer Gepäcktaschen ist von der Sonne ausgebleicht, ihre Fahrräder zeigen deutliche Gebrauchsspuren und die Rahmen sind mit unzähligen Aufklebern versehen. Alister erinnert mich ein wenig an Forrest Gump, sein Vollbart schaut aus, als hätte er sich in Alaska das letzte Mal rasiert. Nur wenn er lacht, kann man seinen Mund richtig erkennen, ansonsten sind seine Lippen in dem dichten Bart versteckt. Während der letzten Tage habe ich viele nette Menschen getroffen, doch Begegnungen mit Radreisenden sind etwas ganz Besonderes. Es ist, als träfe man auf Seelenverwandte, die einem auf eine ganz besondere Art und Weise verbunden sind, unabhängig von Nationalität, Alter, Beruf oder Weltanschauung.

Beschwingt fahre ich in Richtung der chilenischen Grenze weiter. Wie schade, dass sie in die entgegengesetzte Richtung unterwegs sind, gerne hätte ich ein paar Tage mit ihnen zusammen verbracht.

Keine zwei Stunden später, am Fuße des Bermejo Passes, höre ich plötzlich ein lautes Rufen hinter mir. Ich drehe mich um und sehe Fahrräder mit Gepäcktaschen sowie vier Männer in Radtrikot, die es sich im Schatten eines Felsvorsprungs gemütlich gemacht haben. Romain, Philippe, Anthony und Jean-Jacques aus Frankreich sind vor zwei Monaten ebenfalls per Fahrrad in Buenos Aires gestartet, ihr Ziel ist Kanada. Allesamt noch Studenten haben sie sich Sponsoren für die Finanzierung der Tour gesucht und dabei großen Erfolg erzielt: Alle vier fahren das gleiche Fahrradmodell mit den identischen gelben Satteltaschen, tragen die gleiche grüne Regenjacke, die gleichen schwarzen Handschuhe und auch alles andere an ihnen scheint identisch zu sein. Ich habe anfangs Probleme, sie zu unterscheiden, sie sind sich aufgrund des Outfits einfach zu ähnlich. Großzügig strecken sie mir eine Tasse Kaffee entgegen, als ich von meinem Rad steige und neben ihnen Platz nehme. Wir beschließen, die restliche Strecke nach Santiago de Chile gemeinsam zu fahren. Nach zwei Wochen Einsamkeit und Isolation auf dem Fahrrad genieße ich es, mich mit ihnen austauschen zu können, ab und zu vom Windschatten zu profitieren und in netter Gesellschaft zu sein.

Kurz vor der Passhöhe haben wir für einen kurzen Augenblick freie Sicht auf den schneebedeckten Aconcagua, mit 6 962 Metern der höchste Berg des gesamten amerikanischen Kontinents. Majestätisch erhebt sich seine weiß leuchtende Schneekuppe über die ihn umgebenden Gipfel. Der Anblick ist grandios. Er wirkt wie ein unantastbarer Gigant, kaum zu glauben, dass seine Besteigung aus technischer Sicht vergleichsweise einfach ist. In der Hoffnung, einen noch besseren Blick auf den Gipfel zu haben, fahren wir in ein kleines Seitental, das direkt in Richtung des Berges verläuft. Kaum haben wir uns auf die Holzbank am Ende der Straße gesetzt, hält neben uns ein Reisebus. Die Türen gehen auf und in kürzester Zeit sind wir von einer Horde wild um die Wette knipsender Halbschuhtouristen umzingelt. Schnell weg hier!

Der Grenzübertritt von Argentinien nach Chile ist eine aufwendige Angelegenheit. Ein Formularberg, der beinahe so groß ist wie der Aconcagua, muss durchgearbeitet werden und an mehreren Schaltern gilt es, verschiedene Stempel abzuholen. Der Inhalt unserer Packtaschen wird von den Beamten kritisch beäugt, fast jeden Gegenstand nehmen sie in die Hand und stellen dazu Fragen über den Gebrauch und die Herkunft. Gut zwei Stunden verbringen wir im Zollabfertigungsgebäude mit den Formalitäten, die für einen vom Schengenabkommen verwöhnten Westeuropäer ungewöhnlich und sonderbar wirken. Ich habe das Gefühl, ich komme aus einer Haftanstalt, als wir das Gebäude auf der chilenischen Seite endlich verlassen dürfen und uns

wieder frische Luft um die Ohren weht.

Den endlosen Serpentinen des Paso Bermejo folgend rollen wir bergab, eine gute Stunde lang ist keine einzige Pedalumdrehung notwendig und trotzdem bewegen wir uns mit über 35 km/h vorwärts. Wir verbringen einige Tage in Los Andes bei Eric Savard, einem aus Madagaskar stammenden Tierarzt, der bis vor Kurzem ein „Casa de las Ciclistas" führte. In Lateinamerika gibt es mehrere dieser kostenlosen Herbergen, die Radreisenden die Möglichkeit bieten, eine längere Pause einzulegen, andere Radler zu treffen und eventuell defekte Ausrüstung zu reparieren. Die Besitzer haben meist selbst schon größere Touren unternommen oder sind einfach nur großzügige Menschen, die gerne in Kontakt mit Reisenden sind. Zwischen Hundekäfigen und einem Hühnerstall bauen wir unsere Zelte im Hinterhof seiner Tierklinik auf und nehmen anschließend eine

Dusche in dem Waschraum, in dem tagsüber Vierbeiner gewaschen und gebürstet werden. Scherzend bietet uns Eric einen kostenlosen Haarschnitt an, doch etwas Angst, danach mit einem Pudel verwechselt zu werden, lässt mich das Angebot ablehnen.

Die Wände seiner Tierarztpraxis sind vollgehängt mit Fotos und auf ausnahmslos jedem ist ein Fahrrad mit Gepäcktaschen zu sehen. Auf einem der Bilder sitzt eine riesige Würgeschlange auf dem Gepäckträger und ein anderes Foto zeigt ein Fahrrad mit einem Körbchen und einem kleinen Hund darin. „Mit dem Kerl war ich fünf Wochen auf Tour, einer meiner besten Reisepartner." Ich bin mir sicher, seine Erlebnisse würden eine ganze Bibliothek füllen, jedes einzelne Foto erzählt im Grunde schon eine eigene Geschichte. Auf einer großen Landkarte gibt er uns Hinweise für die Weiterfahrt nach Norden. Er scheint den Kontinent bestens zu kennen. Ich bin ihm äußerst dankbar für seine Empfehlungen.

Da die französischen Studenten mit einem recht begrenzten Budget auskommen müssen, können sie sich einen Aufenthalt in der Stadt Santiago de Chile nicht leisten und treten alsbald die Weiterfahrt nach Norden an. Ich bin ein bisschen betrübt, dass ich mich bereits wieder von den Jungs verabschieden muss. Als Trost tauschen wir Kontaktdaten aus und nehmen uns vor, uns in Peru oder Bolivien wieder zusammenzutun. Ich möchte Santiago auf jeden Fall kennenlernen und lege deshalb ein paar Tage Pause in der Stadt ein, besuche verschiedene Museen, ein Weingut und ein Musikkonzert. Die am Fuße der Anden liegende Metropole hat kulturell viel zu bieten, ein idealer Ort um meinem vom Radfahren ausgebrannten Kopf etwas Ablenkung zu verschaffen. Natürlich gehe ich auch auf Tuchfühlung mit dem südamerikanischen Nachtleben. Obwohl mir schon mehrfach mitgeteilt wurde, dass ich das Tanztalent eines Roboters habe, wage ich mich auf eine peruanische Salsaparty in einer Bar in der Innenstadt. Mit meinen 185 Zentimetern bin ich etwa einen Kopf größer als alle anderen Gäste, ich fühle mich ein bisschen wie ein Obelisk in einer Fußgängerzone. Verstecken ist zwecklos, ich habe hier nicht die geringste Chance unterzutauchen, nur wenn ich mich auf den Boden setze, könnte es vielleicht gelingen. Im Grunde ist es aber gar nicht so schlecht, denn nach wenigen Minuten werde ich bereits von einer Peruanerin zum Tanzen aufgefordert. Natürlich nehme ich das Angebot an, obwohl ich von Musik und Tanz nicht das Geringste verstehe. Unbeholfen torkle ich im festen Griff der Dame zwischen den kurzen Röcken und den flinken Beinen über die Tanzfläche, zum Glück ist der Raum abgedunkelt, sodass man meine unkoordinierten Bewegungen nicht so gut sehen kann. Die Metallplatten an den Sohlen meiner Fahrradschuhe machen die Angelegenheit nicht gerade einfacher, zum Tanzen sind sie etwa so geeignet wie High Heels zum

Radfahren. Die feuchtheiße Luft in dem fensterlosen Raum ohne Belüftung ist eine Katastrophe, sie macht nicht nur mir zu schaffen, sondern bringt auch die Einheimischen gehörig ins Schwitzen. Als ich das Lokal nach Mitternacht verlasse, ist noch kein Ende der Party in Sicht und auf den Straßen herrscht noch immer Halligalli.

Die erste Etappe durch Argentinien hätte ich vorerst hinter mich gebracht, insgesamt lief es auf den 1 700 Kilometern eigentlich wesentlich einfacher und reibungsloser als ich anfangs dachte. Die Vorstellung, dass es in den kommenden Wochen so unbeschwert weitergehen könnte, beflügelt meine Gedanken. Vielleicht ist ja doch noch mehr drin, als Lima in Peru? Ich bin begeistert von der Vorstellung, dass ich es sogar bis Ecuador oder Kolumbien schaffen könnte, aus kultureller und landschaftlicher Sicht sind es die interessantesten Länder des gesamten Kontinents.

Durch eine sagenhafte Küstenlandschaft am Fuße der Anden geht meine Fahrt weiter, die Fahrradabstinenz in Santiago hat mir gut getan, doch ich merke schnell, wie es mich aus der Stadt hinauszieht. Das Gefühl, auf der berühmten Panamericana zu fahren, lässt meinen Puls höher schlagen, schon die Buchstaben „PANAMERICANA“ auf den Straßenschildern haben etwas Magisches an sich. Links von mir erstreckt sich der endlose Pazifik bis zum

Horizont, rechts von mir ragen riesige Berge in den Himmel, genauso wie ich es mir immer vorgestellt hatte. Ich zelte fast jeden Abend in völliger Abgeschiedenheit direkt am Strand, treffe dabei keine Menschenseele weit und breit. Es ist inzwischen Ende November und mein 33. Geburtstag steht an. Zum ersten Mal verbringe ich den Tag alleine, es ist ein merkwürdiges Gefühl, mit keiner einzigen bekannten Person zu reden. Die einzigen Worte an diesem Tag wechsle ich mit der Verkäuferin eines kleinen Lebensmittelgeschäfts beim Einkauf der Zutaten meines Abendessens, ansonsten bleiben mir als Ansprechpartner nur mein Fahrrad und die Straße. Ich habe weder Internetanschluss noch verfüge ich über ein Telefon, daher sitze ich am Abend meines Geburtstages alleine am Strand einer kleinen Bucht und genieße selbst gekochte Spaghetti mit Thunfisch und dazu eine Dose warmes Bier. Prost!

Die Landschaft entlang der Pazifikküste ist fantastisch, riesige Felder mit goldgelb blühenden Mohnblumen wechseln sich ab mit olivgrünen Kakteen und Büschen, dazwischen immer wieder Sanddünen und rotbraune Felsformationen. Die Geländekonturen innerhalb eines schmalen Streifens entlang der Küste sind weich und rund, dahinter steigt das Gelände steil an, um am Horizont in hohe Bergspitzen überzugehen. Es ist ein Genuss, hier im Flachland zu fahren, doch die schneebedeckten Gipfel zu meiner

Rechten lassen mir einfach keine Ruhe. Ungeduldig blicke ich auf die Landkarte und sehe etwa 500 Kilometer nördlich von Santiago de Chile eine Passstraße, die über den Anden-Hauptkamm wieder zurück nach Argentinien führt. Ich denke nicht lange nach und verlasse in La Serena

die Panamericana wieder, der Anblick der Berge ist auf Dauer einfach zu verlockend.

Der fast 4 800 Meter hohe Pass heißt „Agua Negra"[5] und ist laut meiner Landkarte nur ein kleines Schottersträßchen. Konditionell wird mir die Route einiges abverlangen, denn innerhalb von nur 250 Kilometern Distanz überwindet die Straße die gesamte Höhendifferenz. Es bleibt mir also nur wenig Zeit zur Höhenanpassung, zudem wird mir die Schotterpiste eine Extraportion Energie aus den Beinen saugen und wegen der riesigen Entfernungen zwischen den

[5] *Span.: Schwarzes Wasser*

Versorgungsstellen muss ich große Mengen an Wasser und Lebensmitteln mitführen. Ich plane, die Traversierung innerhalb von drei Tagen zu meistern, mit der ersten Nacht in 1 800 und der zweiten in 3 000 Metern Höhe, bevor es dann am dritten Tag über den Pass gehen soll. Es fällt mir sehr schwer, die Etappe einzuschätzen, trotz intensiver Recherche mittels Internet und Kartenmaterial bin ich mir nicht sicher, ob ich die Schwierigkeiten und die Gefahren richtig einzuschätzen vermag. Welchen Tribut werden die eisige Kälte, die Höhenluft, die Erschöpfung und die Einsamkeit mir abverlangen und welche Chancen bleiben mir bei technischen Problemen mit dem Fahrrad oder etwa im Falle eines Sturzes in der Abgeschiedenheit?

Ich erkundige mich vorsichtshalber bei der Polizeistation in La Serena nach dem Zustand der Passstraße und erhalte die Bestätigung, dass sie durchgehend schneefrei ist. Im letzten Dorf vor dem Pass kaufe ich Lebensmittel für die Überfahrt ein, lange überlege ich mir, wie viel ich mitnehmen soll. Reicht der gekaufte Vorrat an Brot, Spaghetti, Thunfisch und Tomatenmark für das Vorhaben aus? Einerseits möchte ich kein Gramm zu viel hoch schleppen, andererseits sollte ich ausreichend Sicherheit einplanen, falls die Überschreitung länger dauern sollte als angenommen.

Die Passstraße führt anfangs durchs Elqui-Tal, in dem die Weintrauben für den weltbekannten Pisco angebaut werden. Die Landschaft ist karg und felsig, lediglich entlang von Bächen und in bewässerten Gebieten zeigt sich die Farbe Grün. Steil ragen die Seitenflanken aus dem engen Tal empor, nach oben gehen sie in fast senkrechte Felswände über. Die Fläche scheint für den Anbau optimal ausgenutzt zu sein, denn die Felder ziehen sich teilweise bis in die hintersten Winkel der Hänge hinauf. Kaum auszudenken, wie schwierig und aufwendig sich die Arbeit hier gestaltet. Ich passiere die Plantagen zur Feierabendzeit, Gruppen von gut 30 Feldarbeitern stehen auf der Straße und warten auf den Bus. Beim Vorbeifahren rufe ich ihnen ein kräftiges „Hola“ entgegen und etwa 30 verwunderte Gesichter drehen sich synchron mir zu und antworten im Chor „Hola“. Zwischen den Feldern sind riesige Netze gespannt, um den starken Westwind des Pazifiks zu brechen, der hier ununterbrochen weht. Das Fauchen der Windfänger verbreitet eine gespenstische Atmosphäre in dem mittlerweile recht dunklen Tal. Ich freue mich außerordentlich über die unsichtbare schiebende Hand, die endlich einmal auf meiner Seite ist und die flache Steigung zu einer genüsslichen Partie ohne große Anstrengungen macht.

Die Landesgrenze zwischen Chile und Argentinien verläuft entlang der Passhöhe, doch die chilenische Zollabfertigung befindet sich bereits 65 Kilometer davor am Fuße des Passes. Es ist ein großes, modernes Gebäude mitten in einer öden und scheinbar leblosen Landschaft. Eine Handvoll Zollbeamte sind dort angestellt, einige von ihnen sind in einem Nebengebäude untergebracht und verlassen nur alle paar Wochen den Ort, um nach Hause zu fahren. Sie scheinen einen lockeren Arbeitsalltag zu haben, denn ich bin für eine lange Zeit der einzige Passant in der großen Halle. „Sie können hier gerne übernachten, wir haben einige freie Betten in unserer Wohnbarracke, machen Sie es sich gemütlich", laden sie mich freundlich ein. Es ist noch früh am Tag und ich bevorzuge es, noch ein paar Stunden weiterzufahren, doch ich nutze das bequeme Sofa in ihrem Aufenthaltsraum für ein kleines Nickerchen und genieße Kaffee und Kuchen mit einer der Mitarbeiterinnen. Wie schade, dass ich nicht jeden Tag eine Grenze passiere!

Vor der Weiterfahrt versichere ich mich bei einem Zollbeamten, ob die Formalitäten mit dem Reisepass erledigt sind und ich nach Argentinien ausreisen darf. Ich deute sein müdes Nicken und ein undeutliches und unverständliches Murmeln als ein „Ja, fahr einfach drauf zu." Was ich nicht weiß, ist, dass ich an der Schranke rund zehn Meter nach dem Hauptgebäude anhalten müsste, um einen gestempelten Kontrollzettel einem anderen Beamten wieder abzugeben, doch es ist niemand in dem kleinen Holzhäuschen zu sehen. Schwungvoll geht's zügig an der geschlossenen Schranke vorbei, die Lautstärke meines MP3-Players ist am Anschlag, meine Vorfreude auf Argentinien nicht zu bändigen. Kurz darauf sehe ich im Rückspiegel eine Staubwolke hinter mir. Ein Auto rast mit bedrohlicher Geschwindigkeit auf mich zu, ich kann mich gerade noch neben dem Schotterweg in Sicherheit bringen. Da stimmt wohl etwas nicht ... Der Wagen zieht rechts neben mir auf die Seite und legt eine Vollbremsung ein. Mit böser Miene steigt der Fahrer aus und kommt auf mich zu, die Arme in die Hüften gestützt. Schon wieder scheine ich mit den argentinischen Gesetzen in Konflikt zu geraten, zumindest spricht dies aus dem Gesichtsausdruck des Kollegen. „Haben Sie die geschlossene Schranke nicht gesehen?“, fragt er mich in unmissverständlich barschem Ton. „Ich dachte, mit dem Abstempeln meines Reisepasses und dem Ausfüllen der Formulare wäre die Angelegenheit erledigt und ich dürfe passieren“, gebe ich mich ahnungslos. Wortlos zieht er mir den Kontrollschein aus der Hand, begibt sich in sein Auto und macht sich wieder aus dem Staub.

Die Fahrt hinauf zum Stausee „La Laguna“ ist fantastisch. Lediglich ein Motorrad mit zwei Daumen reckenden Brasilianern kommt mir an diesem Nachmittag entgegen, ansonsten bin ich völlig alleine in dem weit ausladenden Tal. Die Berghänge gleichen riesigen Maler-Farbpaletten, noch nie zuvor habe ich solch kräftige und intensive Rot- und Orangetöne in Gesteinen bzw. in der Erde gesehen. Der Kontrast zu dem leuchtenden Türkisblau des kristallklaren Wassers der Lagune wirkt surreal. Es ist eine bizarre

Welt – bunt, schön und faszinierend auf der einen Seite, da völlig unberührt, mit weichen und runden Formen. Andererseits wohnt ihr aufgrund der Leere etwas Unheimliches inne, vergebens suche ich zwischen den Steinskulpturen und den Schotterfeldern nach Spuren von Leben. Mit jedem Schwenk des Tales kommen neue Berge in Sicht, stolz erheben sich die Grate und Kuppen in den makellos blauen Himmel. Der Landkarte entnehme ich, dass einige Gipfel über 6 000 Meter hoch sind. Es herrscht eine einzigartige Stille in dem Tal, stundenlang nehmen meine Ohren nichts außer dem schen des Baches, dem Knirschen des Schotters sowie dem Keuchen meiner Lunge wahr.

Die Sonne hat es noch nicht über die Berghänge geschafft, als ich früh am Morgen des nächsten Tages in Richtung Pass aufbreche. Die ersten Höhenmarkierungen kommen in Sicht und teilen mir mit, dass ich mich bereits 4 000 Höhenmeter über dem Meeresspiegel befinde. Meine körperliche Verfassung ist noch immer bestens, ich fühle weder Kopfschmerzen noch zeigen sich Anzeichen von Müdigkeit. Das Tal weitet sich allmählich, vor mir breitet sich ein gigantischer Kessel aus, der sich in viele Nebentäler aufspaltet. Durch die Flanken windet sich die Straße nach oben, teilweise kann ich deren Verlauf nachvollziehen, teilweise wird mir die Sicht durch Berghänge versperrt. Ich trete bewusst etwas langsamer in die Pedale, um meine Kräfte einzuteilen, merke ich doch ab etwa 4 200 Metern, wie mir die Höhenluft zusetzt.

Wenig später werde ich von einem Auto überholt. Der Wagen verlangsamt neben mir auf Schrittgeschwindigkeit, die Insassen starren mich an. Etwa dreißig Meter vor mir hält der Wagen kurz an und die Scheibe senkt sich, ein Fotoapparat wird herausgehalten und knipst mir entgegen. Fühlt man sich im Flachland als Radfahrer in der Regel von motorisierten Vehikeln gestört, so freue ich mich in diesem Moment über die Begegnung mit den Passanten. Obwohl ich nur die Linse ihrer Kamera zu Gesicht bekomme, verleiht mir diese Begegnung nach den Stunden der Einsamkeit das beruhigende Gefühl, nicht völlig alleine zu sein.

Mit steigender Höhe weitet sich langsam der Horizont und das Gefühl der Beklemmung, das sich die letzten Tage in dem tiefen und engen Tal über mich gelegt hatte, löst sich allmählich. Auf der Gegenseite des Tales kommt ein gewaltiger Gletscher mit haushohen Spalten und Verwerfungen in Sicht, der Anblick ist atemberaubend. Da mir allmählich die Puste ausgeht, steige ich immer häufiger ab und schiebe mein Fahrrad über den holprigen Schotterweg, alle paar Minuten halte ich an und beuge mich keuchend über den Lenker. Ab 4 500 Metern Höhe macht sich ein unangenehmes Pochen in meinem Kopf bemerkbar, die Schläfen fühlen sich an, als wären sie in einen Schraubstock eingespannt und selbst nach längeren Pausen will sich mein Puls nicht mehr erholen. Endlos ziehen sich die lang gestreckten Serpentinen durch die Seitentäler, teilweise bin ich eine halbe Stunde damit beschäftigt, mich von Kehre zu Kehre hochzuarbeiten. Ich passiere riesige Felder von Büßerschnee, deren Oberflächen durch ungleichmäßiges Abschmelzen völlig zerklüftet sind. Wie Lanzen ragen die meterhohen Eisformationen in den Himmel, bizarr ist der Anblick der scharfkantigen Spitzen.

Wenige Meter vor dem Pass passiert mich ein Jeep, gleichzeitig drehen sich mir die verwunderten Gesichter der vier Insassen zu, als sie in Schrittgeschwindigkeit an mir vorbeifahren. „Where are you from?", schallt es aus einem geöffneten Fenster mit bayrischem Englisch. „From Stuttgart in Germany", antworte ich mit schwäbischem Englisch. „Ah, dann sind wir ja fast Nachbarn, wir kommen aus München", entgegnet der Beifahrer. Ich bin sehr erfreut darüber, das Gipfelglück mit ihnen teilen zu dürfen und meiner Freude in meiner eigenen Muttersprache Ausdruck verleihen zu können. Wir schießen ein paar Fotos vor dem von Sandstürmen völlig verkratzten Grenzschild und verabschieden uns dann wieder recht zügig, da es fürchterlich windet und die Kälte durch alle Ritzen meiner nass geschwitzten Kleidung dringt.

Ich beginne die Abfahrt auf der Rückseite des mittlerweile im Schatten liegenden Passes. Über kilometerlange Serpentinen geht es steil nach unten, immer wieder muss ich zugefrorenen Pfützen ausweichen, die sich am frühen Nachmittag durch das Schmelzwasser der Schneefelder gebildet haben und nun eine Gefahr für mich darstellen. Die Temperaturen befinden sich am Gefrierpunkt, trotz Winterjacke, Thermohose, Skimütze und Handschuhen merke ich, wie die Kälte langsam in die Gliedmaßen meines Körpers strömt. Sie scheint meine Kopfschmerzen noch weiter zu fördern, ich versuche, jede Art von Anstrengung zu vermeiden. Bis zum Sonnenuntergang bleibt mir nicht mehr viel

Zeit und ich muss die Nacht unbedingt unterhalb von 3 500 Höhenmetern verbringen, ansonsten wird sie aufgrund der niedrigen Temperaturen und der Höhenluft zum Albtraum. Meine Arme und Beine zittern vor Kälte, ich kann mich vor Erschöpfung kaum noch im Sattel halten, doch es findet sich kein geeigneter Ort für ein Nachtlager. Erst als es dunkel ist, sehe ich im Mondlicht die Reste einer eingefallenen Hütte neben dem Schotterweg. Sie sieht nicht gerade einladend aus, doch zumindest ist hier das Gelände einigermaßen eben und die übrig gebliebenen Mauern bieten Schutz vor dem kalten Wind. Als ich mich in meinen Schlafsack verkrieche, die Augen schließe und der Stress langsam von mir abfällt, durchfährt mich ein unbeschreibliches Glücksgefühl. Ich kann es kaum fassen, dass ich die Anden nun schon ein zweites Mal überquert habe. Was kann mich denn nun eigentlich überhaupt noch aufhalten?

Schon am folgenden Tag bei Ankunft im Dörfchen Rodeo erhält meine Euphorie einen kräftigen Dämpfer. Obwohl es kontinuierlich bergab geht, komme ich trotz enormem Kraftaufwand nur ganz langsam voran, denn „Zonda" bläst mir mit voller Wucht entgegen. Zonda ist der Name des wilden unbarmherzigen Föhnwindes, der in der Region um Rodeo permanent für Sturm sorgt. Dank der konstanten Windverhältnisse ist der „Dique del Viento", der See des Windes, neben dem Städtchen in der Wind- und Kitesurferszene weltweit bekannt. Blätter von verdorrten Büschen und Sträuchern wirbeln durch die Luft, die Bäume der Allee am Ortseingang wehen wie Seegras in einem Fluss und es pfeift fürchterlich.

Seit Tagen habe ich außer einfachsten Nudelgerichten und Snacks nichts Ordentliches mehr gegessen, entsprechend groß ist mein Appetit auf eine richtige Mahlzeit und ein kühles Bier. Ich frage mich nach einer Gaststätte durch, doch es ist Sonntagnachmittag und die Stadt scheint ausgestorben zu sein. Ein alter Herr schickt mich zu einem Wohnhaus, es ist angeblich ein Restaurant, obwohl von außen nichts darauf hindeutet. In der Hoffnung, meinem Magenknurren ein Ende bereiten zu können, klopfe ich verunsichert an die klapprige Holztür. Die Tür geht auf und eine Frau dahinter lächelt mich freundlich an. „Komm rein, ich koch dir etwas zum Essen", meint sie großzügig und führt mich in ihr Wohnzimmer. Es ist recht spartanisch eingerichtet, nur ein paar wenige Familienfotos zieren die Wände. Besonders gemütlich ist es nicht, der Betonboden und die lose von der Decke herabhängende Glühbirne schaffen eine etwas ungemütliche Atmosphäre und durch das kleine Fenster in der Außenwand dringt nur wenig Licht. Am Esstisch türmen sich die Spielsachen ihrer Tochter, die wie hypnotisiert in den kleinen Röhrenbildschirm eines alten Fernsehers schaut. Es läuft „Die Simpsons". Ich bin überrascht über Bart Simpsons perfekte Spanischkenntnisse, noch nie habe ich ihn in dieser Sprache reden gehört. Schüchtern setze ich mich zu dem Mädchen an den Tisch und blicke mich in der Wohnung um. Es ist ein nicht ganz alltägliches Gefühl, in einer Wohnung von fremden Leuten zu sitzen und all die Familienfotos und persönlichen Gegenstände anzuschauen. Doch die Frau scheint es nicht zu stören, sie verschwindet für eine Viertelstunde in der Küche und serviert mir anschließend einen Teller Empanadas, in Teig gehüllte Fleischbällchen mit Gemüse. Das Gericht ist eigentlich recht simpel und einfach, doch ich könnte mir im Augenblick keine köstlichere Delikatesse vorstellen. Es ist ein Hochgenuss! Zusammen mit einem kühlen Bier genieße ich die Leckerei und bestelle zur Verwunderung der Frau noch eine zweite und eine dritte Portion. Wie köstlich, schon lange nicht mehr habe ich eine Mahlzeit so sehr genossen wie in diesem Moment, ich fühle mich beinahe wie zu Weihnachten. Genau dieser Wandel in der Wahrnehmung und der

Wertschätzung einfacher kleiner Dinge ist es, den ich am Sport und insbesondere am Radfahren bzw. Radreisen so sehr schätze. Viele mit der Zeit zum Alltag geworden Kleinigkeiten, wie ein warmes Essen, gewinnen wieder an Bedeutung und Eindrücke und Gefühle werden viel intensiver wahrgenommen. Auf meinen Gaumen hat dies meist die Wirkung wie ein Geschmacksverstärker – nur ohne Nebenwirkungen.

Über eine enge Schlucht mit einem reißenden Fluss geht meine Reise tags darauf weiter. Hochgewachsene Bäume bedecken einen schmalen Streifen des engen Talgrundes, auf den Wiesen dazwischen grasen Rinder, Schafe und Ziegen. Mit größerer Entfernung vom Fluss wird die Vegetation karger und das saftige Grün geht allmählich in das fahle Oliv von Büschen und Kakteen über. Dazwischen kleine Siedlungen und Bauernhöfe. Endlich umgibt mich wieder Leben. Nach den einsamen Tagen in der Wüstenödnis wirken die Spuren der Zivilisation beruhigend. Ich merke, wie mir die Anstrengung des Passes noch immer in den Muskeln steckt, es wird Tage dauern, bis ich mich wieder vollständig erholt habe. Ich habe einen heftigen Muskelkater in den Beinen, bei den geringsten Anstiegen brennen mir die Oberschenkel, als fließe mir Salzsäure durch die Adern. Hinter einem kleinen Pass dehnt sich allmählich ein weites Flachland vor mir aus. Die Fahrt durch die sagenhafte Bergwelt des „Paso Agua Negra“ war ein unvergessliches und tolles Erlebnis, doch der Anblick der Ebene, die mich in den kommenden Tagen mit nur einem Bruchteil des Kraftaufwandes nach Norden bringen wird, ist erleichternd.

Am Ende der letzten Serpentinen gelange ich an eine Polizeikontrollstelle. Die Straße wird von einer geschlossenen Schranke mit einem rot-weißen Stoppschild versperrt. Jetzt nur nichts falsch machen, denke ich mir, genug des Ärgers mit den argentinischen Ordnungshütern. Gehorsam bringe ich mein Fahrrad zum Stillstand und warte eine Zeit lang, doch nichts geschieht. Es muss sich jemand in der Hütte befinden, denn aus den Lautsprechern eines kleinen Radios dröhnt ein Gemisch aus Musik und Rauschen. Die Antenne des lärmenden Apparates wurde durch ein rostiges Stück Draht ersetzt, sicher stammt das Ding noch aus dem letzten Jahrtausend. Auf dem Boden vor der Hütte liegt ein schlafender Hund. Als ich anhalte, hebt er kurz den Kopf und blickt zu mir herüber, dann lässt er ihn wieder faul auf den Boden sinken und schließt die Augen. „Hallo, ist da jemand?“, rufe ich vorsichtig. Ich vermute, dass der Beamte in dem Häuschen wohl gerade dasselbe macht wie sein Hund.

Es dauert eine Weile, dann tritt ein älterer Herr in Polizeiuniform aus der Tür. Überrascht blickt er mich an, sicher hat er nicht damit gerechnet, vor einem Fahrradfahrer zu stehen. Er ist recht korpulent, sein Leib passt gerade noch durch die Eingangstür des Häuschens, wenn er noch ein paar Kilo zulegt, bleibt er sicher bald im Türrahmen stecken. Er kommt zu mir herüber. Die wenigen Schritte bringen ihn bereits gehörig ins Schnaufen, seine Stirn ist von glitzernden Schweißperlen überzogen. „Guten Tag, Kontrolle", erklärt er mir mit ernster Miene, erschöpft stützt er sich auf der Schranke ab. „Guten Tag", entgegne ich ein wenig verkrampft. Nur selten wird man in Deutschland von uniformierten Beamten angehalten und kontrolliert, ich vermag die Situation nicht so recht einzuschätzen. Der Polizist greift zu einem Formular und stellt mir eine Reihe von Fragen, die ich teilweise für einen Scherz halte. Was soll das? Er möchte zum Beispiel wissen, wo ich das Fahrrad gekauft habe, wie alt es ist und wie teuer es war. „Was für Gegenstände führen Sie mit?" Akribisch trägt er diese Daten anschließend auf dem Formular ein – ein Zelt, ein Schlafsack, ein Kocher, T-Shirts ... Sonderbar, die argentinische Bürokratie. Wofür diese Daten wohl erhoben werden? Bei einigen Fragen fällt es mir schwer, ernst zu bleiben, ich kann mir nicht vorstellen, dass diese Informationen wirklich für einen ernsthaften Zweck benötigt werden. Mir scheint, als möchte mich der Polizist gar nicht mehr gehen lassen, denn als er mit dem Formular fertig ist, geht es mit seinen eigenen Fragen weiter. Wie üblich in Lateinamerika beginnt er mit dem Thema Fußball, dann folgen Fragen zu meiner Reise und schließlich will er über meine Familie Bescheid wissen. „Du bist 33 Jahre alt, hast noch keine Kinder und bist noch nicht verheiratet? Was stimmt da nicht mit dir? Bist du etwa schwul?“ Er kann es nicht fassen und fragt mich scherzend, ob ich Hilfe bei der Partnersuche benötige. „Ich habe ein paar hübsche Nichten, soll ich sie dir vorstellen?“ Das anfangs verhörartige Gespräch wird mit jedem Satz mehr zum Klamauk und irgendwann habe ich das Gefühl, ich unterhalte mich mit einem Kumpel. Für seinen einsamen Arbeitsalltag scheine ich eine willkommene Abwechslung zu sein, ich merke, wie er es genießt, sich endlich mal wieder unterhalten zu können. Was für ein Wandel! Ich fühle mich ein bisschen an den Polizisten bei Mendoza drei Wochen zuvor erinnert, der anfangs ebenfalls einschüchternd auf mich wirkte und dann im Verlauf des Gespräches immer mehr auftaute und mich schließlich zu sich als Gast einlud. Eine Situation mit einem derartigen Stimmungswandel ist in Deutschland irgendwie nur schwer vorstellbar, dafür wirken Polizisten bei uns zu streng und reserviert. „Mucha suerte amigo!“[6], ruft mir der Wüstenhüter dann irgendwann zum Abschied hinterher und hebt die Schranke vor mir an.

Ich habe die Straße wieder fast völlig für mich alleine, nur sehr selten begegne ich anderen Fahrzeugen. Ich gelange in das „Valle de la Luna“, das Mondtal. Der Name könnte

[6] *Span.: Viel Glück, mein Freund!*

treffender nicht sein, denn genau so habe ich mir schon immer die Landschaft auf einem anderen Planeten vorgestellt. Aus dem staubigen rot-braunen Wüstenboden erheben sich bizarre Felsformationen, die aus weiter Ferne wie versteinerte Aliens anmuten. Dazwischen stehen meterhohe Kakteen wie im Lucky-Luke-Comic.

In einer Kurve krame ich einen Apfel aus der Rückentasche meines Fahrradtrikots und merke nicht, wie ich für einen kurzen Augenblick auf die Gegenfahrspur gerate. Genau in diesem Moment schießt ein Auto nur wenige Zentimeter an mir vorbei. Ich hatte es weder in meinem Rückspiegel gesehen noch hatte ich ein Geräusch vernommen. Der Schreck lässt mir fast das Blut in den Adern gefrieren, selbst in einer so friedlichen und scheinbar harmlosen Gegend hat man in jedem Moment mit Gefahren zu rechnen und ein kurzer Moment der Unaufmerksamkeit kann unter Umständen fatale Konsequenzen nach sich ziehen.

Bei Gluthitze komme ich in San José de Jáchal zur Mittagszeit an. Das Zentrum ist wie leer gefegt, Siesta ist angesagt. Selbst die Geschäfte und die meisten Restaurants sind geschlossen, bei den Temperaturen kann man einfach nicht arbeiten. Die wenigen Menschen wirken entspannt, gemütlich sitzen sie auf Parkbänken oder stehen beieinander und unterhalten sich. Zeit scheinen sie hier in Hülle und Fülle zu haben. Nur wenig Verkehr herrscht auf den

Straßen, neben ein paar ins Alter gekommenen motorisierten Fahrzeugen sind es vorwiegend Pferdekutschen und Eselskarren, die durch die staubigen Gassen rollen. Ich gehe in ein Internetcafé, um meine E-Mails zu lesen. In der winzigen, dunklen, verrauchten und mit Rechnern und Bildschirmen vollgestopften Bude ist die Hölle los. Dutzende Teenager drängen sich um die völlig veralteten Computer, auf denen hauptsächlich Ballerspiele gezockt werden. Ihrer Anspannung verleihen sie in Form von nervösem Tastaturklappern, ohrenbetäubendem Schreien und epilepsieartigen Zuckungen Ausdruck. Ich setze mich an einen Computer, schalte den alten verstaubten Röhrenbildschirm an und beginne auf der hoffnungslos verdreckten Tastatur mit spitzen Fingern zu tippen. An der Wand hängt ein Schild „Rauchen verboten", doch das scheint hier keinen zu stören. Die verqualmte Luft ist so dick und stickig, dass sie nur widerwillig durch die Luftröhre fließt. Das Stöhnen der Kids ist einfach nicht zu ertragen. Nach einer halben Stunde liegen meine Nerven blank und ich bin schweißgebadet. Ich bitte den Jugendlichen neben mir höflich, die Lautstärke seiner Gefühlsäußerungen zu reduzieren, doch nach wenigen Minuten ist er wieder in Hochform. Welch abstoßende Atmosphäre. Wie kann eine solch fantasielose und sinnfreie Beschäftigung nur so viel Begeisterung hervorrufen? Ich kann es nicht im Geringsten nachvollziehen, mich überkommt eine Wut auf die für diese schreienden und zuckenden Leiber verantwortlichen Hersteller dieser sinnlosen Computerspiele.

Abends hat sich dann die ganze Einwohnerschaft im Dorf versammelt. Die Temperaturen haben sich auf ein erträgliches Niveau abgesenkt und ein angenehm frischer Wind weht durch die Straßen. Die Geschäfte sind alle geöffnet und die Restaurants mit Menschen gefüllt. An den Imbissbuden auf dem Platz in der Dorfmitte werden Eis, Süßigkeiten, Hamburger und Würstchen verkauft. Vom Kleinkind mit Schnuller bis zum Uropa im Rollstuhl sind alle da, sitzen auf Parkbänken, stehen in Gruppen um kleine Tische, trinken Bier, spielen Karten und unterhalten sich in lateinamerikanischer Lautstärke. Für einen Mitteleuropäer wie mich ist es eine ungewohnte Atmosphäre, nach den Tagen in der völligen Abgeschiedenheit der Anden muss ich mich erst an den Kontrast gewöhnen. Ich fühle mich wie ein Fremdkörper in dieser Gemeinschaft, wie ein wildes einsames Tier, das sich zum ersten Mal schüchtern der Zivilisation nähert und gespannt und verunsichert beobachtet, was sich vor ihm abspielt. Ich komme mir ausgeschlossen und allein gelassen vor, mich überkommt plötzlich das Gefühl von Einsamkeit. Damit hätte ich nicht gerechnet. Es ist verwunderlich, dass dies ausgerechnet in dieser Situation einsetzt und nicht die Tage zuvor in der menschenleeren Bergwüste, wo ich wirklich einsam war.

Ich fühle mich daher erlöst, als ich tags darauf wieder auf meinem Rad sitze und weiterfahre. Die karge Landschaft mit Büschen und Kakteen wirkt im Moment beruhigend und entspannend auf mich. Riesige Schwärme smaragdgrüner Papageien ziehen über meinen Kopf hinweg, ihr mürrisches Kreischen ist schon in weiter Ferne zu vernehmen. Sie wirken entrüstet, fast schon so, als wollten sie mich aus ihrem Revier verscheuchen. „Weg da, Eindringling!" Nachmittags steht die Sonne senkrecht am Himmel und erhitzt dabei den Boden so stark, dass ich nachts im Zelt das Gefühl habe, ich läge auf einer eingeschalteten Heizdecke. Schwitzend wälze ich mich von einer Seite auf die andere, erst nach Mitternacht wird es einigermaßen angenehm.

Nur selten gelange ich durch bewohnte Gebiete, doch wann immer ich in die Nähe von Zivilisation komme, kündigt sich diese schon im Voraus auf eine unschöne Art und Weise an. Den Straßenrand zieren weggeworfene Einwegflaschen, Windeln, Konservendosen, Plastiktüten – überall liegt Müll verstreut und in der Luft schwebt ein trauriger Schleier der Verwesung. Brennende Müllhaufen treiben mir beißenden Qualm in die Augen, es stinkt zum Himmel. Wie kann man nur so rücksichtslos mit der Umwelt umgehen? Ich kann es einfach nicht verstehen, doch als ich längere Zeit darüber nachdenke, wird mir klar, dass wohl auch der von mir erzeugte Müll an einem Ort wie diesem enden wird. Wieso ändert dies keiner? Stört das die Menschen hier etwa nicht?

Je weiter ich nach Norden gelange, umso mehr geht das Rotbraun in ein saftiges Grün über, mit dem Wasser eines riesigen kakaobraunen Flusses neben meiner Straße kommt allmählich wieder Leben zurück. Der Bewuchs wird zusehends dichter, bis ich schließlich in einer saftig grünen Weidelandschaft mit Kühen, Schafen und Ziegen ankomme. Der Geruch von Pflanzen, das Gezwitscher von Vögeln und das lebendige Grün von Bäumen und Büschen lassen mich wieder aufatmen. Die Wüste ist ein faszinierender und einzigartiger Ort, dem ein einzigartiger Zauber innewohnt. Doch nach einer gewissen Zeit wird diese magische Leere irgendwann zur innerlichen Last und mich überkommt das Bedürfnis, wieder in behaglichere Gefilde zurückzukehren. Meiner Landkarte entnehme ich, dass ich nicht weit entfernt bin von einer Ortschaft mit dem verheißungsvollen Namen „Alemanía"[7]. In der Hoffnung, in diesem kleinen Dorf

[7] *Span.: Deutschland*

emigrierte Deutsche zu treffen, nehme ich einen kleinen Umweg in Kauf und mache einen Abstecher zu dieser vermeintlichen Siedlung. Während des 20. Jahrhunderts verließ eine große Zahl Deutscher aus politischen, wirtschaftlichen und religiösen Gründen ihre Heimat und wanderte nach Südamerika aus. Die meisten von ihnen ließen sich im Süden Brasiliens, in Chile und in Argentinien nieder, viele von ihnen und ihrer Nachfahren sprechen noch immer Deutsch. Wie interessant wäre es nur, sich mit einem dieser Auswanderer unterhalten zu können.

Mit größter Spannung rolle ich über eine verrostete Eisenbrücke in das kleine Dörfchen ein, doch außer Staub, Unkraut und Totenstille kann ich dort nichts finden. „Hallo, ist da wer?" Die winzige Ansammlung von rund 15 Häusern und einem kleinen Bahnhof scheint verlassen zu sein, zumindest sehe ich weit und breit weder Mensch noch Tier. Überwachsene Eisenbahnschienen zwischen den Gebäuden deuten darauf hin, dass hier schon seit Jahrzehnten kein Zug mehr gefahren ist. Auf dem mit Büschen überwucherten Dorfplatz blicke ich auf die verkommenen Fassaden alter Lagergebäude, auf ein Haus mit einem verblichenen Coca-Cola-Werbeschild über der Eingangstür und auf zerfallende Buden, deren eingeschlagene Fensterscheiben dem Ort den Hauch einer Geisterstadt geben. Ich bin mir nicht so richtig sicher, ob ich die über dem Ort liegende Stille als angenehm oder bedrückend empfinde, ich merke jedoch, wie es mich beruhigt, als ich wieder auf mein Rad steige und mir der frische Wind entgegenbläst.

Auf der Webseite eines deutschen Nachrichtenmagazins finde ich einige Monate später Informationen über diesen rätselhaften Ort. Die Siedlung entstand demnach ab 1912, nachdem die argentinische Regierung beschlossen hatte, die beiden Städte Salta und Cafayate mit einer Eisenbahnlinie zu verbinden. Es sprach sich schnell herum, dass die am Bau der Bahnlinie beteiligten Bauarbeiter und Ingenieure gut bezahlt werden, was zahlreiche Abenteurer und Bergleute aus Gold- und Silberminen Boliviens anlockte. Der Ort

wuchs innerhalb kürzester Zeit, von 1916 bis 1920 entwickelte er sich zu einem florierenden Provinzstädtchen mit einer Polizeistation, einer Grundschule und einer Krankenstation. Die Hoffnung, über Nacht reich zu werden, führte zu einer Art Wild-West-Stimmung, Feste dauerten Tage und dabei wurden teilweise Hunderte von Schüssen in die Luft abgegeben. Wein soll in dem Dorf angeblich einfacher erhältlich gewesen sein als Wasser, lese ich bei Recherchen im Internet immer wieder. Als die Bahnlinie fertiggestellt war, kamen viele Menschen aus der Region in die kleine Stadt mit dem Endbahnhof, um von dort per Bahn nach Salta zu fahren.

Der Erste Weltkrieg machte dem Projekt jedoch einen Strich durch die Rechnung, die Lieferung von Schienen und Baustoffen aus Europa, insbesondere Deutschland, stockte und Investoren suchten sich neue Ziele. Lediglich die Strecke von Salta nach Alemanía wurde fertiggestellt, die Verlängerung nach Süden bis zur Stadt Cafayate wurde nicht umgesetzt. Alemanía blieb wortwörtlich Endstation, der Zerfall war besiegelt. Die jungen Leute kehrten dem Städtchen allmählich den Rücken zu, 1971 wurde die Bahnverbindung endgültig eingestellt. Gemäß Aussagen des Honorarkonsulats in Salta stammt der Name Alemanía von den vielen deutschen Bauarbeitern und Ingenieuren, die beim Bau der Eisenbahntrasse mitgeholfen haben. Wie schade, wäre ich doch nur vor 95 Jahren hier schon vorbeigekommen. Zu spät!

VULKANE, FLAMINGOS UND KOKABLÄTTER

In Salta steht eine ausgiebige Fahrradreparatur auf dem Plan. Über 15 Speichen meines Hinterrades sind mir während der letzten sechs Wochen gebrochen, dem Gewicht meines mitgeführten Gepäcks in Kombination mit dem schlechten Straßenzustand sind sie nicht gewachsen. Die vielen Schlaglöcher in der Straße lassen sie bersten wie Zahnstocher, es ist frustrierend. Ersetze ich die gebrochene Speiche nicht unverzüglich, dann streift aufgrund der verzogenen Felge die Bremse. Zudem besteht die Gefahr, dass aufgrund der höheren Belastung weitere Speichen versagen. Natürlich brechen die Speichen in der Regel auf der rechten Seite des Hinterrades, was eine Demontage des Zahnkranzes erforderlich macht. Ich tausche daher die brasilianischen Speichen des Hinterrades in Salta gegen argentinische. Sie sehen zwar nicht viel widerstandsfähiger aus, doch was soll ich sonst machen. Mir bleibt nichts anderes übrig, als mich mit dem hier erhältlichen Material zufriedenzugeben, Auswahl gibt es keine.

Der Paso Jama bringt mich nach San Pedro de Atacama in Chile, nur noch wenige Kilometer entfernt von der bolivianischen Grenze. Zwei Tage dauert die Auffahrt auf das über viereinhalbtausend Meter hohe Plateau mit gigantischen

Salzseen, endlosen Geröllflächen und einer einzigartigen Fauna mit wilden Vicuñas, Flamingos und Lamas. Wenige Kilometer oberhalb des „Cerro de los Siete Colores", dem siebenfarbigen Felsen in Purmamarca, errichte ich das erste Nachtlager. Ein ausgetrocknetes Flussbett bietet Schutz vor dem kräftigen durch das Tal pfeifenden Wind. Den herrlichen Sonnenuntergang betrachtend kratze ich meine letzten Spaghetti aus dem Topf und lege mich erschöpft in meinen Schlafsack. Der Untergrund ist sehr uneben, die Spitzen und Kanten von Steinen drücken sich durch die dünne Isomatte in meinen Rücken. Viel zu müde, um mich jetzt noch darum kümmern zu wollen, befinde ich mich nur wenige Sekunden später im Tiefschlaf. Dann plötzlich, es ist schon nach Mitternacht, schrecke ich auf. Ich höre Menschenstimmen und das Klappern von Pferdehufen. Nervös öffne ich den Reißverschluss meines Außenzeltes und blicke hinaus. Nicht weit von mir entfernt sehe ich eine Gruppe von gut 15 Menschen, teilweise zu Fuß, teilweise auf Pferden, Eseln oder Ponys. Ein Hund kommt zu mir herüber, umkreist mein Zelt und schnüffelt an meinem Fahrrad. Einige Gesichter schauen neugierig zu mir, die Strahlen ihrer Taschenlampen treffen mein Zelt. Unter den Menschen sind Frauen mit in Tüchern eingewickelten Gegenständen auf ihrem Rücken. Bei genauerem Hinsehen erkenne ich, dass es kleine Kinder sind. Verunsichert und ängstlich rufe ich: „Hallo, guten Abend, wie geht's?" Freundlich grüßen sie zurück, gehen aber unbeeindruckt weiter. Als sich ihre Lichter allmählich in der Nacht auflösen, bin ich erleichtert und verfalle ebenso schnell wieder in den Tiefschlaf, wie ich aufgewacht war.

Am folgenden Tag führt mich dann die Straße über eine unmenschliche Anzahl von Spitzkehren auf den ersten Pass. Der Paso de Jama ist streng genommen eine Reihe von Pässen, allesamt über 4 000 Meter hoch, der höchste davon knapp 4 900 Meter. Die Einblicke in das hinter mir langsam verschwindende Tal und die Serpentinenstraße sind atemberaubend, mit jeder Kurve wächst der Bandwurm unter mir um ein weiteres Segment. Ich spüre, wie die Luft dünner wird und mir meine Lunge fast aus der Brust hüpft. Müde erreiche ich die Passhöhe, halte an und mache ein Foto vom Passschild. Moment, das gibt's doch nicht! Auf dem Schild klebt ein Aufkleber mit der Aufschrift „SWR3", einem Radiosender aus meiner Heimatstadt Stuttgart. Einen originelleren Empfang hätte ich mir fast nicht vorstellen können.

Wie versteinert stehe ich vor dem Schild, als ein argentinisches Pärchen auf mich zukommt und mir eine Plastiktüte mit grünen getrockneten Blättern vor die Nase hält. „Steck dir diese Blättchen zwischen die Zähne und die Backe. Es sind Kokablätter, ein völlig natürliches und nebenwirkungsfreies Medikament gegen die Höhenkrankheit, kannten schon die Inkas", meint die junge Frau, als sie mir eine

Handvoll davon reicht. Mit einem Ballen Blättern im Mund fahre ich auf der anderen Seite des Passes auf eine Hochebene ab, außer einer halb gelähmten Zunge und dem Gefühl, auf einem Zigarettenstummel zu kauen, hat das Inkadoping jedoch keine bemerkenswerte Wirkung auf mein Wohlbefinden. Mein Kopf pocht nach wie vor so, als wäre er von einem Holzhammer verprügelt worden.

Die Straße führt durch den Salinas Grandes, einen riesigen ausgetrockneten Salzsee in 3 450 Metern Höhe. Ich biege in einen kleinen Weg ab und fahre einige Minuten über die Salzkruste. Sie ist an einigen Stellen weich und nur schwer befahrbar, an anderen Stellen ist sie eben und steinhart wie Beton. Aufgrund der großen Höhe ist die Luft eisig kalt, andererseits sticht die Sonne nahezu senkrecht und ungebremst durch den wolkenlosen stahlblauen Himmel auf mich herab. Die spiegelglatte schneeweiße Salzfläche reflektiert zudem das Licht und strahlt mir somit auch noch von unten entgegen. Mein Körper weiß nicht so recht, ob er frieren oder schwitzen soll, es ist ein sehr unangenehmes Gefühl.

Ich halte an einem einsamen Haus mitten im Nichts, in der Hoffnung, dort für eine Nacht eine Unterkunft zu bekommen. Die Besitzerin will mich zuerst wegschicken, da sie nicht über Nacht bleibt und sonst keine weiteren Leute im Haus sind. Nach einem längeren Gespräch bietet sie mir dann aber an, hier zu übernachten. Ich solle am nächsten Morgen einfach die Haustür abschließen und den Schlüssel unter einem Stein neben dem Haus verstecken. Ich bin froh, die festen Wände um mich zu haben, denn es stürmt bis spät in die Nacht und am Horizont sehe ich Blitze aufzucken. Wie unangenehm wäre es jetzt, draußen in meinem Zelt zu liegen und schutzlos dem Gewitter ausgeliefert zu sein. Es fühlt sich zwar etwas gruselig an in dem verlassenen dunklen Haus ohne Elektrizität, doch es ist das Beste, was mir passieren konnte. Das Haus war auf meiner Karte natürlich nicht verzeichnet, was für ein Glück, es gefunden zu haben.

Über einen zweiten Pass gelange ich am nächsten Tag zu einem weiteren Salzsee, noch immer bläst der Wind mit voller Kraft von hinten, mühelos rolle ich eine Stunde lang mit gut 30 Stundenkilometern über die gigantische Ebene. Vier nagelneue leere Reisebusse überholen mich, durch die Scheiben kann ich erkennen, dass die Sitze noch mit Schutzfolie bezogen sind. Wahrscheinlich handelt es sich um Überführungsfahrten von Argentinien nach Chile zur Übergabe an den Busbetreiber. Eines der Fahrzeuge zieht direkt vor mir auf die Seite und hält an. „Darf ich dich ein Stück weit mitnehmen?", fragt mich der aus dem Fenster lehnende Fahrer freundlich, als ich an dem Bus vorbeirolle. „Du kannst dir einen der 70 freien Sitze aussuchen." Zu sehr genieße ich das unbeschwerte Rollen mit dem Wind, als dass ich in ein Fahrzeug einsteigen möchte, und danke dem Fahrer für das Angebot. Noch ewig sehe ich die vier Busse vor mir fahren, bevor sich ihre Silhouetten und ihre Staubwolken in den Hitzespiegelungen des Straßenbelags auflösen.

Der Wind wird zusehends kräftiger und ändert im Verlauf des Tages seine Richtung. Am Nachmittag bläst er mir mit voller Wucht entgegen, ich komme kaum noch voran. Das Fahren wird immer mehr zur Schwerstarbeit. Obwohl ich nicht schneller als 10 km/h fahre, werden meine Beine immer müder und schwerer, ein taubes Gefühl von Unterzuckerung macht sich im ganzen Körper breit. Die Kniegelenke schmerzen, meine Ohren rauschen und der Kopf brummt unaufhaltsam. Wieso hält jetzt kein Bus und bietet mir eine Mitfahrt an? Ich mache Halt, nehme eine kleine Stärkung ein, doch der Wind weht so unangenehm, dass ich nicht länger als nötig verweilen will. Sand und kleine Steine werden von Böen durch die Luft gewirbelt und klatschen mir wie Ohrfeigen ins Gesicht. Unverzüglich nehme ich den Kampf wieder auf und setze mich auf mein Rad. Wie sehr ich auch in die Pedale trete, ich habe das Gefühl umzukippen, sobald ich die Geschwindigkeit auch nur geringfügig reduziere. Ich fühle mich hilflos. Nur wenige Stunden zuvor schwebte ich mit dem Wind auf meiner Seite förmlich über die Straße, es schien, als könne mich nichts in der Welt aufhalten. Und von einer auf die andere Sekunde ist dieses Element mein Gegner, mein schlimmster Feind, der mich zermürbt und mich fertigmacht. So schnell kann es gehen. Das Schlimme ist nur, dass ich nichts machen kann bzw. ich kann alles machen, was ich möchte, aber es bringt mir einfach nichts. Sehnlichst wünsche ich mir eine Unterkunft herbei, bei dem heftigen Wind an Zelten zu denken, ist ausgeschlossen. Weit und breit gibt es keinen Schutz vor der Naturgewalt, die Landschaft ist völlig flach und konturlos.

Abgekämpft gelange ich endlich zu einer kleinen Siedlung, die um die Grenzstation zwischen Argentinien und Chile entstanden ist. Trist und trostlos wirken die Baracken, einige sind nur halb fertiggestellt, Backsteine und andere Baumaterialien liegen verstreut herum. Die Straße ist nicht befestigt, die Windschutzscheiben der vor den Baracken geparkten Autos sind hoffnungslos verstaubt. Hotels gibt es keine, dafür bietet eine Tankstelle Übernachtungsmöglichkeiten für Reisende an. Ich freue mich schon darauf, doch der Tankwart bescheinigt mir, dass alle Betten bereits belegt sind. Weitere Unterkünfte gibt es nicht, die nächste Unterkunft ist mehrere Autostunden weit entfernt. Ich frage einen Mopedfahrer neben der Tankstelle, ob ich mein Zelt neben seinem Haus aufstellen könnte, die einzige Möglichkeit, mich vor dem unbarmherzigen Wind zu schützen. Befremdet schaut er mich an und meint dann großzügig: „Klar kannst du das, wenn du willst, kannst du auch gerne in unserer Wohnung übernachten, sofern dich meine beiden Kinder nicht stören. Die sind zwei und fünf Jahre alt und machen sehr viel Lärm. Ich bin André, herzlich willkommen!"

André führt mich zu seinem Haus und stellt mich seiner Frau Victoria vor, beide sind erst Mitte zwanzig. Vor vier Jahren sind sie hergezogen, in seinem Heimatdörfchen Susques fand er keine Arbeit. Hier arbeitet er nun als Mechaniker für den Dieselgenerator, der die kleine Siedlung rund um die Uhr mit Strom versorgt. Victoria kümmert sich um die beiden Kinder. Ihr Haus besteht lediglich aus zwei Räumen, der Wohnstube mit einem gemauerten Ofen und einem fensterlosen Nebenraum, der von einem Vorhang abgetrennt ist. Die eine Hälfte des Nebenraumes wird von einer auf dem Boden liegenden Matratze eingenommen, daneben türmt sich ein Berg aus Kleidern, Wolldecken und Schuhen. Im Haus gibt es keine Toilette, die Notdurft muss im Freien über einem Erdloch verrichtet werden, aufgetürmte Ziegelsteine dienen als Sichtschutz. Trotzdem ist die Hütte von einer gewissen Gemütlichkeit erfüllt, das

Knacken und Hauchen des Feuers im Ofen sowie das flackernde Licht der aufgestellten Kerzen verbreiten eine wohlige Atmosphäre. Wir sitzen am Abendtisch, draußen faucht unaufhaltsam der Wind. Ich bin überglücklich über die festen Wände, die Vorstellung, jetzt draußen im Zelt zu liegen, fühlt sich grausig an.

Die beiden wirken etwas betrübt, ganz untypisch für die sonst so lebhaften Lateinamerikaner reden sie wenig und wirken etwas verhalten. Victoria erzählt mir, dass sie ihre Eltern und ihre Freunde in Susques vermisst. Obwohl die Distanz zwischen den Dörfern nur wenige Autostunden beträgt, sieht sie sie nur noch selten. André arbeitet sieben Tage die Woche und trotzdem reicht das Gehalt nicht aus, um die Plastikfolie in der Außenwand des Hauses durch eine solide Glasscheibe zu ersetzen. Es ist kalt in der Stube, und obwohl der Holzofen auf Hochtouren brennt, will es einfach nicht warm werden. Wie André mir erzählt, sinkt die Temperatur im Winter teilweise auf unter minus 20 °C, dann ist es kaum noch auszuhalten hier oben auf über 4 000 Metern. Die beiden sind gefangen an einem Ort, an dem sie eigentlich gar nicht sein wollen, doch eine Alternative gibt es nicht.

André empfiehlt mir, mein Zelt in ihrer Stube aufzubauen und mir warme Kleidung anzulegen, es würde sehr kalt werden, sobald das Feuer im Ofen erloschen ist. Zwischen dem noch immer knisternden Ofen und einem Moped, das

André in dem Wohnraum geparkt hat, lege ich mich schlafen. Um Mitternacht werde ich dann wach, es klopft an der Eingangstür direkt neben mir. André ist schon zur Stelle, es scheint, als habe er bereits darauf gewartet. Er öffnet die Tür und nimmt eine mit Warmwasser gefüllte Wärmflasche und eine Thermosflasche mit Tee von einer Nachbarin entgegen.

Der Wind ist über Nacht völlig eingeschlafen, und als ich am nächsten Morgen aus der Hütte trete, lacht mir die goldene Morgensonne ins Gesicht. Der Tag soll einer der Höhepunkte meiner gesamten Reise werden, sowohl wegen der erreichten Höhe als auch bezüglich der landschaftlichen Eindrücke. Nach einem kleinen Pass gelange ich auf eine Hochebene mit riesigen Salzlagunen, in deren kristallklarem Wasser sich die Gipfel umliegender Berge spiegeln. Am Horizont ragen über 6 000 Meter hohe Vulkankegel in die

Höhe, eine Kulisse wie in einem Science-Fiction-Film. Immer wieder sehe ich Scharen von Flamingos und Vicuñas, die eigentlich gar nicht in das Bild dieser lebensfeindlichen Gegend passen.

Die Höhenluft bringt mich an die Grenzen meiner Kräfte. Die Kopfschmerzen haben sich zwar mittlerweile verzogen, doch meine Lunge kommt noch immer nicht so recht mit dem Atmen nach. Bereits bei der geringsten Steigung muss ich hecheln wie ein Hund. Nach einem weiteren Pass gelange ich schließlich an den Rand des fast 5 000 Meter hohen Plateaus und blicke auf die rund 2 500 Meter tiefer liegende Atacamawüste vor mir, die von einem magisch glänzenden Schleier aus sich auflösenden Wolken überzogen ist. Über zwei Stunden lang rolle ich die 55 Kilometer hinab nach San Pedro, ohne auch nur ein einziges Mal in die Pedale treten zu müssen. Spielerisch überhole ich hinabfahrende Lkws, noch bevor ich sie passiere, vernehme ich den Geruch ihrer heiß gewordenen Bremsbeläge. Entgegenkommende Fahrzeuge sind umhüllt von einer beißenden Wolke aus verbranntem Motoröl und verdampfendem Kühlmittel. Ich erreiche San Pedro de Atacama bei völliger Dunkelheit und kämpfe mich mit meiner kleinen Stirnlampe zwischen den riesigen Lkws durch die unbeleuchteten Straßen in das Dörfchen vor. Die Straßen sind nicht asphaltiert, vorbeidonnernde Fahrzeuge wirbeln Sand und Staub auf. Erschöpft gelange ich zu einem Hostel und falle todmüde auf das Bett.

Ich schlafe in dieser Nacht so tief und fest, dass ich erst am nächsten Tag bemerke, dass sich eine Truppe von Bettwanzen an meiner Hand zu schaffen gemacht hat. Fürchterliches Jucken plagt mich die folgenden Wochen, die Narben der Bisse halten sich über 15 Monate.

San Pedro de Atacama gleicht einer Outdoor-Touristikmesse. Das kleine charmante Wüstenstädtchen mit seinen schmalen Gassen, der schneeweißen Kirche im Kolonialstil und den einfachen gemütlichen Häuschen wirkt auf den ersten Blick recht romantisch, wären nicht in fast allen Gebäuden Reiseagenturen, Restaurants und Internetcafés untergebracht. Geysire, Thermalquellen, Sechstausendergipfel – an jeder Ecke hängen Fotos davon mit Preisschildern darunter, fast so, als könne man Vulkane, Lagunen oder Salzseen käuflich erwerben. Kurioserweise stört mich der Touristenrummel überhaupt nicht, ich bin froh, mich darunter mischen und für ein paar Tage abtauchen zu können und nicht ständig von Einheimischen nach dem „Wohin“ und „Woher“ gefragt zu werden.

Über die „Cordillera de la Sal“[8], einem Gebirgszug aus purem Salz, und die „Llano de la Paciencia“[9], eine nicht enden wollenden Hochfläche, fahre ich nach ein paar Ruhetagen weiter in Richtung Nordwesten. Auf halber Strecke nach Calama blockiert plötzlich das Lager des Hinterrads,

[8] *Span.: Gebirge aus Salz*
[9] *Span.: Ebene der Geduld*

nur noch mit großem Kraftaufwand lässt es sich drehen. Ich habe keinerlei Ersatzteile bzw. Werkzeuge für das Radlager bei mir und in diesem Zustand kann ich die Fahrt unmöglich fortsetzen. Ich versuche, Lkws und Busse anzuhalten, um nach einer Mitfahrgelegenheit zu fragen, doch eine gute halbe Stunde stehe ich erfolglos am Straßenrand. Dann hält ein Geländewagen, aber im Innenraum gibt es keinen Platz für mich und mein Rad. Dafür drückt mir der Fahrer eine Dose Coca Cola, Schokoriegel sowie eine Packung Muffins in die Hand. „Alles Gute auf deiner Reise, halte durch! Hier hast du ein bisschen Energie für deine Beine.“ Dann hält zum Glück ein Reisebus, völlig leer und wie der Bus vor ein paar Tagen ist er ebenfalls nagelneu. Ich lege mein Fahrrad samt Taschen in den leeren Gepäckraum und steige in den Bus. Der Fahrer meint es sehr gut mit mir, er möchte mich unbedingt direkt vor einem Fahrradgeschäft in Calama absetzen, macht deshalb einen Umweg ins Zentrum und fragt einen Passanten auf der Straße nach einem Fahrradgeschäft. Er lässt sich nicht davon abbringen, mit dem riesigen Bus durch die winzigen Gassen zu fahren, nur um mich direkt vor dem Geschäft abzusetzen.

Calama ist eine trostlose Stadt, errichtet in einer tristen vegetationslosen Gegend, umgeben von zahlreichen Minen und einer qualmenden Kupferschmelze. Vom Reichtum der Bodenschätze dieser Gegend scheint bei den Einwohnern nicht viel hängen zu bleiben. Die Straßen sind dreckig, die

Gebäude alt und heruntergekommen, viele Obdachlose und bettelnde Menschen sitzen auf den Gehwegen. In Spielcasinos drängen sich die Leute, Erwachsene und auffallend viele Jugendliche sitzen wie hypnotisiert vor den bunt blinkenden und singenden Slot Machines, deren Design offensichtlich mehrere Jahrzehnte zurückliegt. Die Szene erinnert an Las Vegas, nur dass die Leute hier wesentlich ärmer wirken und eine Trostlosigkeit aus ihren Gesichtern spricht. Ich gehe in eine Bar und setze mich an einen Tisch. Erst als sich mir eine Kellnerin nähert, um meine Bestellung entgegenzunehmen, sehe ich, dass hier ausschließlich Frauen bedienen und ihre Körper nur an den allernötigsten Stellen mit Stoff bedeckt sind. Die Absätze ihrer Schuhe hingegen könnten höher nicht sein. Die vermeintliche Kellnerin setzt sich zu mir an den Tisch und legt, ohne mich zu fragen, eine Hand auf meinen Oberschenkel und die andere auf meine Schulter. „Hi, wie geht's, Baby? Willst du mich auf ein Bier einladen? Mit fünfzehn Dollar bist du dabei, wir können dann auch gerne in einen gemütlichen Nebenraum gehen." Ich entscheide mich gegen das „Happy End", so groß ist mein „Durst" trotz der vielen „trockenen" Tage in der Wüste dann doch nicht.

Die Ausfahrt aus Calama am nächsten Morgen vervollständigt das Bild, das ich in der kurzen Zeit von der Stadt bekommen habe. Über staubige Straßen geht es durch ein im Zerfall begriffenes Stadtviertel mit unbewohnten

Baracken, permanent muss ich tiefen Schlaglöchern ausweichen, um darin nicht mein Vorderrad zu versenken. Minenfahrzeuge und Lkws donnern rücksichtslos an mir vorbei und hüllen mich in Staub- und Rußwolken. Bellende Hunde am Straßenrand tun ihr Übriges und motivieren mich noch mehr, die Stadt schnellstmöglich hinter mir zu lassen. Zum Glück konnte ich das Hinterradlager reparieren, mal sehen, welches Teil als Nächstes den Geist aufgibt. Ich bin erleichtert, als ich die letzten Häuser passiere und den einsamen Wüstenbergen am Horizont entgegenfahre. Ich wünsche mir nichts sehnlicher als Ruhe, Straßenfriede und frische Luft.

Ein Warnschild „Achtung Landminen – Lebensgefahr" unmittelbar nach dem Paso de Ascotan kündigt die Grenze zu Bolivien an. Die im nördlichen Grenzgebiet Chiles während der Militärdiktatur verlegten Landminen wurden noch nicht vollständig geräumt und stellen noch immer eine Gefahr für Menschen und Tiere dar. Beim Blick auf das Schild und auf die hinter der Absperrung liegende Todeszone überkommt mich ein Gefühl der Beklemmung. Wie idyllisch und schön wäre doch diese Landschaft mit ihren in der Abendsonne glühenden blutroten Vulkankegeln, den sanften Linien am Horizont und dem fantastisch strahlenden schneeweißen Salar de Ascotan.

Durch Zufall sehe ich ein kleines Steinhäuschen nicht

weit von der Straße entfernt, vermutlich dient es den Arbeitern der nahegelegenen Salzmine als Schutzhütte. Die Tür steht offen, ich interpretiere es als Offerte einzutreten. Eine Holzbank und ein Tisch stehen darin, daneben findet sich genügend Platz für Zelt und Fahrrad. Perfekt! Eine heiße Hühnersuppe schlürfend schaue ich durch das kleine Fenster hinaus auf den langsam höher steigenden Schatten an den Hängen der umliegenden Berge, bis sich die letzten Sonnenstrahlen irgendwann von der Erde lösen. Draußen faucht wie fast jeden Abend ein eisigkalter Wind, ich bin überglücklich über das schützende Refugium in dieser unbehaglichen Hochwüste.

Ein weiterer Pass bringt mich hinab zum Salar de Ollagüe. Die durch Sand, Staub und Asche bräunlich gefärbte Salzkruste wird durch eine schnurgerade Eisenbahntrasse in zwei Hälften geteilt. Ausrangierte Güterwaggons und verrostete Gerippe neben den Gleisen verbreiten eine gespenstische Endzeitstimmung. Weit und breit kein Mensch, das einzige Lebenszeichen ist die aus einem Krater aufsteigende Fumarole, deren schwefliger Gestank die Gegend wie ein unsichtbarer Geist umgibt. Hier muss der Teufel wohnen. Bizarre pechschwarze Lavaschlote steigen aus Feldern schneeweißer Flugasche hervor, ich fühle mich wie ein Astronaut auf einem anderen Planeten. Die Aschefelder haben es ganz schön in sich, meine Räder werden von dem puderzuckerartigen Staub förmlich verschluckt. Führt die Straße hindurch, dann heißt es für mich absteigen und schieben, keine Chance, fahrend durchzukommen.

An der bolivianischen Grenze muss ich mich tatsächlich auf die Suche nach den Grenzbeamten machen. Die Grenzstation wirkt wie ausgestorben, ich sehe niemanden, der meine Papiere kontrollieren und abstempeln könnte. Es gibt auch keine Schranke, die den Weg versperrt, nichts, was dem Übertritt nach Bolivien im Wege steht. Angst vor illegalen Einwanderern scheint das Land nicht zu haben.

Ich betrete das Gebäude mit der Aufschrift „Migración"[10], doch auch dort kann ich niemanden antreffen, die Räume sind menschenleer. Mein Fahrrad an das Gebäude gelehnt gehe ich zwischen alten ausrangierten Eisenbahnwaggons hindurch. Ihr Zustand deutet darauf hin, dass sie schon mindestens 20 Jahre nicht mehr in Betrieb waren, einige von ihnen dienen als Ersatzteillager. In einer Holzbude treffe ich schließlich zwei Männer in Uniform, sie spielen gerade

[10] *Span.: Migrationsbehörde*

Karten, als ich an das Fenster klopfe und ihnen andeute, dass ich die Grenze passieren möchte. Lustlos öffnet mir einer der Herren die Tür und lässt mich eintreten. Die beiden können einem schon fast leidtun, hier den ganzen Tag sitzen und nicht wirklich etwas tun zu müssen. Es dauert keine fünf Minuten, dann ist die Sache bereits erledigt und der Herr greift wieder zum Spielkartenstapel.

Einem anfangs recht gut erkennbaren Weg folgend geht es über einen weiteren ausgetrockneten Salzsee, der mit kleinen Büschen bewachsen ist. Aufgrund zahlreicher abgehender Verzweigungen löst sich der Weg jedoch langsam auf und es wird zusehends schwieriger, die Orientierung zu behalten. Ich versuche den jeweils breiteren und stärker befahrenen Weg zu nehmen, doch dieser ist nicht immer eindeutig zu erkennen. Die Vorstellung, mich in dieser trostlos leeren Gegend zu verfahren, macht mir Angst, die mittlerweile recht bedrohlich wirkenden dunklen Gewitterwolken am Himmel tun ihr Übriges.

Laut Karte sind es noch etwa 90 Kilometer bis Chiguana, ein Dorf am Ende des Sees. Nach gut fünf Stunden Fahrt sehe ich tatsächlich Steinhütten vor mir auftauchen. Welch Freude, nach so langer Ungewissheit endlich einen sicheren Orientierungspunkt zu haben. Doch halt, das Dorf ist ja auf der falschen Seite des Salzsees? Es scheint eine andere Siedlung zu sein, die in der Karte nicht verzeichnet ist, denn die

Häuser wirken aus weiter Ferne verlassen. Von Chiguana auf der anderen Seite ist hingegen nichts zu sehen, auf der Karte ist es dort eindeutig eingezeichnet. Aufgrund meiner Position relativ zu den drei Vulkanen bin ich mir sicher, am nordöstlichen Rand des Salzsees zu sein. Es gibt keine Zweifel an meiner Position relativ zu den Bergspitzen. Wieso sind da nun verflixt noch mal diese Häuser und weshalb fehlen die auf der anderen Seite?

Ich fahre auf die kleine Siedlung zu, die Häuser sind tatsächlich alle verlassen. Einige ihrer Strohdächer sind eingebrochen, Mauern sind teilweise umgefallen. Zwischen den Hausruinen liegen Tierknochen, Schädel sowie Reste von Lama- und Ziegenfellen. Meinem Hunger und meiner Müdigkeit nachgebend beschließe ich, das Lösen des Rätsels auf den kommenden Morgen zu verschieben. Es ist schon spät, bald wird die Sonne hinter dem Horizont verschwinden und dann wird es bitterkalt. Windgeschützt errichte ich mein Zelt neben einem der verlassenen Häuser.

VERLOREN IN BOLIVIENS WÜSTE

Als die Sonne wenige Stunden später auf der anderen Seite des Horizontes zurückkommt, sitze ich bereits wieder im Sattel und strample auf einem holprigen Feldweg in Richtung Norden, wo ich den Salar de Uyuni vermute. Mit einer Breite von 140 Kilometern und einer Länge von 110 Kilometern ist er der größte Salzsee der Erde. Als Relikt des riesigen prähistorischen Minchin-Sees entstand er vor rund 30 000 bis 40 000 Jahren, als dessen Wasser allmählich verschwand und eine über 70 Meter dicke Salzkruste zurückließ. In den vergangenen Jahren kam dem Salzsee vermehrt Aufmerksamkeit zu, da er über die Hälfte des weltweiten Vorkommens an Lithium enthält. Lithium-Ionen-Akkumulatoren kommen aufgrund ihrer hohen Energiedichte in vielen elektronischen Geräten zum Einsatz. Inzwischen wird das Element Lithium vermehrt in der Automobilindustrie eingesetzt, in der Zukunft wird der Bedarf nach diesem Rohstoff stark ansteigen. Seit 2008 ist daher die staatliche Bergbaugesellschaft COMBIBOL damit beschäftigt, den Stoff industriell zu fördern. Wenngleich der Abbau eine Bedrohung für Natur und Ökosystem darstellt, könnten das Land Bolivien und seine Einwohner in wirtschaftlicher Hinsicht davon profitieren, sofern die Gewinne aus dem Geschäft gerecht verteilt werden und nicht, wie in vielen Schwellenländern üblich, nur in den Taschen weniger

Wohlhabender landen. Bisher profitierten in dem Land nur die Wenigsten, denn trotz enormer Vorkommen an Silber, Zinn und Erdgas ist Bolivien das ärmste und exportschwächste Land Lateinamerikas. Zwei Drittel der Bevölkerung leben in Armut.

Der größte Teil des Sees ist fast ganzjährig ausgetrocknet, wie eine von Horizont zu Horizont reichende schneeweiße Gipsplatte erscheint dann die spiegelglatte Salzkruste. Auf der kleinen, mit Kakteen bewachsenen Insel Incahuasi mitten im See befindet sich eine Herberge für Radreisende, die ich mir als Tagesziel gesetzt habe. Vom Campieren auf der Salzfläche wurde mir abgeraten, da nachts regelmäßig unbeleuchtete Lkws über den See donnern und dann die Gefahr besteht, von einem Fahrzeug plattgemacht zu werden.

Das Rätsel bezüglich der „falschen" Position des vermeintlichen Dörfchens auf der Landkarte konnte ich immer noch nicht lösen, doch ich verlasse mich auf die Übereinstimmung meiner Position relativ zu den Bergen mit der Karte und bin mir daher sicher, dass ich mich etwa 30 Kilometer südlich von San Juan befinde, einem Dörfchen, das gemäß Karte am Südwestrand des Salars de Uyuni liegt. Das Fortkommen auf dem holprigen Feldweg ist Schwerstarbeit, Sandgruben zwingen mich regelmäßig zum Absteigen und Schieben.

Nach eineinhalb Stunden gelange ich endlich zu einem

Bauernhof, ein wild bellender Hund lässt mich aufatmen – es gibt Menschen, die mir zumindest bei der Orientierung behilflich sein können. Ich frage einen kleinen schüchternen Jungen nach San Juan, wortlos deutet er in die Richtung, aus der ich gekommen war. Ich bin skeptisch und frage deshalb eine ältere Frau, doch auch sie zeigt in diese Richtung, ohne dabei auch nur einen einzigen Laut von sich zu geben. Ich blicke auf meine Karte und muss feststellen, dass dies unmöglich sein kann. Ich befinde mich viel zu weit südlich, als dass ich wieder zurückfahren müsste. Wieso schicken mich die Leute aber dorthin? Wenngleich ich das Rätsel nicht lösen kann, beschließe ich, nicht nach Süden zurückzufahren, sondern einem Feldweg nach Osten zu folgen. Die Leute kennen sich bestimmt nicht aus hier!

Zwei Stunden später gelange ich dann zu einer bewohnten Siedlung, nach einem Abgleich mit der Landkarte bin ich mir sicher, dass es sich um die Häuser von San Juan handelt. Im Zentrum des Dorfes angekommen setze ich mich für einen Moment erleichtert in den Schatten eines Hauses. Nebenan wird gerade an einem Hausdach gebaut, Männer legen Büschel aus getrocknetem Gras auf das hölzerne Gerüst und befestigen es mit Lehm. In der Hoffnung, das Geheimnis um das nicht vorhandene Dorf gemeinsam mit ihnen lüften zu können, gehe ich auf sie zu. Sie werfen einen Blick auf meine Landkarte, doch es folgt nur Achselzucken und verständnisloses Kopfschütteln.

„Das Dorf ist korrekt eingezeichnet, doch es ist falsch benannt. Wir befinden uns nicht in San Juan, sondern in San Pedro de Quemes", meint einer der Männer. Von San Pedro de Quemes hingegen ist auf der Karte nichts zu lesen, und wo in Wirklichkeit San Juan liegt, ist keine Siedlung markiert. Beim genaueren Hinsehen wird mir klar: Die Landkarte ist voller Druckfehler, am offensichtlichsten ist dies daran zu erkennen, dass mitten in der völlig ebenen Salzebene zwei Berggipfel eingezeichnet sind, die an dieser Stelle niemals sein können. Somit wäre das Rätsel gelöst, die Karte hat mich verarscht. Doch wie geht's nun weiter ohne GPS, ohne taugliches Kartenmaterial und ohne Beschilderung? Für einen kurzen Moment amüsiere ich mich über die Situation und breche in Lachen aus, doch dann nehmen Verzweiflung und ein Gefühl der Verärgerung die Überhand. Wie kann es nur sein, dass ich mich von einem Stück Papier so an der Nase herumführen lasse? Mit den Erstellern der Karte würde ich jetzt am liebsten ein Hühnchen rupfen, ich koche vor Wut.

Mit dem Rücken an eine Hauswand gelehnt sitze ich eine Weile in einer Gasse und versuche mich wieder zu beruhigen, ein paar geschmolzene Schokokekse und ein Schluck einer warmen, abgestandenen Coca Cola sind mir dabei behilflich. Mein Blick schweift durch die Gassen des kleinen Dörfchens mit den grasbedeckten Hausdächern. Die ungebrannten Lehmziegel der Hauswände scheinen nicht wasserfest zu sein, an älteren Häusern lässt sich das daran erkennen, dass die Wände wesentlich dünner sind und sich der vom Regen abgewaschene Lehm auf kleinen Häufchen neben den Mauern sammelt. Viele dieser Hütten haben keine oder nur sehr kleine Fenster, Glasscheiben scheinen sich nicht alle Bewohner leisten zu können. Und ich sitze jammernd hier mit meiner Hightech-Ausrüstung, deren Wert das Besitztum vieler Einwohner dieses Dorfes wohl übersteigt. Eigentlich müsste es mir peinlich sein, trotz all meiner Sicherheiten wie Kreditkarten, Kranken- und Altersversicherung und eines sicheren und gut bezahlten Berufs über dieses nichtige Problem, das sich garantiert innerhalb weniger Stunden wieder auflösen wird, zu lamentieren. Ich bin in dieser Situation das beste Beispiel dafür, dass der Mensch seine Ansprüche an seine Möglichkeiten und an den Level seiner täglichen Probleme anpasst. Je sorgenfreier und unbeschwerter das Leben, umso schneller scheinen einen bereits kleinere Schwierigkeiten aus dem Gleichgewicht zu bringen.

Während ich darüber nachdenke, kommt die Lösung meines Problems auch schon, im wahrsten Sinne des Wortes, in Form von drei Bauarbeitern auf mich zu. Sie bleiben neugierig vor mir stehen, ich scheine auf sie mindestens so exotisch zu wirken wie die Gegend auf mich. „Nach Incahuasi ist es noch ein ganz gutes Stück, aber wir können dir erklären, wie du fahren musst, es ist gar nicht so schwer“, meint einer der Arbeiter, als ich ihm meine Lage schildere. Mit Händen und Füßen kommunizierend stehen wir am Ortsrand und ich versuche, mir mithilfe der Beschreibungen ein Bild vom Wegverlauf zu machen. So richtig sicher bin ich mir nicht, dass ich mich auf den verbleibenden 90 Kilometern nicht verfahren werde, denn die Gegend ist völlig unbewohnt und es liegen mehrere unmarkierte Abzweigungen vor mir.

In der Hoffnung, unterwegs auf Fahrzeuge zu treffen, trete ich dann die Weiterfahrt an. Hier in der Gegend eine Landkarte zu bekommen, ist aussichtslos. Der Weg ist teilweise in katastrophalem Zustand, Steine und Schlaglöcher schütteln mich auf dem Fahrrad kräftig durch. Gute zwei Stunden nach Verlassen von San Pedro de Quemes höre ich ein Mark und Bein durchdringendes Krachen und stelle mit Entsetzen fest, dass die Strebe des hinteren Gepäckträgers gebrochen ist und dass die Satteltaschen kurz davor sind abzufallen. Perfektes Timing, passender hätte der Moment nicht sein können. Mit Kabelbindern richte ich den Gepäckträger provisorisch, muss jedoch die Packtaschen gut zehn Zentimeter nach vorne schieben. Im eingeklickten Zustand bleibe ich mit meinen Radschuhen dadurch an den Taschen hängen. Um trotzdem weiterfahren zu können, muss ich daher meine Fersen auf die Pedale stellen, was nach einigen Stunden ziemlich in die Oberschenkel geht.

Im Rückspiegel erkenne ich irgendwann eine winzige Staubwolke hinter mir. Freude kommt auf, als sich diese auf mich zubewegt und ich kurz darauf einen Jeep darin erkenne. „30 Kilometer sind es noch bis Incahuasi“, meint der Fahrer. Wunderbar, denke ich mir, dann ist es ja doch nicht so weit, wie ursprünglich angenommen. Eine Stunde und rund 20 Kilometer danach kommt mir ein völlig überfüllter Kleinbus entgegen, gut zehn Menschen sitzen dicht gedrängt darin, das Dach des Fahrzeuges ist mit Kartoffelsäcken und Kisten hoffnungslos überladen. „Es sind noch etwa 35 Kilometer bis zur Insel“, meint der Fahrer dieses Mal. Was habe ich eigentlich in der letzten Stunde gemacht? Bin ich rückwärts gefahren? Ich schlucke meine Zweifel unwillig runter und fahre weiter. Doch dann platzt mir der Kragen, als ich einen dritten Autofahrer rund eine halbe Stunde später nochmals nach der verbleibenden Distanz frage und er mir 45 Kilometer nennt.

Noch immer bin ich nicht auf der Salzfläche angekommen, der Weg führt durch teils sandige, teils feuchte und recht weiche Stellen, die sich anfühlen, als würde man über einen frischgebackenen Käsekuchen fahren. An einem kleinen Tal mündet ein Bach in den See, der Boden ist an dieser Stelle so matschig und klebrig, dass er sich partout nicht von den Reifen lösen möchte. Alle paar Meter muss ich absteigen und mit meinen Händen den klebrigen Teig zwischen den Reifen und den Schutzblechen entfernen, ein mühsames und zeitraubendes Unterfangen. Und dann endlich – ich habe schon fast nicht mehr daran geglaubt – spüre ich, wie der Untergrund härter und ebener wird. Innerhalb weniger Meter geht das Schmatzen des Salz-Lehm-Matsches in ein Knirschen winziger Salzkristalle über, bis es dann völlig still wird und die Räder fast ohne Widerstand wie auf einer frisch geteerten Asphaltstraße rollen. Mit einem Mal öffnet sich eine endlose Weite vor mir, kein Hindernis steht mehr im Weg, kein Busch, kein Stein, keine Sandgrube, nichts. Nach den Strapazen des Tages fühlt sich diese Leichtigkeit des Rollens so an, als wäre ich von einem Fahrrad auf ein Motorrad gestiegen. Ich spüre, wie sich meine innere Anspannung auflöst.

Ich halte einen Moment inne und betrachte die sagenhafte Gegend, die eine perfekte Kulisse für einen Star-Wars-Film bieten würde. Die Lichtspiegelungen auf der völlig glatten, sonnenbeschienenen Oberfläche lassen die fernen Bergkuppen am Rande des Sees wie schwebende UFOs erscheinen. Am Himmel stehen schon wieder dunkle und bedrohliche Wolken, über einem Gebirge hinter mir ergießt sich bereits ein kräftiger Regenschauer. Ich fahre immer weiter hinaus und merke, wie der Wind auffrischt. Er kommt genau aus Osten, ausgerechnet aus der Richtung, in die ich fahren muss. Die Sonne ist nur noch ein kleines Stück vom Horizont entfernt, als sich langsam die braune Kuppe der Insel vor mir aus dem See hebt. Wie weit wird es wohl noch bis dorthin sein? Fünf, zehn oder vielleicht sogar noch zwanzig Kilometer? Ich trete in die Pedale, stelle dem Wind meine ganze Kraft entgegen, doch das verflixte Ding will einfach nicht näher kommen. Über eine Stunde blicke ich verzweifelt auf den Hügel vor mir, der langsam größer wird und sich mir trotzdem nicht ergeben möchte. Dann erkenne ich endlich eine Hütte und die riesigen Kakteen, für die diese Insel so bekannt ist. Kilometerweit vom Festland entfernt steht sie mitten im Nichts, einsam und allein.

Erschöpft und überglücklich steige ich von meinem Rad und gehe an Land, zwei Männer begrüßen mich freundlich und führen mich zu einer Herberge. Ich bin in dieser Nacht der einzige Gast, lediglich Radfahrer erhalten hier eine Unterkunft, für „motorisierte" Touristen gibt es keine Übernachtungsmöglichkeit. Als ich den Raum betrete und Isomatte und Schlafsack auf dem Boden ausbreite, beginnt es heftig zu regnen, wie wild prasseln Regentropfen auf das Wellblechdach und erzeugen ein ohrenbetäubendes Geräusch in dem leeren Raum. Donner grollt und Blitze zucken, durch eine riesige Panoramascheibe habe ich einen perfekten Blick auf die gigantische schneeweiße Salzfläche, die von den Blitzen immer wieder taghell erleuchtet wird.

Trotz Müdigkeit und Erschöpfung mache ich in dieser Nacht fast kein Auge zu, zu intensiv sind die Eindrücke, die Bilder und Gefühle des Tages. Ich wälze mich stundenlang von einer Seite auf die andere. Kurz vor Sonnenaufgang steige ich dann auf den kleinen Hügel mit den Kakteen, die teilweise bis zu 1 200 Jahre alt sind. Staunend betrachte ich das fabelhafte surreale Farbenspiel am Morgenhimmel. Es ist der außergewöhnlichste Sonnenaufgang, den ich je erlebt habe. Für ein paar Minuten wirft die kleine Insel einen kilometerlangen Schatten auf die topfebene Salzoberfläche, der löst sich dann aber blitzschnell wieder auf, als die Sonne höher steigt. Es ist absolut windstill, der Himmel ist mit Ausnahme weniger Wolkenbänder tiefblau, nur noch ein paar glänzende Pfützen erinnern an das gewaltige Unwetter des Vorabends. In der Ferne nähern sich die ersten Jeeps mit Touristen, innerhalb einer halben Stunde bin ich umringt von Dutzenden Menschen aus allen Teilen der Erde. Als ich die Fahrt in Richtung Uyuni aufnehme, hat der Menschenauflauf beinahe schon die Dimension eines Volksfestes angenommen.

Keine drei Stunden benötige ich für die 60 Kilometer von der Insel bis nach Colchani, der ersten Ortschaft am Ufer der Salzfläche. Zu meinem Vorteil hat sich die Windrichtung umgekehrt, ein kräftiger Rückenwind schiebt mich an. Nur ab und zu muss ich metertiefen und mit kristallklarem Wasser gefüllten Löchern im Untergrund ausweichen. Mit einem der Räder in ein solches Loch zu geraten, hätte fatale Konsequenzen. Langsam löst sich die Anspannung auf, die mir von der Irrfahrt am Tag zuvor noch immer in den Knochen steckt. Es läuft so spielerisch und einfach, der gestrige Tag kommt mir im Rückblick wie ein Albtraum vor. Ich halte auf der riesigen Salzfläche an, Dutzende von

Kilometern vom Ufer entfernt. Außer dem Weiß des Salzes und dem Blau des Himmels gibt es nichts, woran sich das Auge festhalten könnte, die unfassbare Weite dieser Landschaft überwältigt mich. Freudentränen kullern mir über die Wangen, so sehr bin ich von der Situation und dem unbeschreiblichen Freiheitsgefühl ergriffen.

„Die Stadt der Lasttiere" heißt Uyuni auf Aymara, einer indigenen Sprache, die noch immer von 2,2 Millionen Südamerikanern gesprochen wird. Der Name bezieht sich auf die Tiere, mit denen einst das Salz von der Mine abtransportiert wurde. Neben dem Tourismus stellt dieses Gut auch heute noch die Lebensgrundlage dieser Region dar. Für den Ackerbau ist die Landschaft zu karg, zudem steht nicht genügend Wasser zur Verfügung. Das rund 20 000 Einwohner große Städtchen mit den staubigen Straßen und den lieblosen, unverputzten Ziegelsteinbarracken wirkt auf den ersten Blick kalt und ungemütlich. Wie an vielen Orten bisher ist auch hier der überall verteilte Müll der erste Vorbote der Zivilisation. Das Zentrum ist hingegen etwas freundlicher, es gibt befestigte Straßen, hier und da ein bisschen Grün sowie ein paar gepflegte Gebäude im Kolonialstil. Die Hauptstraße im Zentrum wird von einem chaotischen Markt beherrscht, deren Verkäufer und Besucher an Temperament kaum zu übertreffen sind.

Es wird wild durcheinandergeplappert, ich versinke in einem Meer aus Geräuschen. Das äußere Erscheinungsbild der Menschen ist völlig verschieden zu Chile und Argentinien, ihre Haut ist wesentlich dunkler, der Großteil der Menschen ist indigenen Ursprungs. Frauen sieht man ausnahmslos in traditioneller Kleidung, sie tragen lange Polleras (Röcke), meist mehrere übereinander, darüber wollene Chompas (Pullover) und ein buntes, um den Hals gebundenes Ahuayo (Tuch), in dem alle erdenklichen

Sachen und natürlich auch Babys stecken können. Bizarr wirken ihre europäisch anmutenden Hüte, die oft an die Bowlerhüte der Londoner Banker erinnern. Sie betonen eine stolze Haltung, bei einigen haben sie gar etwas Verschmitztes, vor allem wenn sie schief sitzen.

Hier in dieser Stadt am Ende der Welt eine Werkstatt mit Aluminiumschweißgerät zu finden, erscheint mir so gut wie unmöglich. Umso erstaunter bin ich, als ich tatsächlich einen Mechaniker mit solch einem Hightech-Gerät ausfindig mache. Er spricht sogar ein wenig Deutsch, da er mehrere Jahre in der Schweiz wohnte. An seinem Akzent ist ein ausgeprägtes „Schwyzerdütsch" zu erkennen, es ist köstlich, ihm beim Reden zuzuhören. Obwohl er sich mit der Reparatur meines Gepäckträgers sehr viel Mühe gibt und sogar zusätzliche Aluminiumstreben in die Konstruktion einfügt, bricht die krebsgeschwürartige Schweißnaht nur wenige Wochen später wieder auseinander und ich stehe erneut vor dem Problem.

Es ist mittlerweile Ende Dezember. Schwer vorstellbar, dass in wenigen Tagen bereits Weihnachten sein soll, ich bin überhaupt nicht in der Stimmung dafür. Weihnachtsdekoration ist hier in Uyuni eher spärlich, dafür aber umso ausgeflippter. Die wenigen aufgestellten Tannenbäume sind billige Imitate aus Plastik, an ihren kümmerlichen Zweigen hängt eine Überdosis knallbunt glitzerndes Lametta und dazwischen flackern Lämpchen in den kitschigsten Farben. Der Anblick ist fast nicht auszuhalten, es schmerzt schon beinahe in den Augen. Wie es wohl gerade zu Hause in Deutschland aussehen mag? Wahrscheinlich stecken die meisten gerade im Trubel des Vorweihnachtsstresses, wühlen hektisch durch Kaufhäuser und fiebern Heiligabend entgegen.

Am Tag vor Heiligabend treffe ich in einer Bar eine Gruppe von acht Französinnen und Franzosen. Sie sind allesamt Studenten und reisen per Bus durch Südamerika. Ich verstehe mich gleich bestens mit ihnen, mir wird bewusst, wie sehr uns unsere europäische Kultur miteinander verbindet. Es fühlt sich beinahe so an, als würden wir uns schon lange kennen, obwohl wir uns zuvor noch nie begegnet sind. Nachdem ich die letzten Wochen fast nur mit Einheimischen Kontakt hatte, ist es eine Wohltat, mich mit Menschen auszutauschen, die in ähnlichen Mustern denken und fühlen. Zudem fällt mir die Kommunikation in Englisch bzw. in Französisch wesentlich leichter als in Spanisch, wo nach mehreren aufeinanderfolgenden Sätzen meist meine Hirnwindungen zu glühen beginnen und ein Teil der Botschaft auf der Strecke bleibt. Ab einer gewissen Zeit verselbstständigt sich bei mir allmählich das Gefühl der kommunikativen Unfähigkeit und ich beginne mich geistig etwas minderbemittelt zu fühlen.

Wir beschließen, den Heiligabend gemeinsam in Uyuni

zu verbringen. Die kleine Wüstenstadt ist ab dem frühen Abend wie ausgestorben, vom Trubel der vergangenen Tage keine Spur. Nach einer Bescherungsrunde, bei der wir uns gegenseitig kleine Weihnachtsgeschenke überreichen, gehen wir zum gemeinsamen Abendbrot in ein Restaurant. Während wir bei gemütlicher Musik am Tisch sitzen und uns Erlebnisse von unserer Reise erzählen, wird es plötzlich stockdunkel in der Gaststube, auch auf der Straße gehen ausnahmslos alle Lichter aus. Das einzig Sichtbare im Raum sind ein paar wenige glimmende Zigarettenstummel, ansonsten ist alles schwarz. Mit dem Verstummen der Musik hören auch alle Gäste auf zu reden, eine etwas beängstigende Stille kehrt ein. Keiner weiß so recht, was das zu bedeuten hat und was nun geschieht, doch die Kellner schreiten eilig zur Tat und verteilen brennende Kerzen auf den Tischen, deren warmes Licht eine wohlige und romantische Stimmung schafft. Stromausfall. Es scheint, als wäre diese Panne hier bereits an der Tagesordnung und die Leute daran gewöhnt. Ich kann mich fast nicht mehr daran erinnern, dies jemals in Deutschland erlebt zu haben und in den kommenden Wochen in Bolivien und Peru wiederholt sich dieses Ereignis gleich mehrere Male.

Ein Einheimischer empfiehlt mir, die Region nördlich von Uyuni nicht per Rad zu durchqueren und etwa 300 Kilometer per Bus zurückzulegen. Die Gegend ist als Drogentransitzone bekannt, regelmäßig gibt es Raubüberfälle. Obwohl man selbst in einem motorisierten Fahrzeug einen Überfall nicht ausschließen kann, folge ich seinem Rat und nehme einen Nachtbus. Sieben Stunden lang geht es in einem Jahrzehnte alten Fahrzeug über ein gnadenloses Waschbrett. Riesige wassergefüllte Schlaglöcher verleiten den Fahrer immer wieder zu waghalsigen Ausweichaktionen. Scheint ihm die Gegenfahrspur besser zu sein, so fährt er eben auf der anderen Seite und weicht nur wenige Sekunden vor dem Aufprall mit dem Gegenverkehr wieder auf die richtige Seite aus. Es ist haarsträubend. Zudem ist es sowohl draußen als auch im Bus stockdunkel, nur im blassen Scheinwerferlicht kann man ein paar Meter der vor uns befindlichen Schotterpiste erkennen.

Etliche Fahrgäste stehen stundenlang dicht gedrängt auf dem Gang, einige Sitze sind doppelt belegt. Neben mir sitzt eine junge Frau mit einem kleinen Kind. Was für ein süßes Kerlchen, denke ich mir noch, als ich mich kurz vor Abfahrt neben die beiden setze, nicht wissend, dass er sich bald in einen kleinen Terroristen verwandeln würde. Ich kann es kaum glauben, zu welcher Hochleistung seine Stimmbänder fähig sind. Das aus seinem kleinen Mündchen schallende Gebrüll ist ohrenbetäubend. Obwohl der Kleine den Grund seines Geschreis wahrscheinlich schon längst vergessen hat, lässt er nicht locker. Erst als ihm seine Mama ein Stück Empanada[11] reicht, wird er ruhig. Genüsslich mampfend schläft er bald vor Erschöpfung ein. Welch

[11] *In Teig gehüllte Fleischbällchen*

Wohlgefallen, denke ich mir. Doch zugleich beginnt das kleine Teufelchen zu schnarchen und ich bin mir nicht sicher, welches Geräusch angenehmer zu ertragen ist. Auch die Empanada scheint ihn zu „beschäftigen", denn alsbald zieht eine strenge Duftnote durch den Bus.

Ein paar Sitzreihen hinter uns schwappt in regelmäßigen Abständen mehreren Fahrgästen Regenwasser auf den Kopf, das Dach scheint undicht zu sein. Lautstarkes Gebrüll schallt durch die Kabine, einer der Fahrgäste klopft mit seiner Faust aufgebracht gegen die Fensterscheibe. Der Fahrer hält den Bus kurzzeitig an, doch da sich die schadhafte Stelle nicht so einfach reparieren lässt, geht es kurze Zeit später unverrichteter Dinge weiter.

Dann erschüttert ein lauter Knall den Bus und wir machen eine Vollbremsung. Die vordere Tür geht auf, zwei Männer steigen aus und zwängen sich in ölverschmierte Overalls. Ich sehe, wie ein Ersatzrad aus dem Stauraum geholt und gegen das geplatzte Rad am Bus ausgetauscht wird. Ein paar Fahrgäste gehen zum Verrichten ihrer Notdurft nach draußen. Da es in Strömen regnet, machen sie es direkt neben dem Bus, platschnass kommen sie wieder in den Fahrgastraum zurück. Mit voller Fahrt brausen wir anschließend weiter durch die bolivianische Nacht, bis ich ein paar Stunden später von einem weiteren Knall aufgeschreckt werde und wir erneut eine Reifenreparaturpause einlegen. Meine Nerven liegen blank, als wir nach Sonnenaufgang endlich am Busbahnhof in Oruro ankommen und ich in die frische Luft hinaustrete.

Oruro ist eine Stadt mit verschiedenen Gesichtern. Bis Mitte der achtziger Jahre war sie ein bedeutendes Wirtschaftszentrum, angetrieben durch die Förderung von Zinn, Silber, Gold, Wolfram und Kupfer. Ihr Stadtbild ist größtenteils von Bergbau und Industrie geprägt. Während der Karnevalszeit erwacht sie zu einer der touristischen Hauptattraktionen Boliviens. Kilometerlange Umzüge von Menschen mit farbenfrohen Kleidern und überdimensionalen Teufelsfratzen und Persiflagen ziehen durch die Stadt, tagelang wird gefeiert und getanzt. Am Gründonnerstag wird in einer Art Erntedankfest der Pachamama, der Mutter der Erde und den Achachilas, den Gottheiten für Wind, Regen, Eis etc. gedankt und für die Ernte im kommenden Jahr gebetet. Der darauffolgende Samstag ist der Virgen del Socavón gewidmet, der Jungfrau der Bergwerksstollen. Am Sonntag wird dann für Dios Momo getanzt, dem Gott des Spaßes. Der Montag steht im Zeichen zweier historischer Tänze. Beim Diablada geht es um eine Verquickung des bösen Supay, dem andinen Gott der Berge Huari und dem Teufel aus der christlichen Liturgie. Morenada thematisiert die Sklaverei und die Gefangenschaft der Arbeiter in den Bergwerksstollen rund um die Stadt.

Ich erlebe Oruro außerhalb des Karnevals während der

Regenzeit. Aus bedrohlich dunklen, tief hängenden Wolken ergießen sich regelmäßig Regenschauer über die Häuser der 3 700 Meter hoch gelegenen Stadt. Es ist kalt und windig. Vom Temperament und der Lebensfreude der Menschen ist nicht viel zu erkennen, selbst die bunte Kleidung wirkt in dem diffusen grauen Licht trist und fahl. Die Gehsteige sind voll von Bettlern, alten und verkrüppelten Menschen, deren ausgestreckte offene Hände apathisch um Geld bitten. Dazwischen Mütter mit kleinen Kindern, die in bunten Trachten und mit Musikinstrument-Atrappen mechanisch um Betteldosen tanzen. Aus den Gesichtern dieser Menschen sprechen Schwermut und Hoffnungslosigkeit, der Anblick ist fast nicht zu ertragen.

Am nächsten Tag, kurz nach der Abfahrt aus der Stadt, sehe

ich neben der Straße einen älteren Mann kniend im Gras. Er ist gerade dabei, sein Hinterrad auszubauen. Es scheint, als habe er einen Plattfuß. Juan ist 65 Jahre alt und arbeitet seit seinem 14. Lebensjahr in einer Mine. Die lederartige

Haut auf seinen Händen zeugt von harter körperlicher Arbeit, das alte klapprige Fahrrad und seine abgetragene Kleidung deuten darauf hin, dass er davon auch nicht besonders reich geworden ist. Er hat keine Werkzeuge bei sich, deshalb repariere ich seinen Reifen und schenke ihm mein Ersatz-Reparaturset sowie noch ein paar für mich entbehrliche Gegenstände meiner Ausrüstung. Er umarmt mich freudig und meint: „Vielen Dank, Amigo, für deine Hilfe und deine Großzügigkeit, bitte gib mir deine Adresse. Ich bin nämlich schon sehr alt und werde sicher vor dir sterben. Wenn ich dann in den Himmel komme und Gott treffe, werde ich ihm von deinen guten Taten berichten und ihm raten, dich ebenfalls in den Himmel zu holen.“ Schmunzelnd schreibe ich ihm meine Anschrift inklusive E-Mail-Adresse auf, vielleicht gibt es im Himmel ja bereits Internetverbindung.

Nördlich von Oruro nimmt die Siedlungsdichte wieder zu, regelmäßig passiere ich Dörfer und Bauernhöfe. Äcker und Feldwege zeugen von intensiver landwirtschaftlicher Nutzung. Die Bearbeitungstechniken der Felder wirken archaisch, statt Traktoren sind Ochsen vor die Pflüge gespannt, mittels Eselskarren wird das Erntegut transportiert. Tierherden werden von Menschen gehütet, Kinder oder Frauen auf den Feldern stellen sicher, dass sich ihre Ziegen, Schafe, Lamas oder Alpakas nicht davonmachen.

Als ich an einer Schafherde vorbeifahre, erlebe ich eine

äußerst skurrile Szene. Die gut 30 Schafe werden von einer jungen Frau beaufsichtigt, ich schätze sie ist noch keine 20 Jahre alt. Gerade rennt sie einem Tier hinterher, das versucht hat auszubüchsen. Auf dem Rücken trägt sie ihr in ein Tuch eingewickeltes Baby. Das scheint sie beim Rennen zu hindern, denn flugs legt sie es in die Wiese und zieht sich die Schuhe aus. Mit der einen Hand hält sie nun den Hut auf ihrem Kopf, mit der anderen Hand zieht sie ihre zahlreichen übereinander liegenden Röcke nach oben. Im Zickzack flitzt sie hinter dem Tier über das Feld, ihre Beine wuseln dabei wie die eines Fußballspielers.

Die Leute, denen ich unterwegs begegne, sind sehr freundlich, aus Neugier halten sie mich regelmäßig am Straßenrand an und halten ein Schwätzchen. Obwohl man in ihren von Wind und Sonne zerfurchten Gesichtern erkennen kann, dass sie täglich harte körperliche Arbeit auf dem Feld leisten, wirken sie glücklich und strahlen eine gewisse Lebensfreude aus.

Nach mehreren Tagen Fahrt auf dem fast topfebenen Altiplano[12] gelange ich schließlich zu Boliviens Hauptstadt La Paz. Der Anblick der Stadt aus Südwesten ist atemberaubend. Man könnte meinen, die Stadt ist im Erdboden versunken, denn die Hochebene bricht mit einem Mal völlig unvermittelt von 4 000 auf 3 000 Meter ab. Ich blicke in einen rund 1 000 Meter tiefen Kessel, dessen steile Flanken von

[12] *Hochebene in den Anden Boliviens und Perus*

einfachen, unverputzten Ziegelsteinbarracken übersät sind. Von den Häusern an den Hängen hat man eine fantastische Sicht über das gesamte Stadtgebiet, in dessen Zentrum ein paar wenige moderne Hochhäuser stehen.

Ich bin erleichtert, endlich hier angekommen zu sein, denn die nächsten drei Wochen werde ich mit Tim, einem Freund aus Stuttgart, verbringen. Wir haben uns vor Jahren während des Studiums kennengelernt und bereits mehrere Urlaube miteinander verbracht. Mittlerweile sind wir ein eingespieltes Reiseteam. Wir planen, von La Paz aus entlang des Titicacasees nach Cusco und anschließend nach Machu Picchu zu radeln.

Aufgrund der Höhenluft leiden viele Touristen in den ersten Tagen nach der Ankunft unter den Symptomen der Höhenkrankheit. Um Tim die Möglichkeit zur Akklimatisation zu geben, schlendern wir ein paar Tage gemütlich durch die Stadt. Wir besuchen den Markt im Zentrum, einer der hektischsten und unruhigsten Orte, die ich kenne. Augen, Nase und Ohren wären für sich alleine bereits völlig überfordert, die Kombination aller drei Sinne auf einmal pustet mir fast den Schädel weg. Kaum eine Minute vergeht, in der wir nicht angesprochen oder von jemandem am Ärmel gepackt werden. Pausenlos werde ich von Marktverkäufern dazu gedrängt „No Gracias!“[13] zu erwidern. Vom andauernden Kopfschütteln wird mir bereits etwas schwindlig. In den engen Gassen wuselt es wie in einem Ameisenhaufen, von allen Seiten wird man von Fußgängern erdrückt, obendrein kämpfen sich noch hupende Motorräder, Autos und Kleinbusse durch das Chaos. Ich rechne jeden Augenblick damit, den Reifen eines Fahrzeuges auf meinem Fuß zu spüren.

In den vergangenen Wochen habe ich mich stets sehr vorsichtig, wenn nicht gar übervorsichtig verhalten. Bei Besorgungen in Städten drehte ich meinen Rucksack mit meinen Wertsachen stets nach vorne auf die Brust und umschloss ihn mit meinen Armen. Doch jetzt, in Begleitung von Tim, fühle ich mich sicher. Wir werden schon gegenseitig auf uns aufpassen, denke ich mir, und trage den Rucksack ein paar Minuten auf dem Rücken. Als wir aus einer Kirche austreten, werde ich von einem Passanten angesprochen, einer der Reißverschlüsse stünde offen. Bestürzt muss ich feststellen, dass mir sämtliche Dokumente gestohlen wurden, darunter mein internationaler Führerschein,

[13] *Span.: Nein danke!*

mein Impfpass, meine Tagebücher, USB-Speicherkarten mit Fotos sowie mein Reisepass. Alles weg, verflixt! Der Gedanke, dass sich vor wenigen Minuten noch eine fremde Hand in meinem Rucksack befand, macht mich bange.

Wir gehen zum Polizeirevier, um den Verlust der Dokumente zu melden und sehen dabei, wie ein Jugendlicher einer Frau die Handtasche entreißt, um damit im Slalom zwischen fahrenden Autos über eine zweispurige Straße zu rennen. Den Polizisten am anderen Straßenrand hat der Bandit nicht gesehen und läuft ihm daher direkt in die Arme. Ich folge ihm, in der Hoffnung, dass er eventuell auch hinter dem Verlust meiner Dokumente steckt und diese noch immer bei sich trägt. Der Polizist nimmt den Jugendlichen hart ran, durchsucht ihn barsch und lässt ihn anschließend mit einem kräftigen Schlag in den Magen zu Boden gehen. Seine Hosentaschen sind leer, keine Spur meines Passes. Mist! Ich fühle mich beschissen, meine Gedanken kreisen nur noch um den Vorfall. Ist das jetzt das Aus der Reise? In der Hoffnung, die Papiere irgendwo in einem Mülleimer oder in den Gebüschen zu finden, gehe ich am nächsten Morgen nochmals zu der Kirche, in deren Umgebung ich beklaut wurde. Vielleicht hat der Kerl alles einfach irgendwo hingeschmissen. Ich finde tatsächlich ein paar Dokumente, einen Führerschein und mehrere Kreditkarten, daneben ein leerer Geldbeutel. Doch leider sind es die Habseligkeiten eines anderen Opfers, dem das Gleiche geschah wie mir, meine Papiere tauchen nicht wieder auf.

Die Beschaffung eines Ersatzpasses gestaltet sich äußerst heikel. Die Ankündigung des Präsidenten Morales, den Benzinpreis innerhalb nur einer Woche um 80 Prozent anzuheben, treibt Tausende verärgerte Menschen auf die Straßen. Mehrere Tage lang herrscht Chaos und die Stadt steht kopf. Straßen sind verbarrikadiert, öffentliche Plätze sind abgeriegelt und gepanzerte Fahrzeuge mit Wasserwerfer stehen einsatzbereit auf größeren Plätzen. Als ich von der bolivianischen Migrationsbehörde zur deutschen Botschaft gehe, fliegen die ersten Steine der Demonstranten, die Polizei antwortet mit Tränengas und Sirenenlärm. Ich spüre einen brennenden Schmerz in Nase, Augen und Lunge, Explosionen hallen durch die Stadt.

In der Botschaft treffe ich zahlreiche Deutsche, die dasselbe Schicksal ereilte. Ein älterer Herr berichtet von einem gewaltsamen Überfall am Flughafen von Santa Cruz, vor ein paar Stunden hatte er noch eine Messerklinge am Hals und wurde nur knapp von einer Pistolenkugel verfehlt. Noch immer den Schrecken des Überfalls in seinen Gesichtszügen zeigt er mir die Schnittverletzung unterhalb seines linken Ohrs.

Die Abwicklung auf der Botschaft verläuft dann aber überraschend unproblematisch. Keine zwei Stunden vergehen und ich bin bereits wieder im Besitz eines neuen Reisepasses. Es handelt sich zwar nur um ein vorläufiges Dokument, das nicht zur Einreise in die USA berechtigt, doch bis Mexico kann ich mich damit frei bewegen und bis in die USA plane ich ja im Moment sowieso noch nicht zu fahren.

Wir entfliehen der Stadt am folgenden Tag und fahren auf unseren Fahrrädern mit einer Gruppe von Touristen über die „Camino de la Muerte“[14], die angeblich gefährlichste Straße der Welt in die Yungas, eine Region im Tiefland des bolivianischen Amazonasbeckens. Es ist eine Wohltat, aus der chaotischen Stadt herauszukommen. Die Enge, der Lärm und die ständige Angst, wieder beklaut zu werden, erdrücken mich fast. Der Bus eines privaten Touristikunternehmens bringt uns auf den 4 650 Meter hohen Pass „La Cumbre“, dann geht es mühelose 65 Kilometer ohne eine einzige Pedalumdrehung in den tropischen Regenwald hinab. Spielerisch „vernichten“ wir die 3 400 Höhenmeter auf unseren Rädern.

Die Straße wurde in den dreißiger Jahren von paraguayischen Strafgefangenen gebaut, jährlich kamen auf ihr rund 200 bis 300 Menschen durch Verkehrsunfälle ums Leben. Die Berghänge sind teilweise senkrecht oder sogar überhängend, an einigen Stellen schießen Wasserfälle auf uns herab. Auf der schmalen Fahrbahn ohne Leitplanken herrscht Linksverkehr, damit der Fahrer direkt sehen kann, wie weit seine Räder noch vom Abgrund entfernt sind. Viele Unglücke ereigneten sich hier, weil bei Begegnungen eines

[14] *Span.: Die Straße des Todes*

der beiden Fahrzeuge zu dicht an den Rand der engen Straße gedrängt wurde. Der von starkem Regen aufgeweichte Untergrund kollabierte unter der Last der Fahrzeuge und riss diese samt Insassen jäh in die Tiefe. Anhäufungen unzähliger Kreuze am Fahrbahnrand sowie verrostete Fahrzeugwracks erinnern an die schlimmen Tragödien. Vor ein paar Jahren wurde die Straße durch eine neue und wesentlich sicherere Trasse ersetzt, über die nun der Hauptverkehr verläuft. Gut für uns, denn wir begegnen an diesem Tag fast keinem einzigen motorisierten Fahrzeug.

Die Landschaft entlang der Strecke ist beeindruckend, in zahlreichen Serpentinen windet sich die kleine Schotterstraße durch enge Schluchten, schwindelerregende Tiefblicke an Hunderte von Metern hohen Abbrüchen lassen immer wieder das Blut in den Adern gefrieren. Innerhalb weniger Stunden gelangen wir durch verschiedene Klimazonen. In der kargen Stein- und Graslandschaft des Passes steigen wir in Winterjacke, Wollmütze und Skihandschuhen gehüllt fröstelnd auf unsere Räder, hin und wieder passieren wir kleine Schneefelder. Kurze Zeit später fahren wir dann mit T-Shirt und kurzer Hose bekleidet durch schwülheiße 35 Grad Celsius des dicht bewachsenen tropischen Regenwaldes, vorbei an Bananen- und Kokaplantagen.

Bereits wenige Tage nach Ankündigung der Spritpreiserhöhung revidiert Präsident Morales seine Ankündigung und die Unruhen in La Paz und im Umland legen sich. Straßenblockaden werden aufgehoben und die Polizei zieht sich zurück. Noch immer sind in der Stadt die Spuren der vergangenen Tage zu sehen, Reste verbrannter Autoreifen, eingeschlagene Autoscheiben und fußballgroße Steine neben der Fahrbahn zeugen von den Protesten. Nichts wie weg hier, meine Abneigung gegen diesen Ort wird immer stärker. Es fühlt sich so an, als würde mir der Kragen zugeschnürt. Welche Ironie nur in dem Namen „La Paz“[15] steckt!

Als Tims Lungen sich an die Höhenluft gewöhnt haben, satteln wir unsere Räder und brechen auf. Erlöst passieren wir die letzten Häuser von La Paz. Richtig entspannen kann ich mich trotzdem nicht, denn der Verkehr auf der nach Norden führenden Hauptstraße ist bedrohlich. Aufmerksam beobachte ich die halsbrecherischen Überholmanöver der Fahrzeuge im Rückspiegel, um notfalls im entscheidenden Augenblick die Fahrbahn verlassen zu können. Und

[15] *Span.: Der Frieden*

dann geschieht das Unfassbare, das beinahe in einem Desaster endet. Der Fahrer eines mit Insassen überladenen Kleinbusses verliert die Kontrolle über sein Fahrzeug und kommt von der Straße ab. Wild am Lenkrad reißend schießt er mit quietschenden Reifen nur wenige Meter an uns vorbei, gerät danach auf die Gegenfahrbahn und bleibt schließlich auf dem Seitenstreifen stehen. Der Geruch von verbranntem Gummi liegt in der Luft, die Lebensgefahr lässt sich förmlich riechen. Hektisch startet der Fahrer den inzwischen abgesoffenen Motor wieder, wendet und fährt in die Gegenrichtung zurück. Klar, dass er sich aus dem Staub machen will, bevor wir auf den Gedanken kommen, ihn anzuzeigen. Es dauert einen Moment, bis mein vom Schock gelähmter Verstand begreift, was sich da gerade ereignet hat und dass wir nur knapp an einem fatalen Unfall vorbeigeschrammt sind. Erste Zweifel keimen in mir auf, ob dieses Abenteuer es wirklich wert ist, ein derart hohes Risiko einzugehen und seine Gesundheit oder sogar sein Leben aufs Spiel zu setzen. Als Verkehrsteilnehmer, und ganz besonders natürlich, wenn man mit dem Fahrrad unterwegs ist, legt man gezwungenermaßen sein Schicksal in die Hände Hunderter Menschen, deren Bewusstsein unter Umständen durch den Einfluss von Alkohol Drogen oder Müdigkeit beeinträchtigt ist.

Auf Höhe des Titicacasees nimmt der Verkehr allmählich ab, kleine und ruhige Serpentinensträßchen führen uns über zahlreiche Pässe hinauf in das nur spärlich bewachsene Küstengebirge. Der See in über 3 800 Metern Höhe ist ein Gigant, er ist vierzehn Mal größer als der Bodensee. Bis zu drei Meter hoch wächst das Totora-Schilf an den größtenteils unberührten Ufern, die sanft im Wind wehenden Halme erscheinen, aus weiter Entfernung betrachtet, wie ein riesiger flauschiger Teppich. An den Hängen rund um den See wird noch immer in alter Tradition Landwirtschaft betrieben, auf Terrassenfeldern wachsen Kartoffeln, Getreide und Quinoa, sogenannter „Inkareis". Schafe, Alpakas, Lamas und Esel grasen auf den von Natursteinmauern

begrenzten blass-grünen Weideflächen dazwischen. Die Vegetation ist karg, aber sehr schön, nur wenige Bäume versperren die Sicht. Von der Straße aus hat man immer wieder fantastische Blicke auf den in der Sonne magisch leuchtenden See. Die mit Gletschern überzogenen schneeweißen Fünftausendergipfel leuchten am Horizont. Es ist ein unbeschreiblich schöner Anblick, die wenigen Eingriffe der Zivilisation in die Landschaft scheinen im Einklang mit der Natur zu stehen.

In Copacabana passieren wir die Grenze zu Peru. Ich bin ein wenig enttäuscht, dass ich Bolivien mit einem derart negativen Gefühl verlassen muss. Fast alle Reisenden, die ich unterwegs getroffen habe, schwärmten von diesem Land und seinen Menschen, doch mir wird es als ein unangenehmes Kapitel in Erinnerung bleiben. Ich hoffe, dass ich in den kommenden Tagen das verloren gegangene Vertrauen in die Menschen wieder zurückgewinnen kann.

In Puno, am Nordwestrand des Titicacasees, tappen wir in die Touristenfalle. Wir wollen eine der 49 schwimmenden Inseln besichtigen, die seit mehreren Jahrhunderten Heimat der Urus sind. Um sich vor feindlichen Angriffen der Inkas zu schützen, verlegte das Volk vor einigen Jahrhunderten ihren Lebensraum auf den See. Auf zusammengeschnürten Schilfballen errichteten sie fernab vom Ufer schwimmende Dörfer, in denen sie bis heute leben. Der Unterhalt ihres künstlichen Eilandes gestaltet sich äußerst aufwendig. Permanent müssen diese mit Schilf bedeckt werden, da sich der im Wasser befindliche Teil mit der Zeit zersetzt. Ständig sind sie mit der Ernte des Grases am Seeufer beschäftigt, denn würden sie dieser Pflicht nicht nachkommen, würden sie sprichwörtlich untergehen.

Per Motorradrikscha lassen wir uns an den Hafen fahren.

Noch bevor wir das eigentümliche Fahrzeug verlassen haben, sind wir schon umringt von aufdringlichen Händlern und Bootsbesitzern, die in uns ein Geschäft wittern. „Mister, Mister … I make special price for you … come here ."[16], schallt es um uns. Einer der Typen meint, dass das nächste öffentliche Boot zu den Inseln erst in zwei Stunden verkehrt. Wenn wir nicht so lange warten möchten, müssten wir mit dem Privatboot seines Freundes fahren. Naiv und gutgläubig bezahlen wir also den vierfachen Preis für die Überfahrt und erfahren wenig später, dass das öffentliche Boot ebenfalls gefahren wäre – nicht erst zwei Stunden später, wie uns der Kerl am Hafen erzählt hatte.

Auf der Insel angekommen geht das Spielchen weiter. Der menschlichen Kreativität scheinen keine Grenzen gesetzt zu sein, wenn es darum geht, den Touristen Geld zu entlocken. In Trachten gekleidete Statisten winken einem bei der Ankunft von Weitem zu, überschütten einen mit dem

[16] *Engl.: Hallo, der Herr … ich mache Spezialpreis für dich … komm her.*

freundlichsten Lächeln und junge Frauen drücken einem ihre frisch geborenen Babys in die Hand. Verlässt man dann allerdings die Insel, ohne die 25 Dollar teure Stickerei mit der Aufschrift „I love Puno“ auf der Vorderseite und dem Aufdruck „Made in China“ auf der Rückseite zu kaufen, wandelt sich dieses freundlich-sympathische Lächeln in einen bösen, verachtenden Blick. Mit erfundenen Geschichtchen und inszenierten Situationen wird man in die Falle gelockt. Sie bedienen sich ausgeklügelter Maschen. Tim und ich werden voneinander getrennt und dann in einer gut viertelstündigen Verkaufsveranstaltung zum Kauf von völlig überteuerten Produkten genötigt. Es ist verständlich, dass die Menschen auf die touristischen Einkünfte angewiesen sind, doch unter diesen Umständen will man nur so schnell wie möglich die Flucht ergreifen.

Zurück im Fahrradsattel geht es nahezu steigungsfrei über die Ebene des Altiplano. In Juliaca ist der Teufel los, auf der Hauptstraße liefern sich Autos, Busse und Motorrikschas einen erbitterten Kampf um die Vorfahrt und in den mit Verkaufsständen vollgestopften engen Seitengassen drücken sich Fußgänger und Radfahrer hastig aneinander vorbei. Die Luft ist eine Zumutung für Nase und Lunge, blauer Abgasqualm der Zweitaktmotoren mischt sich mit dem fauligen Gestank der Müllberge auf den Gehwegen und am Straßenrand, in denen wir nicht selten auch Schweinsköpfe, Rindergedärme und andere Schlachtabfälle entdecken.

Einige Kilometer vor Cusco fordert uns dann der 4 338 Meter hohe Pass „La Raya“ heraus. Das Tal verengt sich mehr und mehr, die runden Hügel werden zu schroffen, schneebedeckten Bergen. Unmittelbar vor dem Pass blicke ich für einen kurzen Moment auf eine Wiese, auf der eine Herde Alpakas grast. Nicht weit entfernt von mir steht ein Tier in einer seltsamen Haltung. Es scheint zwei Köpfe zu haben, einen vorne und einen hinten. Als ich anhalte, um das Tier genauer zu beobachten, fällt der hintere Kopf zu Boden. Als er sich bewegt, stelle ich fest, dass es sich nicht um einen Kopf, sondern um ein frisch geborenes Alpakababy handelt, das gerade das Licht der Welt erblickt. Fasziniert schaue ich dem Kleinen dabei zu, wie es die ersten Schritte macht, die Mutter des Tieres steht regungslos daneben. Die zittrigen Beine des Kleinen wollen noch nicht so recht gehorchen und lassen es immer wieder ins Gras plumpsen.

Ein kleiner Junge auf einem Fahrrad steht plötzlich neben uns, neugierig blickt er auf unsere Räder mit den voll beladenen Satteltaschen. Er wirkt etwas schüchtern, doch mit ein paar Schokokeksen und einem Rosinenbrötchen schaffen wir es, sein Vertrauen zu gewinnen. Er kommt gerade aus der Schule im Nachbardorf, zehn Kilometer fährt er jeden Tag, um am Unterricht teilnehmen zu können. Aus dem Korb auf seinem Gepäckträger tönt das Miauen eines kleinen Kätzchens, das ihm ein Bauer im Dorf geschenkt hat. „Die Alpakas auf dem Feld dort gehören alle meinem Vater", sagt er mit einem Ausdruck des Stolzes und zeigt auf die Weide vor uns. „Insgesamt sind es 249 Tiere, und wie ich sehe, ist gerade das 250. zur Welt gekommen, da wird sich mein Vater sicher freuen!"

Wir verbringen einige Ruhetage in Cusco, dem „Nabel der Welt", wie die Stadt in der indigenen Sprache Quechua heißt. Nach ihrer Gründung vor etwa 800 Jahren entwickelte sie sich zum kulturellen, wirtschaftlichen und religiösen Zentrum des Inkareiches. Mauerreste von Tempeln, Festungen und Aquädukten zeugen noch heute vom Prunk vergangener Tage. Der spanische Conquistador[17] Pizarro leitete im Jahre 1534 schließlich das Ende dieser Hochkultur ein. Auf der Suche nach Gold plünderte und brandschatzte er die Stadt, ließ alles Silber und Gold einschmelzen und Paläste und Tempel einreißen. Cusco wurde zum Zentrum des spanischen Kolonialismus und der Christianisierung

[17] *Span.: Eroberer*

der Anden. Aufgrund der zahlreichen Kirchen, Museen und historischen Ruinen sowie der Nähe zu Machu Picchu[18] ist sie das touristische Zentrum Perus.

Bis heute ist ungeklärt, aus welchem Grund die geheimnisvolle Stadt in dieser wilden und verlassenen Gegend errichtet wurde. Einer Theorie zufolge entstand sie um das Jahr 1450 auf Befehl des Inka-Herrschers Pachacútec Yupanqui, der die Grundlagen für die Ausdehnung des mächtigen Inkareiches schuf und den Kult um den Sonnengott Inti einführte. Rund 100 Jahre später, während des Einzuges der spanischen Eroberer, wurde die Stadt wieder verlassen und erst im Jahre 1911 wiederentdeckt. Nachdem sie 2007 von 70 Millionen Menschen zu einem der „neuen Sieben Weltwunder" gewählt wurde, wird sie von Touristen täglich überrannt.

Obwohl ich derartige Plätze eigentlich meide, ist es für uns beinahe undenkbar, diesen magischen Ort nicht zu besuchen. Als Kompromiss nehmen wir nicht die Touristenbahn, sondern wählen eine alternative Route durch das Urubamba-Tal, das heilige Tal der Inkas. Ein Bus bringt uns auf den 4 300 Meter hohen „Abra de Malaga"[19], den Rest der Strecke wollen wir per Fahrrad und zu Fuß zurücklegen. Auf der Passhöhe peitscht uns eiskalter Regen ins Gesicht, nach einer halben Stunde regungsloser Abfahrt auf unseren Fahrrädern sind wir trotz Regenschutzkleidung völlig durchnässt und frieren am ganzen Leib. Tosende Bäche

[18] *Ruinenstadt in Peru*

[19] *Span.: Malaga-Pass*

schießen den steilen Abhang herab und setzen die Straße an vielen Stellen unter Wasser.

In einem kleinen Dorf findet unsere Abfahrt ein vorläufiges Ende, ein Erdrutsch hat die Straße unbefahrbar gemacht. Felsbrocken und herabgestürzte Erde blockieren die Fahrbahn vor uns. Ein paar Baustellenfahrzeuge sind dabei, die abgerutschten Brocken zur Seite zu schaffen, einige Fahrer der angehaltenen Fahrzeuge stehen neugierig daneben und unterhalten sich. Es dauert gut drei Stunden, bis eine Bauarbeiterin die Straße wieder freigibt und wir unsere Fahrt fortsetzen dürfen. Doch das Vergnügen dauert nicht lange, denn schon hinter der ersten Kurve springt ein Herr in Bauarbeiterkluft mit einem Stoppschild wild wedelnd auf uns zu. „Anhalten, diese Straße ist für Radfahrer gesperrt. Ich bin der Leiter dieser Baustelle und habe das Sagen. Ich kann mit allen Leuten der Baustelle jederzeit Kontakt aufnehmen“, meint er und deutet stolz auf sein Funkgerät auf seiner Brust. „Wie bitte? Wir waren gestern im Tourismusbüro, um uns über diese Strecke zu erkundigen und von einem Fahrradverbot war keine Rede“, setze ich ihm in einem Tonfall der Empörung entgegen. Der Typ entgegnet etwas Unverständliches, an seiner Miene kann man erkennen, dass er damit nicht gerechnet hatte. Was führt er nur im Schilde, möchte er uns Schmiergeld abkassieren? Wir bleiben hart und drohen damit, uns beim Touristenbüro in Cusco zu beschweren, wenn er uns nicht unverzüglich passieren lässt. Wieder murmelt er etwas Unverständliches, blickt uns an und antwortet: „Also, dann fahren Sie in zehn Minuten weiter."

Der Fahrbahnzustand ist eine Katastrophe, wir wagen nicht schneller, als mit Schrittgeschwindigkeit zu fahren. Die vielen mit schlammbraunem Wasser gefüllten Schlaglöcher, die sich teilweise vom linken bis zum rechten Straßenrand erstrecken, machen mir besonders Sorgen, denn man kann nicht sehen, ob es sich nur um flache Kuhlen oder um tiefe Löcher handelt, die uns als Radfahrer gefährlich werden könnten. Zwischen den Pfützen besteht der Straßenbelag aus zentimeterdickem Matsch, und wenn wir von entgegenkommenden Fahrzeugen zum Anhalten gezwungen werden, versinken unsere Schuhe beinahe vollständig darin.

Es ist mittlerweile völlig dunkel geworden, nur der schwache Schein unserer Stirnlampen geleitet uns durch den dichten Tropenwald. Die stockfinstere Nacht in Verbindung mit dem Zirpen und dem Gekreische der wilden Tiere wirkt gespenstisch. Öffentliche Beleuchtung fehlt vollständig, selbst in den kleinen Ortschaften gibt es außer den schwach leuchtenden Glühbirnen hinter den Fenstern einfacher Hütten keine Lichtquellen. Die wenigen Lichtstrahlen schimmern nur sehr schwach, bereits nach wenigen Metern verlieren sie sich in der Dunkelheit des Waldes. Erst sehr spät erreichen wir das Dörfchen Santa Maria und beziehen eine Herberge, die einzige weit und breit.

Dem Lauf des Flusses Urubamba folgend gelangen wir am Tag danach hinauf nach Machu Picchu Dorf. Bis vor Kurzem hieß es noch Aguascalientes, aber aus marketingtechnischen Gründen wurde es umbenannt. Betrachtet man die Umsatzzahlen, dann wird klar, dass Tourismus und Marketing hier eine große Rolle spielen und viel Geld damit umgesetzt wird. Umgerechnet 40 Euro kostet der Eintritt in die Ruinenstadt für ausländische Erwachsene, weitere 130 Euro muss man für die Anfahrt per Bahn berappen. Bei 2 000 Besuchern täglich beläuft sich der Jahresumsatz allein durch die Eintrittsgebühren auf 124 Millionen Euro.

Wir kämpfen uns den kurvenreichen Schotterweg hinauf in das wilde Tal, das sich nach oben hin langsam einengt und allmählich in eine Schlucht übergeht. Die steilen Felswände sind fast vollständig bewachsen. Wie ein grüner Wandteppich erscheinen die mit Moos, Farnen und Flechten überzogenen Bergflanken aus der Ferne. An einer Stelle müssen wir unsere Räder über die meterhohen Reste einer kurz zuvor abgegangenen Geröllawine tragen. Der starke Regen der Vortage hat den Untergrund aufgeweicht und einen Teil des Berges in die Tiefe gerissen. Die Vorstellung, dass die riesigen Gesteinsbrocken auf der Fahrbahn wohl nur wenige Stunden vor uns heruntergekommen sind, beängstigt mich. Mehrere Fahrzeuge warten bereits auf die

Räumung der Straße, als wir unsere Fahrräder über den Schutthaufen hieven, kommt uns von oben auch schon ein Bagger entgegen. Fälle wie diese scheinen hier an der Tagesordnung zu sein.

Eine gut zwei Meter lange Schlange huscht plötzlich über die Straße vor mir und verschwindet im dichten Gestrüpp. Dem auffälligen schwarz-gelben Muster auf ihrem Rücken nach zu urteilen ist sie sicher giftig, ich beobachte sie deshalb mit gebührendem Sicherheitsabstand. Wie mir ein Passant wenig später erzählt, geht von ihr keine Gefahr aus, im Gegenteil. „Sie schmeckt ausgezeichnet, der Geschmack ihres Fleisches ist vergleichbar mit Hühnchen."

Noch vor Sonnenaufgang erreichen wir am folgenden Morgen Machu Picchu, hoch zwischen den Gipfeln der Anden. Eine gute Stunde dauert der Aufstieg über den schmalen Wanderweg, hin und wieder bieten sich uns einzigartige Blicke in das enge Tal mit dem rostbraunen Fluss. Und dann stehen wir plötzlich vor diesem magischen Bauwerk, das die Menschen auf der ganzen Welt elektrisiert und fasziniert. Die Szenerie ist atemberaubend! Trotz Nieselregens und grauem Himmel bin ich vom Anblick der Stadt und von der Umgebung zutiefst beeindruckt. Kühn zwischen Gipfeln eingepfercht liegt sie da, auf einem nahezu unzugänglichen schmalen Bergrücken. Ihre Grundmauern reichen bis auf wenige Meter an den Abgrund heran, auf den kleinen Feldern zwischen den Mauern grasen Lamas. Als zur Mittagszeit die Sonne aus den Wolken hervorkommt, ist die Stätte bereits mit Hunderten Touristen übersät. Aus Pendelbussen vor den Pforten strömen Dutzende von Menschen. Es ist beinahe unmöglich, ein Foto von dem historischen Bauwerk zu machen, ohne dabei mindestens zehn bunte Jacken im Bild zu haben. Bedauernswert, dass der Ort derart überrannt, ja fast schon überfallen wird. Denn eigentlich sind es die Abgeschiedenheit und die Stille, die ihm diesen besonderen Zauber verleihen und diese einmalige Atmosphäre schaffen.

Über das Urubamba-Tal kehren wir wieder zurück nach Santa Rosa, die Stadt, in der wir zwei Tage zuvor übernachtet hatten. Da Tim aufgrund seiner Heimreise unter Zeitdruck steht, entschließen wir uns, per Bus nach Cusco zurückzufahren. Ein Taxifahrer bietet uns die Fahrt für umgerechnet 20 Euro an, wir packen unsere Ausrüstung in seinen Kofferraum und steigen in den Wagen. Etwa 100 Meter später hält er an und meint: „Freunde, ich muss euch etwas sagen, eure Fahrt kostet nicht 60 Soles, sondern 240 Soles, ihr müsst nochmals 180 Soles drauflegen." Wir versuchen mit dem Typen zu verhandeln, doch er ist nicht davon abzubringen. Verärgert steigen wir wieder aus dem Wagen und montieren unsere Räder. Kurz darauf treffen wir einen deutschen Touristen, der uns von einem ähnlichen Vorfall berichtet. Ein anderer Taxifahrer, bei dem er ebenfalls bereits im Auto saß, meinte zu ihm, er würde nicht abfahren, solange nicht noch mindestens sechs weitere Personen in das fünfsitzige Auto zusteigen. Natürlich teilte es ihm der Fahrer erst mit, als er bereits bezahlt hatte.

Ein Bus bringt uns dann schließlich nach Cusco zurück, von wo aus Tim am folgenden Tag die Rückreise nach Deutschland antritt. Ich bleibe noch in der Stadt, in einer Herberge treffe ich interessante Leute. Unter anderem lerne ich den peruanischen Bergführer Marco kennen, der wenige Tage zuvor eine Gruppe französischer Touristen über den Inka Trail nach Machu Picchu führte. Er lädt mich ein, ihn im Haus seiner Mutter in Huancayo zu besuchen, eine Stadt in den Anden, rund 800 Kilometer weiter im Norden.

Ich freue mich auf die Weiterfahrt durch das andine Bergland, wenngleich einige Regionen auf mich warten, in denen regelmäßig Überfälle auf Fahrzeuge stattfinden. Ein Blick auf das Höhenprofil lässt eine anspruchsvolle Streckenführung in einer sagenhaften Umgebung erwarten, etwa 15 000 Höhenmeter gilt es auf den kommenden 800 Kilometern zurückzulegen. Einige der Pässe sind über 4 200 Höhenmeter hoch, dazwischen taucht die Straße auf unter 1 800 Höhenmeter ab.

Anfangs geht es durch das malerische Apurimac-Tal. Marco war hier einst Opfer von vier mit Maschinengewehren bewaffneten Banditen geworden, hat er mir erzählt. Sie kassierten die gesamte Gepäckladung der Passagiere ein und ihm selbst nahmen sie die Wanderschuhe ab. Ich fühle mich angespannt, als ich die steile Straße in das Tal hinab rolle, und wage es nicht anzuhalten. Bei jedem vorbeifahrenden Fahrzeug fühle ich mich verunsichert. Die einzige wirklich präsente Gefahr, mit der ich es an diesem Tag zu tun kriege, sind die vielen Tiere auf der Straße.Schweine, Ziegen, Hunde und Schafe kreuzen immer wieder unvermittelt die Fahrbahn. In einer Kurve rennt mir beinahe ein Schwein ins Vorderrad, nur ein Ausweichmanöver verhindert Schlimmeres.

Auch die Tage danach begleitet mich ständig die Angst vor einem Überfall, ganz besonders auf verkehrsarmen Streckenabschnitten. Durch gründliche Planung versuche ich sicherzustellen, dass ich mindestens eine Stunde vor Sonnenuntergang in einem Dorf mit Unterkunft ankomme und nicht die Dunkelheit über mich hereinbricht. Passiere ich Baustellen mit Arbeitern, dann fühle ich mich sicher. Die Männer sind äußerst freundlich und immer wieder werde ich zu einem Schwätzchen angehalten. Aus weiter Ferne rufen sie schon: „Hallo Gringo" oder „Hallo Mister", gefolgt von „Aus welchem Land, wohin geht's?" Was auch immer sie auf Englisch sagen können, wird gerufen. „Good evening" höre ich zu jeder Tageszeit, „Good bye" rufen die Leute, obwohl ich auf sie zu fahre.

Ich komme mit Jaime ins Gespräch, einem 45-jährigen Bauarbeiter aus Andahuaylas. Er arbeitete mehrere Jahre in Brasilien und spricht daher fließend Portugiesisch. Wie jeder Peruaner will auch er wissen, wie mein Lieblings-Fußballteam heißt. Ich erzähle ihm, dass ich aus Stuttgart komme und daher mein Herz für den VfB Stuttgart schlägt. Prompt zählt er mir die Namen von fünf Spielern des VfB auf, ich bin perplex. „Hier, die kannst du gut gebrauchen auf den nächsten 40 Kilometern, denn da geht's verflucht steil rauf", meint er und drückt mir eine Dose Energydrink in die Hand. „Ich weiß nicht, ob man das mit einem Fahrrad überhaupt schaffen kann, die Straße zieht sich endlos!" Im

Gegenzug schenke ich ihm ein Fläschchen Pflümli, das mir Tim aus Deutschland mitgebracht hatte und das sich noch immer in meiner Fahrradtasche befindet.

Die steile Schotterstraße nimmt kein Ende, endlos kämpfe ich mich von Serpentine zu Serpentine den Berghang nach oben. Ich überhole zwei Kinder auf einem Fahrrad, der Kleinere der beiden hat sich auf den Gepäckträger des Größeren gesetzt und klammert sich an seinem Rücken fest. Ich höre, wie der Kleinere abspringt und etwas Unverständliches ruft, dann spüre ich einen kräftigen Zug an meinen Gepäcktaschen. Ich blicke nach hinten und sehe, wie er sich an meinen Packtaschen festhält und versucht aufzuspringen. Schwupp – da ist er auch schon oben, durch seine Zahnlücke grinst er mich frech an. „Schneller, sonst musst du auch noch meinen Bruder ziehen!", brüllt er. Ich steige in die Eisen und versuche dem Bengel davonzufahren, doch das zusätzliche Gewicht auf dem Gepäckträger macht mir ganz schön zu schaffen. Der Kleine kriegt sich fast nicht ein vor Lachen. Nach einigen Hundert Metern halte ich an und bitte ihn, kurz absteigen, denn ich müsse durchatmen und mich erholen. Als seine Füße den Boden berühren, rase ich los. Ich habe es geschafft, die beiden wären abgehängt. Doch nach der nächsten Serpentine, ich kann es kaum glauben, stehen die zwei kleinen Monster schon wieder frech grinsend vor mir auf der Straße und strecken drohend die Hände nach mir aus. Sie haben doch tatsächlich eine Abkürzung quer durch den steilen Hang genommen, um mich wieder abzupassen. Mir bleibt keine andere Lösung, als sie mit einer Handvoll Kekse zu bestechen, damit sie mich passieren lassen. Es wird auf der gesamten Reise das einzige Mal sein, dass ich Schmiergeld bezahlen muss.

Ein paar Serpentinen weiter oben sitzt eine Familie auf einer Picknickdecke neben der Straße im Gras. Schon von Weitem ruft mir eine der Frauen entgegen: „Hallo, Gringo, willst du etwas mit uns zusammen essen? Wir haben genug, selbst für den hungrigsten Fahrradfahrer“, und streckt mir eine Schüssel mit Reis und Bohnen entgegen. Ich setze mich für einen Moment auf den Randstein der Straße und unterhalte mich mit ihnen. Wie üblich stellen sie mir eine Frage nach der anderen – wo ich herkomme, ob ich verheiratet bin, wie viel Geld ich auf dem Konto habe und ob ich die peruanischen Frauen hübsch finde. Sie scheinen es nicht glauben zu wollen, dass ich mit 33 Jahren noch keine Kinder habe, in Peru hat man im Alter von 20 bereits zwei bis drei. „Möchtest du vielleicht meine Schwester heiraten? Sie ist sehr hübsch und intelligent“, meint die Frau allen Ernstes. „Generell will ich schon einmal heiraten und Kinder kriegen“, antworte ich ihr, „doch ich würde ganz gerne zuerst noch meine Fahrradtour zu Ende bringen.“ Ich bedanke ich mich bei ihr. In einer etwas aufdringlichen und indiskreten, aber trotzdem netten und lustigen Art versucht sie, mich zum Heiraten ihrer Schwester zu überreden. Bestimmt würde sie mit mir mitreisen, mich bekochen und meine Kleider waschen, meint sie mit einem verschmitzten Lächeln. Die Leute neben ihr auf der Decke kriegen sich kaum mehr ein vor Lachen, es ist ein köstliches Gespräch. Wenngleich ausnahmslos alle Gründe für die Hochzeit mit ihrer Schwester sprechen, setze ich die Fahrt unverheiratet fort.

Entlang des Laufes eines tiefbraunen Flusses geht meine Fahrt in den folgenden Tagen weiter. Gewaltige Wassermassen haben sich im Laufe von Millionen von Jahren tief in die Kordillera de Vilcabamba eingeschnitten. Terrassenartig angelegte Felder ziehen sich an den steilen Berghängen bis in große Höhen hinauf, auf denen Mais, Kartoffeln und hin und wieder Kakteen angebaut werden. Auf kleinen Wiesenflächen suchen Lamas und Alpakas geduldig nach Grasbüscheln. Hin und wieder gelange ich durch verträumte Bergdörfchen mit Hütten aus ungebrannten Ziegeln und grasbelegten Dächern, in denen die Zeit im letzten Jahrhundert stehen geblieben zu sein scheint. Wie wäre mein Leben wohl verlaufen, wenn ich nicht in Mitteleuropa geboren wäre, sondern in einer der Lehmhütten das Licht der Welt erblickt hätte? Der raue Wind der Anden und die Strahlen der Sonne haben deutliche Spuren in den Gesichtern der Menschen hinterlassen. Man sieht, dass sich der Alltag der Menschen vorwiegend im Freien abspielt. Obwohl sie ein sehr einfaches und sicher auch entbehrungsreiches Leben führen, wirken sie glücklich und zufrieden. Ich beneide sie darum.

In einem der kleinen Dörfchen halte ich an, um mich kurz auszuruhen. Ein stechender Schmerz fährt plötzlich durch mein rechtes Schienbein, als ich mein Fahrrad an eine Hauswand lehne. Ich blicke nach unten und sehe einen pudelgroßen Hund, der sich an meinem Bein zu schaffen macht. Laut schreiend trete ich auf das Mistvieh ein und setze ihm wutentbrannt nach. Ich versuche, ihn zu kriegen, um mich für den Biss zu bedanken, doch er ist schneller und entkommt. „Miststück", kocht es in mir hoch, „wenn ich dich kriege, mach ich dich zu Hackfleisch." In den Wochen davor wurde ich täglich von Hunden angefallen, fast an jedem Bauernhof kam ein Rudel halbwilder Bestien aggressiv bellend und zähnefletschend auf mich zu geschossen, doch bisher kam ich vergleichsweise glimpflich davon. Nur ein einziges Mal biss ein Hund in meine hintere Packtasche, ließ aber recht schnell wieder ab. Die Tiere scheinen durch die Drehbewegung der Räder instinktiv wild zu werden, denn sobald man das Fahrrad zum Stillstand bringt, hören sie auf zu bellen und bleiben friedlich stehen. Setzt man die Fahrt fort, geht es weiter. Bückt man sich hingegen nach einem Stein, rennen sie ängstlich davon. Sie scheinen zu wissen, dass ihnen dieser gleich um die Ohren fliegen wird.

Ein paar Tage später werde ich beim Einkaufen an einem Kiosk ein zweites Mal von einem Hund gebissen. Dieses Mal ist es ein ausgewachsener Schäferhund, er erwischt mich am Kniegelenk. Ich werfe mein Rad zu Boden und brülle aus voller Kehle. Die Leute um mich herum scheint der Vorfall nicht zu interessieren, tatenlos schauen sie mir zu. Ich trete auf den Hund ein, jaulend rennt er mit eingezogenem Schwanz davon. „Der ist gerade ein bisschen durch den Wind, weil er Junge hat", beschwichtigt mich die Kioskbesitzerin. „Und das gibt dem Vieh das Recht, Leute zu verletzen? Wieso lassen Sie das zu? Am liebsten würde ich ihn um die Ecke bringen", brülle ich sie an. Sie bleibt still. Wütend und mit schmerzendem Kniegelenk setze ich die Fahrt fort.

Am Tag danach kaufe ich mir einen Besenstiel und platziere ihn griffbereit auf den vorderen Gepäcktaschen. Ich will es diesen Biestern heimzahlen, meine Wut ist durch die tägliche Hetzjagd und die Bisse in Knie, Schienbein und Packtasche unerträglich. Eine gewisse Freude überkommt mich, als ich dann mit Schlagstock bewaffnet dem ersten Hunderudel begegne. „Jawohl, kommt nur alle her und holt euch eure wohlverdienten Hiebe ab." Ich ergreife den Stab, schwinge ihn wild peitschend durch die Luft und warte schon auf das Gejaule, das mir hoffentlich ein klein wenig Genugtuung verschaffen wird. Doch das Ergebnis könnte vernichtender nicht sein. Der Stock rastet ohne auch nur einen einzigen Hund zu berühren neben mir im Boden ein und zerlegt sich mit einem Schlag in drei Teile.

Auf einer Passhöhe, rund eine Stunde vor Ankunft in der Stadt Huancayo, erwischt mich ein gewaltiges Gewitter. Zuerst prügeln Hagelkörner auf mich ein, dann werde ich von fetten Regentropfen begossen. Weit und breit gibt es keine Unterstellmöglichkeit, mir bleibt nichts anderes übrig, als den Erguss über mich ergehen zu lassen. Trotz Regenkleidung bin ich innerhalb kürzester Zeit bis auf die Haut durchnässt. Frierend und zitternd rolle ich über die mit riesigen Pfützen übersäte Passstraße hinab ins Tal.

AUF DER KOKAINSTRASSE IN DEN REGENWALD

Marco empfängt mich im Haus seiner Mutter in Huancayo mit Panetón[20] und heißem Tee. Es ist ein tolles Gefühl, in einer fremden Stadt anzukommen und von einem Bekannten empfangen zu werden. Er ist eigentlich nur selten hier zu Besuch, die meiste Zeit des Jahres arbeitet er als Bergführer in Huaraz, wo er Alpinisten aus aller Welt auf die höchsten Gipfel der Anden begleitet. Wenn die Besteigung der hohen Berge während der Regenzeit aufgrund des schlechten Wetters nicht möglich ist, verdient er sich ein Zubrot als Guide auf dem Inka Trail. „Dutzende Male bin ich den Pfad bereits gegangen, mit Touristen aus aller Welt. Doch wenn ich vor den Ruinen stehe, bin ich von dem Anblick jedes Mal aufs Neue ergriffen“, meint er mit strahlenden Augen.

Marco ist ein Alpinist aus Leidenschaft. Kommt man auf das Thema Berge zu sprechen, dann ist er vor Begeisterung nicht mehr zu bremsen. Greift er dann noch zu seinem Joint, erzählt er Geschichte nach Geschichte und die Liste seiner geplanten Bergprojekte wächst ins

[20] *Span. Weihnachtskuchen*

Unermessliche. Den ganzen Abend sitzen wir vor einer riesigen Landkarte der Anden und unterhalten uns über Wandertouren, Kletterrouten und Gipfel.

Da das Wetter eine Bergbesteigung nicht zulässt, entscheiden wir uns dafür, gemeinsam mit seinem Freund Misael über den 4 480 Meter hohen Paso Pomacocha hinab in das Amazonasbecken zu radeln. Die 200 Kilometer lange Schotterpiste nach Satipo dürfte in etwa drei Tagen zu bewältigen sein, von dort aus geht es per Bus wieder zurück nach Huancayo. Per Taxi gelangen wir auf die Passhöhe, der Fahrpreis ist, wie fast alles in Peru, Verhandlungssache. Marco feilscht eine halbe Ewigkeit mit dem Fahrer, ich bleibe mit Misael in sicherer Entfernung dazu und gebe acht auf unsere Ausrüstung. Der Taxifahrer darf nicht sehen, wie viel Gepäck wir mit uns führen. Erst nachdem der Preis verhandelt ist, wollen wir uns damit zeigen, so Marcos Strategie, um den Preis möglichst weit nach unten zu drücken. Als sich nach einer Viertelstunde noch immer nichts ergeben hat, gehe ich auf das Taxi zu, Marco lehnt am offenen Fenster und verhandelt mit dem Fahrer. Als er mich sieht, schnauzt er wutentbrannt los: „Wieso tauchst du hier mit deinem Gringogesicht auf? Du vermasselst mir das Geschäft und machst den Preis kaputt! Also dann bezahlst du die Fahrt jetzt für uns alle, schließlich hätte es uns ohne dich weniger gekostet." Ich bin perplex und weiß nicht, wie ich reagieren soll. Hat er das jetzt ernst gemeint? Ich bin mir nicht so recht sicher und gehe daher nicht auf seine Anfeindung ein. Die einstündige Fahrt mit dem völlig überfüllten Toyota Corolla bezahle ich aber dann doch. Der Motor kommt wegen der Höhenluft ganz schön ins Schnaufen. Auf dem Dach des Autos befinden sich unsere drei Fahrräder und im Wagen sind wir insgesamt acht Personen. Ich teile mir mit drei weiteren Erwachsenen und einem Kleinkind die Rückbank. Permanent habe ich Angst, die Tür könnte aufspringen und wir würden in hohem Bogen aus dem Fahrzeug geschleudert. Da es in Strömen regnet, bleiben die Fenster geschlossen, acht keuchende Lungen liefern sich einen erbitterten Kampf um den in dieser Höhe sowieso äußerst spärlich vorhandenen Sauerstoff.

Endlich erreichen wir die Passhöhe Pomacoccha, ein Gefühl der Erlösung durchfährt mich, als sich die Wagentüren öffnen und ich endlich meine Füße auf die Straße setzen kann. Es regnet in Strömen, die Temperatur befindet sich nahe dem Gefrierpunkt. Die umliegenden Berge sind in Wolken gehüllt, ein Nebelschleier hängt gespenstisch über der Lagune. Vorbei an saftig grünen Weideflächen mit Alpakas und Lamas geht es die Passstraße hinab, hin und wieder verläuft sie entlang des Ufers eines Flusses. Hirten stehen auf den Weiden und grüßen uns freundlich, das Regenwasser rinnt ihnen von der Hutkrempe. Durchnässt und vor Kälte erstarrt gelangen wir dann in das kleine Bergdörfchen Comas, das aufgrund der zahlreichen Militärbaracken und der großen Schranke am Ortseingang den Charme eines Militärcamps hat. Die Straße gilt als eine wichtige Route für den Kokainschmuggel vom peruanischen Regenwald in die Berge bzw. an die Küste. Vom Tiefland heraufkommende Fahrzeuge werden hier angehalten und akribisch untersucht, Soldaten mit kugelsicheren Westen und Maschinengewehren stehen schussbereit daneben. Ihre olivgrünen Uniformen wirken etwas beängstigend auf mich. Ich erinnere mich daran, dass mich Marco zu Beginn der Tour eindringlich davor gewarnt hatte, in der Gegenwart anderer Leute Begriffe wie „Kokain, Drogen oder Schmuggel" auszusprechen. „Dieses Thema ist während unserer Tour passé, okay?", machte er mir mit ernstem Blick deutlich.

Unsere Herberge ist nur eine Gruppe von einfachen Hütten mit Wellblechdach, die um einen kleinen Innenhof angeordnet sind. Im Hof stehen zwei Frauen an Wasserkübeln und waschen Salat, zwischen ihren Beinen picken Hühner nach Lebensmittelresten. Es regnet noch immer unaufhaltsam, doch die beiden Frauen scheint es nicht zu stören. Ich sehe, wie eine Katze durch ein Regal neben den Frauen klettert und sich in einem der bunten Kochtöpfe schlafen legt. Wir hängen unsere durchnässten Kleider an den warmen Ofen der Küche und vergessen dabei die Tür hinter uns wieder zu schließen. Fatal, denn wenig später ertönt ein schreckliches Quieken, gefolgt von wildem

Bellen. Dann höre ich den Schrei einer Frau. Einer der Hunde ist in die Küche eingedrungen und hat zwei der Meerschweinchen gefressen, die auf dem Küchenboden gehalten werden. In Peru und Ecuador gelten Meerschweinchen nicht als Haustiere, sondern sie landen als Delikatesse im Kochtopf. In der Küche dieser Herberge wird das Essen also nicht nur zubereitet, sondern auch gezüchtet. „Wieso habt ihr die Tür nicht geschlossen, verflucht?! Die Tiere bezahlt ihr mir", braust uns der Besitzer der Unterkunft an.

Nachts beginnt es wieder zu regnen. Das Dach der Hütte scheint an einer Stelle undicht zu sein, denn auf Misaels Bettdecke landen dicke Wassertropfen. Obwohl es kalt ist und sich die Kleider klamm und feucht anfühlen, müssen wir das kleine Fenster nach draußen öffnen, denn vom Flur dringt Feuerrauch eines Holzofens in unser Zimmer. Anfangs genieße ich den würzigen Geruch, doch irgendwann ist der stickige Qualm so dicht und beißend, dass er mir beinahe den Atem raubt.

Da wir keinen Proviant mit uns führen, sind wir auf die Mahlzeiten in dieser Unterkunft angewiesen. Ein weiteres Gasthaus gibt es in diesem Dorf nicht. Noch während des Essens fühle ich, dass es ein Nachspiel haben wird, und an den folgenden Tagen bekomme ich die Konsequenzen zu spüren. In regelmäßigen Abständen springe ich vom Rad und verschwinde fluchtartig mit Toilettenpapier im Gebüsch neben der Straße. Die Weiterfahrt wird zur Tortur.

Das Wetter ist unbarmherzig, selten nur löst sich der Nebel auf und ermöglicht uns spektakuläre Blicke auf die sagenhafte Andenlandschaft. Der Anblick dieser Welt hier oben in den Wolken ist einzigartig. Wie bunte Mosaiksteinchen gruppieren sich die grünen, braunen und ockerfarbenen Anbauterrassen an den steilen Berghängen, viele davon sind nur ein paar Quadratmeter groß. Hier und da hängen Wolkenfetzen und verschleiern einen Teil der Landschaft auf geheimnisvolle Art und Weise. Wenngleich ich sehr schlecht geschlafen habe und müde bin, mir Bauchkrämpfe zu schaffen machen und uns die Strecke, der Regen und die Kälte die letzten Kräfte rauben, bin ich in diesem Moment glücklich und überfroh, hier an diesem Ort zu sein. Wir begegnen nur einigen wenigen Fahrzeugen, meist handelt es sich um ins Alter gekommene Lastkraftwagen, auf deren Pritschen mehrere Dutzend Menschen zusammengepfercht sitzen. Mit Plastikfolien schützen sie sich vor dem Regen. Freundlich winken sie uns zu,

ihren Blicken kann man entnehmen, dass sie noch nicht vielen Radreisenden mit Satteltaschen begegnet sind.

In einem Dorf legen wir eine Pause ein und gönnen unseren steif gewordenen Gliedern eine kurze Pause. „Trinkt nur, der ist selbst gemacht“, meint ein Betrunkener, der mit ausgestreckter Hand auf uns zukommt und uns eine Flasche mit stark nach Alkohol riechender Flüssigkeit vor die Nase hält. Unkontrolliert torkelt er hin und her, das Zeug scheint hochprozentig zu sein. Zwei nicht weniger nüchtern erscheinende Kollegen stehen neben ihm und versuchen, uns mit Kopfnicken zum Trinken zu motivieren. Marco, mit einem qualmenden Joint zwischen den Lippen, nimmt einen kräftigen Schluck aus der Flasche und hält sie mir hin. Ich lehne dankend ab, denn ich will mein Augenlicht behalten und bei solch selbst gebrannten Wässerchen weiß man nie, was man sich rein kippt, denke ich mir. Marco nimmt dafür noch einen weiteren Schluck aus dem Fläschchen.

Mittlerweile haben wir fast die ganze Höhe absolviert und befinden uns in dichtem Wald. Um uns herum wachsen riesige Bäume, Schlingpflanzen und Sträucher. Die Temperatur ist um gut 25 Grad Celsius höher als am Morgen, von dem heftigen Regen auf den Bergen blieb nur noch ein feiner Nieselregen übrig. Trotzdem sind Unmengen an Wasser in Bewegung, die steilen Hänge sind überzogen von zahllosen Rinnsalen und Bächen, die sich in einem wild tosenden Fluss vereinigen. Von einigen Klippen stürzen Wasserfälle, ihre aufprallenden Wassermassen legen ein kontinuierliches diffuses Rauschen über das Tal. In einer Kurve stürzt ein Wasserfall direkt auf die Straße. Hin und wieder müssen wir unsere Räder durch Schlammpfützen schieben und über Geröllberge tragen, die durch Erdrutsche auf die Straße gespült wurden. Ein äußerst mühsames und kraftraubendes Unterfangen.

Satipo ist ein wildes Dschungelstädtchen. Eine Flugverbindung existiert nur für das Militär und die Drogenpolizei. Die einzige Möglichkeit für Zivilisten nach Satipo zu kommen ist eine zehnstündige Busfahrt über einen 4 800 Meter hohen Pass. Nur wenige ausländische Touristen verirren sich hierher, dabei hat die Umgebung neben einer recht artenreichen Flora und Fauna ein paar spektakuläre Wasserfälle zu bieten. Die Straßen der Stadt werden von wild knatternden Motorradtaxis beherrscht, in der Luft schwebt ein stinkender blauweißer Abgasschleier. Geschäfte gibt es nur wenige, dafür einen bunten Markt, an dessen Ständen man alles bekommt, was das Herz begehrt. Nach den drei entbehrungsreichen Tagen in den Bergen genießen wir die Vielfalt an tropischem Obst, das hier nur wenige Cent kostet. Papayas, Goyabas und Mangos, Bananen – frisch geerntet und zuckersüß. Ich kann förmlich spüren, wie die Vitamine meinem ausgemergelten Körper wieder neue Kraft verleihen.

Sonnenuntergang bei La Serena, Chile

Lamas überqueren die Straße bei Salinas Grandes, Argentinien

Marktbesucherin in Uyuni, Bolivien

Bootsfahrt auf dem Titicaca-See, Bolivien

Begegnung mit Holzsammler in den peruanischen Anden

Begegnung mit Dorfbewohnern in den peruanischen Anden

Urus auf den schwimmenden Inseln des Titicaca-Sees, Bolivien

Am La Raya Pass, Peru

Gegenverkehr in den peruanischen Anden

Salar de Uyuni, Bolivien

Laguna Quilotoa, Ecuador

Yungas-Straße, Bolivien

Machu Picchu, Peru

Zuckerrohrplantage bei Popayan, Kolumbien

Frauen in Honduras

Kontrolle meiner Gepäckstücke durch die Militärpolizei, Mexico

Skorpion, Nordperu

Handgemachte Tortilla, Mexico

Morgenstimmung in der mexikanischen Wüste

Sonnenaufgang über dem Golf von Kalifornien, Mexico

Bay Bridge in San Francisco, USA

Golden Gate Bridge in San Francisco, USA

Pelikane an der kalifornischen Pazifikküste, USA

Schneefeld beim Crater Lake, Oregon, USA

Frühstück in der Baja California, Mexico

Pazifikküste in Nordkalifornien, USA

Idaho, USA

Auf dem Logan Pass (2026m NN) in Montana, USA

Going to the Sun Road im Glacier National Park, USA

AUF DEM DACH DER WELT

Bereits am folgenden Tag kehren wir per Bus wieder nach Huancayo zurück. Eigentlich hatten wir geplant, mehrere Tage in Satipo zu bleiben, doch mein Verhältnis zu Marco ist angespannt. Immer häufiger geraten wir in Streit, da er es als selbstverständlich ansieht, dass ich für ihn bezahle. Mir platzt der Kragen, als er mich bittet, ihm Geld für eine Flasche Rum und für Marihuana zu geben. Als er mir irgendwann erzählt, dass man den Stoff hier viel günstiger bekommt als in Huancayo, wird mir klar, weshalb er den Trip überhaupt unternommen hat.

Ich setze meine Fahrt nach Norden alleine fort. Streitsüchtige Hunde, Höhenluft, Hagel und Temperaturen um den Gefrierpunkt kosten mich bereits am ersten Tag nach dem Aufbruch die letzten Reserven. Ich bin fix und fertig. An einem Anstieg werde ich von einem Kleinlaster überholt, die Fensterscheibe auf der Beifahrerseite ist heruntergelassen. Als der Wagen an mir vorbeizieht, ertönt ein gellender Schrei: „Ey, Gringo!" Ich zucke zusammen und höre, wie sich zwei Männer über meinen Schreck amüsieren. „Dummköpfe", rufe ich ihnen hinterher, aber was hilft das denn. Wenig später werde ich am Rücken von einem Gegenstand getroffen. Ich bin mir nicht sicher, ob es sich um einen vom Reifen eines vorbeifahrenden Autos aufgewirbelten Stein handelt oder ob der Beifahrer etwas auf mich geworfen hat. Ich habe die Nase gestrichen voll, die Nerven liegen blank. Meine Motivation nähert sich allmählich dem Nullpunkt. Die zähnefletschenden Hunde treiben mir ständig Adrenalin ins Blut und jetzt auch noch die Anfeindungen von Menschen.

Ausgerechnet an diesen Tagen fahre ich durch La Oroya und Cerro del Pasco, zwei der trostlosesten Orte, die ich jemals gesehen habe. La Oroya zählt zu den zehn am meisten verseuchten Städten weltweit. Der industrielle Abbau von Blei durch amerikanische und kanadische Minengesellschaften hat die Erde und das Grundwasser schwer verseucht, die Konzentration dieses Schwermetalls im Blut von 99 Prozent der Kinder unter zehn Jahren liegt über dem Grenzwert. Der giftige Stoff führt bei Kindern und Jugendlichen zu Entwicklungsstörungen, insbesondere zu einer verminderten geistigen Leistungsfähigkeit. Grau und trostlos starren die umgebenden Berghänge auf die Stadt herab, in der Talmitte steht ein riesiger schwarzgrauer Kamin, aus dem jahrelang gesundheitsschädliche Abgase einer Metallschmelze austraten und die Einwohner krank machten. In den Straßen begegne ich einigen Menschen mit körperlichen Missbildungen, der Anblick treibt mir beinahe Tränen in die Augen.

Cerro del Pasco, etwa 120 Kilometer nördlich von La Oroya, ist mit 4 338 Metern über dem Meeresspiegel die höchste und zugleich die wahrscheinlich hässlichste Stadt der Welt. Ihre Häuser reihen sich um ein zwei Kilometer langes, ein Kilometer breites und 350 Meter tiefes Loch einer Silbermine, das sich von hausgroßen Baggern und Raupen angetrieben immer tiefer in die Erde frisst. Stacheldrahtbestückte Sichtschutzzäune verwehren den Blick in den gewaltigen Erdschlund, Fotografier-Verbotsschilder deuten darauf hin, dass der Betreiber der Mine sich nicht über die Schulter schauen lassen möchte. Was gibt es denn da zu verbergen?

Ich beziehe eine Herberge in der merkwürdigen Stadt. Als ich meine Taschen vom Fahrrad nehme, um sie nach oben zu tragen, höre ich einen lauten Schlag hinter mir, gefolgt von einem Gebrüll. Erschrocken drehe ich mich um und sehe zwei Männer wild aufeinander einprügeln, einer der beiden Kerle geht zu Boden. Hektisch renne ich ins Haus und verschanze mich in meinem Zimmer. Durch die

Fensterscheibe dringen die Schreie der beiden in meinen Raum. Ich blicke hinaus und sehe eine Gruppe von Schaulustigen, wie sie im Kreis um die beiden Querulanten stehen. Ein Polizist kommt herbeigerannt und verschafft der Situation mit seinem Gummiknüppel Ruhe. Eine halbe Stunde später höre ich wieder Schreie und schaue nach draußen. Dieses Mal sehe ich, wie ein Mann gegen zwei Hunde kämpft. Kurz davor loszuheulen ziehe ich mir die klatschnassen Klamotten vom Leib und lasse mich aufs Bett fallen. Es reicht, ich kann und will nicht mehr. Wo bin ich da hineingeraten? Ich schließe die Augen und fühle, wie diese Eiseskälte meinen Körper durchdringt, spüre den peitschenden Regen und den Hagel auf meiner Haut, höre das wilde Bellen der aggressiven Bestien und den Schrei des Vollidioten aus dem vorbeifahrenden Wagen. Ich sehe die traurigen Gesichter der Menschen in ihren heruntergekommenen Behausungen vor mir, die Berge von Müll. Welche Chancen hat ein in dieser trostlosen Welt geborener Mensch, nicht in Verbitterung und Unmut zu enden? Angesichts der in den Minen erwirtschafteten Profits müssten die Menschen hier eigentlich wohlhabend sein, doch der größte Teil der Gewinne wandert mit den abgebauten Rohstoffen ins westliche Ausland und lässt lediglich verarmte und verkrüppelte Menschen in einer giftigen und verseuchten Umgebung zurück. Es klopft an meiner Tür, ich öffne und der Besitzer der Herberge reicht mir einen

Eimer mit warmem Wasser. „Es gibt leider keine Dusche in diesem Haus, aber hiermit kannst du dich waschen." Dankend nehme ich den Eimer entgegen und tauche meine durchgefrorenen Füße hinein.

Ich beschließe, am folgenden Tag das Andenhochland zu verlassen und meine Fahrt entlang der Pazifikküste fortzusetzen, so sehr ich auch die Berge mag und gerne in der Höhe bleiben würde. Ich werde dadurch zwar auf die Fahrt durch die wunderschöne Cordillera Negra und die Cordillera Blanca verzichten müssen und dafür tagelang durch eine öde Wüstenlandschaft fahren, doch ich kann die eisige Kälte und die Hagel- und Regenschauer nicht mehr länger ertragen. Laut Wetterbericht erwarten mich 200 Kilometer westlich von meinem momentanen Standort täglich sonnige und trockene 35 Grad Celsius, ich kann es kaum erwarten, bald wieder Sonnenstrahlen auf meiner Haut zu spüren.

Durch ein verlassenes Tal führt mich der Weg nach einer zweitägigen Abfahrt hinab zur Küste. Immer wieder muss ich absteigen und mein Fahrrad durch tosende Flüsse tragen, deren Wassermassen sich hier und da über die Straße ergießen. Kondore schrauben sich zwischen den steilen Felswänden behäbig nach oben. So hässlich die Tiere am Boden erscheinen, so majestätisch sind sie im Flug mit ihren bis zu drei Meter großen ausgebreiteten Schwingen. Zahlreiche Thermalquellen dampfen links und rechts der

Straße, heißes Wasser rinnt an vielen Stellen den felsigen Berghang hinab und stellt eine perfekte Gelegenheit dar, meine steif gefrorenen Finger und Zehen von Zeit zu Zeit aufzutauen. Innerhalb nur eines einzigen Tages gelange ich von einer mit Schneefeldern durchzogenen bizarren Felslandschaft über saftig grüne Almen, Paprikaplantagen und Zuckerrohrfelder in die fast leblose Wüste. Haushohe Sanddünen empfangen mich bereits aus weiter Ferne, wenige Kilometer dahinter wartet der tiefblaue Pazifik.

Life can be so easy![21] Ich kann es kaum glauben, wie einfach und unbeschwert es in den folgenden Tagen vorwärtsgeht, ohne Regen oder Wind und mit ausreichend Sauerstoff in den Lungenflügeln. Und die Hunde erst! Gelangweilt liegen sie faul am Straßenrand und ignorieren mich einfach. Selten hebt mal einer den Kopf, doch nur, um ihn dann gleich wieder träge auf die Straße sinken zu lassen. Es dauert einige Tage, bis ich mich an die subtropischen Temperaturen

[21] *Engl.: Das Leben kann so einfach sein!*

gewöhnt habe, selbst nachts bleibt das Thermometer bei gefühlten 25 Grad Celsius hängen. Tagelang fahre ich durch eine zauberhafte Wüstenlandschaft, deren Sandhügel mich an die Sahara erinnern.

Mitten in dieser Einöde, auf einem gut 15 Kilometer langen kurvenlosen Straßenstück, passiere ich Guillermo. Der vollständig in weiß gekleidete Kolumbianer ist seit dreieinhalb Jahren zu Fuß unterwegs, auf seinem Kopf trägt er ein Drahtgestell in Form der drei Buchstaben „PAZ", das spanische Wort für Frieden. „Ich bin fast schon wieder zu Hause, nur noch ein halbes Jahr, dann erreiche ich meine Heimatstadt Cali wieder", meint er, als wir uns über unsere Reisen unterhalten. Von Medellín in Kolumbien wanderte er nach Sao Paulo in Brasilien, Buenos Aires in Argentinien, Santiago de Chile und dann wieder zurück. 20 000 Kilometer in viereinhalb Jahren. „Wenn ich mit Südamerika fertig bin, durchquere ich Europa und dann Afrika." Ich bin beeindruckt, per Fahrrad sind die gigantischen Distanzen zwischen den Städten bereits eine große Herausforderung bezüglich der Beschaffung von Wasser und Lebensmitteln, doch zu Fuß ist alles noch viel schwieriger. „Ich gehe rund 30 Kilometer pro Tag, in extrem dünn besiedelten Gebieten muss ich mich darauf verlassen, dass mich Auto- und Lastwagenfahrer versorgen. Doch das war bisher noch kein Problem, die Leute sind sehr großzügig zu mir." Er öffnet seine Gürteltasche und wühlt in einem Stapel Papierfotos herum. „Wenn du durch Trujillo fährst, dann lege bitte einen Stopp bei Lucho im Casa de Ciclistas ein und gib ihm dieses Foto. Sag ihm, dass ich in etwa acht Tagen bei ihm ankomme. Er kennt mich gut, wir sind seit langer Zeit Freunde.“

Wenige Tage später lerne ich Lucho persönlich kennen. Ich beschließe, ein paar Ruhetage in seiner Radlerherberge in Trujillo einzulegen, einerseits wegen meiner müden Beine, andererseits, um mal wieder unter Menschen zu sein und etwas Abstand zum Fahrrad zu bekommen. In der Herberge empfangen mich 17 Radfahrer, allesamt auf Tour durch Südamerika. Manche sind nur wenige Tage unterwegs, andere hingegen haben ihre Heimat vor mehreren Jahren verlassen. Zum ersten Mal wird mir bewusst, auf welch unterschiedliche Weisen man ein solches Unternehmen durchführen kann und wie inhomogen die Gruppe der Fahrradreisenden ist. Michael aus Minnesota ist der Minimalist unter den Radlern in der Herberge, er fährt von Mexico City mit einem einfachen Herrenrad bis Lima. Auf seinem hinteren Gepäckträger klemmt ein selbst genähter Rucksack in einem Einkaufskorb aus Plastik. Ein Zelt hat der vollbärtige Student mit Hornbrille nicht dabei, nur eine Hängematte mit Regenplane. Zum Kochen verwendet er eine aufgesägte Bierdose, die Anleitung dafür fand er im Internet. Batiste aus Frankreich ist hingegen auf einem

Hightech-Gerät unterwegs, in seinen regendichten Packtaschen befinden sich Spiegelreflexkamera und Laptop, auf dem Lenker sitzt ein GPS-Empfänger. Eine Gruppe von sechs Musikanten aus Osteuropa ist ebenfalls unter den Gästen, sie haben sich vor zwei Jahren auf den Kanarischen Inseln kennengelernt und ziehen seitdem mit ihren Fahrrädern musizierend um die Welt. Sie haben Lieder auf Polnisch, Tschechisch und Spanisch in ihrem Repertoire. Meist schlafen sie bis in den Nachmittag hinein und gehen dann abends zum Geldverdienen auf Tour. Mit dem Instrument unterm Arm läuft der Gitarrist der Band immer wieder durch die Flure des zweistöckigen Gebäudes und versucht, Inspiration für ein neues Lied zu bekommen. Seine Melodiefetzen lassen bereits ein Lied erahnen.

Lucho führt eine Statistik über alle Radfahrer, die bisher in seiner Herberge zu Gast waren. Seit der Eröffnung im Jahre 1986 waren es über 1 800, die meisten von ihnen stammen aus Europa, den USA und Australien. Ich blicke in eines der zahlreichen Gästebücher im Aufenthaltsraum, in denen Lucho sich seine Gäste verewigen lässt. Einige haben Zeichnungen und Fotos in dem Buch hinterlassen, andere beschreiben besondere Ereignisse während ihrer Tour oder Gedanken, die ihnen unterwegs gekommen sind. Die Einträge sind fast alle auf Spanisch, hin und wieder finden sich auch Abschnitte in anderen Sprachen. Eine Seite ist gefüllt mit chinesischem Text, gerne wüsste ich, was sich hinter den geheimnisvollen Zeichen verbirgt. „Ich will erleben und verstehen, wie die Menschen denken, wie sie ihre Unternehmung organisieren und was sie dazu motiviert", antwortet mir Lucho, als wir abends bei einem Bierchen zusammensitzen und ich ihn frage, weshalb er die Herberge führt. Lucho erzählt mir von Heinz Stücke, einem langjährigen Freund aus Deutschland. Heinz ist so etwas wie die Koryphäe unter den Radreisenden, sozusagen der Anführer der gesamten Radelnation. 1962 begann er seine Radreise in Hövelhof in Nordrhein-Westfalen und kehrte danach nie wieder nach Deutschland zurück. Seitdem radelt er ununterbrochen um die Welt. In den letzten 50 Jahren legte er über 600 000 Kilometer zurück, die meisten davon auf demselben Rad. Mehrere Male war er schon in Luchos Herberge, an der Wand im Flur hängen zahlreiche Fotos von seiner Reise. Die Bilder sind sagenhaft, jedes einzelne davon erzählt eine eigene Geschichte.

In der Herberge treffe ich auch Sam und Ben aus Kalifornien. Die beiden sind vor drei Monaten in Ushuaia, am südlichsten Zipfel Argentiniens gestartet und wollen in drei Wochen in Ecuadors Hauptstadt Quito sein, um von dort wieder nach Hause zu fliegen. Wir planen, die drei folgenden Wochen zusammen zu fahren, da Quito ebenfalls auf meinem Weg liegt. „Fahrt auf gar keinen Fall durch Paijan, da werdet ihr garantiert überfallen", warnt uns Lucho, als wir unsere Räder für die Weiterfahrt richten. Die Stadt an der Küste Nordperus hat eine der schlimmsten Kriminalstatistiken des Landes. Bewaffnete Teenager verteilen Metallkrampen auf der Durchgangsstraße und rauben die Fahrer der am Straßenrand zum Stillstand gekommenen Fahrzeuge anschließend aus. „Es kann euch passieren, dass ein Vierzehnjähriger mit Knarre vor euch steht und vor Zittern auf den Abzug drückt", fügt er hinzu. Mehrere Dutzend Radler wurden bereits Opfer dieser Gangs, in einem Fall war sogar ein Polizist verwickelt und deckte die Täter. Mittlerweile bietet die Polizei einen kostenlosen Begleitschutz für Radfahrer an. Man meldet sich telefonisch bei der Wache und wird rund 50 Kilometer vor Paijan von einem Polizeiwagen abgeholt. Für mehrere Stunden wird man dann von einem bewaffneten Fahrzeug begleitet, bis man sich etwa 50 Kilometer hinter Paijan wieder in einer einigermaßen sicheren Gegend befindet. Lucho zeigt mir einen Polizeibericht inklusive Foto der Täter. Danach wollte ein Fahrradfahrer aus Mexico den Begleitschutzdienst in Anspruch nehmen, die Polizei konnte an dem Tag aber keinen Wagen zur Verfügung stellen. Der Radfahrer entschied sich dazu, die Stadt ungeschützt zu durchfahren und wurde dabei überfallen. Mit einer Motorrikscha wurde er von der Straße abgedrängt und stürzte in den Seitengraben. Zuerst dachte er an einen Unfall, doch als drei bewaffnete Jugendliche aus dem Fahrzeug ausstiegen und ihm seine gesamte Ausrüstung abnahmen, wurde ihm klar, dass er

Opfer eines Raubüberfalls war. Glücklicherweise blieb er unverletzt und seine Gegenstände konnten noch am selben Tag von der Polizei sichergestellt werden.

Uns erscheint die Prozedur der Polizeieskorte etwas umständlich, wir setzen uns daher in den Bus nach Pacasmayo, eine Stadt nördlich von Trujillo mit ausreichend Sicherheitsabstand zu Paijan. Durch die verkratzten Seitenscheiben des uralten Fahrzeuges blicke ich in die Gassen dieses schrecklichen Ortes, der schon für viele Fahrradfahrer zur Endstation ihrer Reise wurde. Mich überkommt ein schauriges Gefühl, da die Stadt völlig normal ausschaut, wie jede beliebige andere Stadt in Nordperu, durch die ich bisher gefahren bin. Gibt es noch weitere Orte dieser Art auf meiner Strecke, von denen ich bisher nur nichts weiß?

Ich bin sehr froh über die zeitweilige Gesellschaft von Ben und Sam, nicht nur, weil ich mich mit ihnen sicherer fühle, sondern auch, weil wir uns bestens verstehen und ich es nach der langen Zeit alleine besonders schätze, mich mit anderen Menschen austauschen zu können. Es fühlt sich wunderbar an, sich während des Fahrens unterhalten zu können, gemeinsam zu rasten, im Windschatten zu fahren und abends bei einem Bierchen den Tag Revue passieren zu lassen. Bisher blieb mir zur Verarbeitung nichts anderes übrig, als meine Gedanken und Gefühle in meinem Tagebuch niederzuschreiben oder ab und zu mit Freunden und Familie in Deutschland zu telefonieren. Glücklicherweise sind wir auch konditionell auf dem gleichen Niveau und fahren einen sehr ähnlichen Rhythmus.

„KEIN WORT DARÜBER ODER IHR WERDET ES BITTER BEREUEN“

Ich bin nun schon fast vier Monate unterwegs, es ist Anfang Februar und auf meinem Kilometerzähler stehen 8 500 Kilometer. Abgesehen von dem Verlust meiner Dokumente und einigen technischen Pannen kam ich bisher bestens voran und fühle mich auch körperlich topfit. Bis zur Grenze Ecuadors ist es nicht mehr weit, auch Kolumbien rückt langsam in Reichweite. Ich stelle mir vor, wie es wohl gerade in Deutschland aussehen mag. Der Himmel ist trüb und dunkel, es weht ein kalter Wind. Mich überkommt Gänsehaut, als ich an das charakteristische Geräusch denke, das ein Eiskratzer beim Entfernen von Frost auf der Auto-Windschutzscheibe erzeugt. Unter gar keinen Umständen will ich dort in den nächsten Wochen sein, die Vorstellung von grauem Schneematsch am Straßenrand ist abscheulich. Wieso also nicht einfach noch ein paar Monate weiterfahren? Im Moment gibt es keinen Grund, die Reise zu beenden, zumal ich bezüglich meines Visums für Brasilien bisher noch nichts gehört habe und daher eine Rückkehr nach Rio de Janeiro momentan noch nicht möglich ist.

Allmählich gelangen wir zur ecuadorianischen Landesgrenze. Im Vergleich zu der trockenen und staubigen Wüstenregion weiter südlich scheint hier wieder etwas mehr Wasser zur Verfügung zu stehen. Wir passieren zahlreiche überflutete Reisfelder. Altertümlich anmutende Traktoren mit riesigen Metallreifen fahren durch die künstlichen Seen, auf deren Oberflächen sich das Abendrot des Himmels spiegelt. Die Gegend wirkt friedlich und idyllisch, beinahe schon kitschig. In Anbetracht dieser vermeintlichen Harmonie fällt es uns schwer zu glauben, dass hier angeblich kriminelle Banden ihr Unwesen treiben. Doch schon bald wird diese Gefahr lebendig …

Wie in vielen anderen Ländern Lateinamerikas herrscht auch in Ecuador eine große soziale Ungerechtigkeit. Nur etwa 20 Prozent der Bevölkerung erzielen 58 Prozent des Nationaleinkommens, jeder siebte Einwohner lebt von weniger als einem US-Dollar pro Tag. Neben Bodenschätzen ist es hauptsächlich der Export landwirtschaftlicher Produkte, auf dem die Wirtschaft fußt. Das Land am Äquator bietet perfekte klimatische Anbaubedingungen für verschiedenste Pflanzen und Früchte. Neben Bananen sind vor allem Schnittblumen bedeutende Exportgüter des Landes, über 100 000 Tonnen werden davon jährlich exportiert. Die hohe Wettbewerbsfähigkeit ecuadorianischer Produkte am Weltmarkt wird jedoch mit schlechten Arbeitsbedingungen der Arbeiter erkauft, die den Unternehmen häufig bedingungslos ausgeliefert sind. Geringe Gehälter, Bezahlung nach Akkord, hohe Belastungen durch Pestizide, lange

Arbeitszeiten sowie das Verbot von Gewerkschaften halten die Produktionskosten auf einem Minimum.

Wir überqueren die Grenze zu Ecuador. Nur wenige Kilometer dahinter geht's gleich richtig zur Sache. Geschätzte 15 Prozent Steigung und 35 Grad Celsius treiben mir den Schweiß durch die Poren. Die stickige Tropenluft ist nicht auszuhalten, mein Kopf pocht wie wild. Die Landschaft hingegen ist sagenhaft schön. An der Südseite eines mit tropischen Pflanzen bewachsenen Berges schrauben wir uns in Serpentinen den schneeweißen Schönwetterwölkchen entgegen. Auf saftig grünen Wiesen in größeren Höhen grasen Lamas und Alpakas. Allmählich taucht das peruanische Flachland unter uns ab, in der Ferne glitzern noch ein paar Reisfelder am Horizont. Die Hitze und die hohe Luftfeuchtigkeit in Kombination mit der Anstrengung der steilen Auffahrt sind verdammt schweißtreibend, unsere Klamotten triefen. Wir legen daher eine Pause ein und hängen unsere T-Shirts über das Tor eines Weidezauns in die Sonne.

Gerade als ich mir ein saftiges Stück honigsüßer Mango in den Mund schiebe, ertönt ein fürchterliches Quietschen und ein Kleinwagen schießt um die enge Kurve. Es scheint, als hätte der Fahrer die Kontrolle über sein Fahrzeug verloren, denn er gerät auf die Gegen-fahrspur, korrigiert danach jedoch wieder seine Bahn und verschwindet mit heulendem Motor in dem kleinen Wäldchen über uns. Kurz darauf folgt ihm ein tarnfarbener Lastwagen mit einer nicht viel geringeren Geschwindigkeit, auf der Pritsche sitzen mehrere bewaffnete Soldaten in Uniform. Was war denn das? Verwirrt und ungläubig blicken wir uns an. Dann kommt der Kleinwagen plötzlich wieder aus dem Wäldchen zurück, macht eine Vollbremsung und bleibt vor uns stehen. Unter dem Fahrzeug quillt grauer Rauch hervor, es riecht nach verbranntem Gummi. Der Fahrer steigt aus und rennt auf das Tor des Weidezauns zu, auf dem unsere verschwitzten T-Shirts trocknen. Der Mann ist klein und schmächtig, gepflegt gekleidet und trägt eine matt-schwarze Melone. Nervös versucht er, das mit Stacheldraht versehene Tor zu öffnen, doch seinen zittrigen Händen will es nicht auf Anhieb gelingen. Wir gehen auf ihn zu, nehmen unsere Klamotten vom Tor und helfen ihm beim Öffnen. Aufgebracht rennt er wieder zurück zu seinem auf der Straße stehenden Wagen und versucht, den mittlerweile ausgegangenen Motor erneut zu starten. Der Anlasser ächzt eine Weile, doch die Maschine will nicht anspringen. „Könnt ihr mir helfen, den Wagen auf die Wiese zu schieben?“, ruft er uns zu und hält sich mit der einen Hand am Türrahmen und mit der anderen am Lenkrad fest. Zu viert stoßen wir das Auto durch das Tor des Weidezauns. Schnell gewinnt der Wagen aufgrund des dahinter abfallenden Geländes an Fahrt, nur mit Mühe gelingt es dem Mann, wieder auf den Fahrersitz zu springen und die Fahrertür zu schließen. Dann verschwinden Auto und Fahrer hinter einem Gebüsch. Ein gellender Schlag ertönt plötzlich aus der Richtung, in die das Fahrzeug verschwunden war. Es klingt, als wäre er gegen ein Hindernis geprallt. Ich blicke in Bens Gesicht, aus seinen Augen sprechen Belustigung und Furcht zugleich. Als der Typ mit blutverschmierter Stirn zurückkommt, wird uns mulmig. „Ist Ihnen etwas passiert? Benötigen Sie Hilfe?", ruft Sam besorgt. Doch er antwortet nicht auf die Frage, wortlos kommt er auf uns zu. Wie versteinert bleibt er einen Moment stehen, blickt uns drohend an und hält den ausgestreckten Zeigefinger vor seine gespitzten Lippen, so, als wolle er damit sagen: „KEIN Wort darüber oder ihr werdet es bitter bereuen! Habt ihr das verstanden?" Meine Güte, haben wir etwa einem Autodieb geholfen, seine Beute zu verstecken? Oder hat er das Auto dazu verwendet, um etwas oder jemanden darin verschwinden zu lassen? Und waren wir nicht nur Zeuge, sondern machten wir uns ungewollt zu Komplizen?

Ein Moped kommt aus dem Wäldchen. Der Fahrer bremst abrupt und kommt neben uns zum Stillstand. „Jetzt haben wir ein Problem", sagt er und deutet auf den Mann mit dem blutverschmierten Gesicht. „Was ist das Problem?", frage ich ihn. „Ihr habt nichts gesehen und nichts gehört, verstehen wir uns?", meint er mit mahnendem Blick. Ängstlich nickend gehen wir zu unseren Rädern zurück und fahren in den Wald, aus dem die beiden Fahrzeuge gekommen waren. Was führen die beiden im Schilde? Panisch versuchen wir, uns schnellstmöglich vom Ort des Geschehens zu entfernen, doch die Straße steigt nach wie vor steil an. Unsere Herzen überschlagen sich fast vor Anstrengung und Aufregung, obwohl wir nur sehr langsam vorankommen. Hinter dem Wald passieren wir ein frei stehendes Wohnhaus. Der tarnfarbene Lastwagen parkt auf der Straße davor, die bewaffneten Soldaten haben das Gebäude umstellt. Zwei von ihnen sind gerade dabei, über ein Fenster in das Haus einzusteigen. Die Szene verschlägt uns fast den Atem, wir haben das Gefühl, in einem Kriegsgebiet zu sein. Was machen wir jetzt? Wollen wir der Militärpolizei von dem Vorfall mit dem Auto erzählen oder wollen wir besser die Klappe halten? Obwohl es uns widerstrebt, nicht im Sinne der Gerechtigkeit zu handeln, fahren wir wortlos an dem Haus vorbei. Der Gedanke, durch eine Zeugenaussage mit einer kriminellen Bande ins Gehege zu kommen, lässt mir vor Angst das Blut in den Adern gefrieren. Eine Flucht per Fahrrad ist ausgeschlossen, uns aus dem Weg zu räumen, wäre deshalb recht einfach. Wir entscheiden uns daher, die Gegend so unauffällig wie möglich und auf schnellstem Wege zu verlassen, und die Fahrt im dichter besiedelten Küstenflachland statt in dieser fast menschenleeren Bergregion fortzusetzen. Vom Flachland trennt uns jedoch noch ein 2 000 Meter hoher Pass. Es geht noch einmal steil bergauf. Jeder fährt seinen eigenen Rhythmus. Ich fahre eine Zeit lang alleine vorneweg, höre Musik und betrachte die sagenhafte Landschaft. Schon fast in Trance versunken überholt mich kurz vor der Passhöhe ein Kleinlaster, im Rückspiegel sehe ich zwei Männer im Fahrzeug sitzen. Sie fahren nur geringfügig schneller als ich, der Beifahrer schaut neugierig aus dem Fenster. Ein paar Meter vor mir zieht der Laster rechts ran und hält. Die Türen springen auf, zwei Männer steigen aus dem Fahrzeug und kommen mir entgegen. Mir wird unbehaglich, als ich den Holzknüppel in der Hand des Beifahrers sehe. Oh mein Gott, was macht der Typ denn nur mit dem Stock, ist der etwa für mich vorgesehen? Gibt's jetzt Prügel? Hat das etwas mit dem Vorfall heute Morgen zu tun? Panik macht sich in mir breit, mein Herz springt mir fast aus dem Brustkorb. Doch dann geschieht etwas, womit ich nicht im Geringsten gerechnet hätte. Der Fahrer greift sich an seinen Hosenladen, öffnet den Reißverschluss und pinkelt neben den Lastwagen ins Gras. Der Beifahrer geht von Rad zu Rad und schlägt mit dem Holzstock dagegen, wahrscheinlich um Luftdruck und Reifenzustand zu checken. Ich kann es nicht fassen, ich versuche mein Grinsen zu unterdrücken, doch es platzt einfach aus mir heraus. Ich kann nicht mehr! Mein mittlerweile herzhaftes Lachen raubt mir fast die Luft zum Atmen. Welch groteske Situation!

Mir wird bewusst, wie sehr die Stimmung von wenigen

einzelnen Erlebnissen beeinflusst wird und wie schnell man dazu neigt, von dem einen auf das andere zu schließen. Ich werde meine weitere Reise nicht genießen können, wenn ich dieser krampfhaften Verfolgungsangst nicht bald Einhalt gebiete. Natürlich sind wir hier einem erhöhten Sicherheitsrisiko ausgesetzt und sollten daher wachsam bleiben, doch ich muss meine innere Verkrampfung loswerden. Erleichterung kehrt ein, als Sam und Ben um die Ecke biegen und wir wieder zusammen fahren.

Eine schmale Schotterstraße bringt uns am folgenden Tag hinab ins ecuadorianische Küstenflachland. Die Berghänge sind steil und dicht bewaldet, weiter unten erwarten uns Bananen-, Mango- und Kakaoplantagen. Wir kommen zu einer kleinen Farm mit einem Restaurant direkt an der Straße. Sowohl der Gästebereich als auch die Küche befinden sich im Freien, lediglich ein altes Wellblechdach schützt vor Sonne und Regen. Zwei Frauen sind gerade beim Kochen, ein Mann spült Geschirr. „Cuy sabroso!“[22], ruft der Mann, als er uns sieht. „Ven aqui!“[23] Winkend läuft er auf uns zu und sagt lächelnd: „Ihr habt bestimmt Hunger, stellt eure Räder hier unter den Baum und setzt euch an diesen Tisch, ich bediene euch gleich.“

Georgy diente in der ecuadorianischen Armee lange Zeit als Fallschirmspringer, ist nun aber schon seit einigen Jahren im Ruhestand und betreibt seither diese Kakao-

[22] *Span.: Leckeres Meerschweinchen!* [23] *Span.: Kommt her!*

und Bananenplantage mit Restaurant. „Ihr könnt gerne in unserem Haus übernachten, wir haben eine Extra-Etage mit zwei Betten und genügend Raum für eure Fahrräder", meint er, als er drei Teller mit gegrillten Meerschweinchen auf den Tisch vor uns stellt. Er fügt hinzu: „Heute Abend gehen wir noch auf ein Grillfest ins Nachbardorf, ihr könnt gerne mitkommen." Wieder überkommt mich einen Anflug von Misstrauen. Meint er es gut mit uns oder ist seine Freundlichkeit nur vorgespielt und in Wirklichkeit ist es die Masche eines hinterhältigen Plans? Wir können es nicht wissen, weder sein Verhalten noch sein Aussehen lassen darauf schließen. Es bleibt uns also nur die Möglichkeit, unserem inneren Gefühl zu folgen. Wir setzen uns an den Tisch und beginnen an den armen Tieren zu nagen. Der Anblick ist herzzerreißend, zwischen frittierten Kartoffeln liegt ein totes Meerschweinchen samt Kopf und Füßen. Platt gedrückt streckt es alle viere weit von sich. Es scheint, als wäre es unter einen Lastwagen geraten und hätte dann mehrere Tage in der Sonne gelegen. Lediglich die Augen und die Innereien wurden dem Tier entfernt, Zähne, Ohren und Krallen befinden sich noch immer an dem leblosen Körper mit dem weit aufgerissenen Maul. Wenngleich der Anblick verstörend ist, das Fleisch schmeckt hervorragend, es könnte für meinen Geschmack vielleicht etwas weniger fettig sein. Traurig ist nur, dass an dem Vieh nicht viel dran ist, es besteht größtenteils aus Haut und Knochen.

Wir unterhalten uns lange mit Georgy und seiner Frau, er erzählt uns von seiner Zeit bei der Armee und von der Leidenschaft für die Farm. Auf die Einkünfte der Farm ist er

nicht mehr angewiesen, für ihn ist es lediglich Hobby. Pflanzen anzubauen, sie zu pflegen und Früchte zu ernten, ist für ihn fast so schön, wie Kinder machen, meint er scherzhaft. Er träumt von einer Reise nach Europa, schwärmt von Italien, Frankreich und Deutschland. Bisher kam er über Ecuador und Nordperu nicht hinaus, doch irgendwann will er sich diesen Traum erfüllen.

Nach Sonnenuntergang steigen wir auf die Pritsche seines Lastwagens und fahren mit ihm, seiner Frau und seiner Tochter zu der Feier. Die Luft ist immer noch stickig heiß, der Fahrtwind im Gesicht sorgt endlich für etwas Abkühlung. Es ist fast vollständig dunkel, lediglich im Westen tauchen die letzten Reste des Sonnenlichts den Horizont in ein schwach leuchtendes Abendrot. Neben Pflanzensetzlingen und zwei Mülltonnen sitzen wir eng aneinander gekauert auf der Ladefläche des Lastwagens, Schlaglöcher in der Fahrbahn machen die Fahrt zu einem wilden Ritt. In einem Wäldchen hält er unerwartet an und befiehlt: „Könnt ihr bitte den Müll aus den Tonnen in den Wald schmeißen?" Ich traue meinen Ohren nicht, als ich auf die mit Plastikflaschen, Plastiktüten und Konservendosen gefüllten Kübel blicke. Das geht doch nicht, denke ich mir! „Ja, die beiden Tonnen, kippe sie einfach über die Planke der Ladefläche, wir laden unseren Müll immer hier ab." Schweren Herzens befolge ich seine Anweisungen und lasse den Inhalt der Mülltonnen in den Straßengraben gleiten, der bereits mit Kunststoff-, Metall und Glasabfällen gefüllt ist. Ich kann es kaum fassen, welch Schweinerei ich da gerade anrichte. Für mich Westeuropäer grenzt dieser Akt an ein Verbrechen, doch wenn ich die Anweisung nicht befolge, dann wird Georgy es wohl selbst tun, so, wie es hier einfach üblich ist.

In dem Nachbardorf geht es sehr lebendig zu, die gesamte Einwohnerschaft scheint auf der Straße zu sein. Auf Stühlen und Hockern sitzen die Menschen am Straßenrand oder sie stehen in kleinen Grüppchen beieinander und unterhalten sich. Hier und da werden Würste und Fleischstücke über rot glühenden Holzkohlen gebrutzelt. Aufsteigender Rauch verbreitet einen gemütlichen Feuerduft zwischen den Häuschen. Es wird viel geredet und gelacht, die Menschen scheinen sich gut zu amüsieren. „Ich habe drei Gringos mitgebracht", ruft Georgy lauthals, als wir vom Wagen steigen und uns zu seinen Bekannten setzen. Es dauert nicht lange und wir sind umringt von Neugierigen, die vom Anblick unserer Bleichgesichter offenbar sehr überrascht sind. Einige von ihnen sind sehr redselig, andere hingegen blicken uns den ganzen Abend wortlos an. Großzügig reicht man uns Bier, Fleisch und Brötchen, zum Nachtisch gibt's Kuchen und zuckersüßen Pudding. „Tiene Facebook?"[24], fragt uns ein Junge, nachdem er uns eine Weile verlegen musterte. „Klar", antworte ich und gebe ihm unsere Kontaktdaten. Das Social Network ist mittlerweile in allen Ländern Südamerikas angekommen, selbst in den entlegensten Winkeln verfügen fast alle über einen Account. Den ganzen Abend stehen wir im Mittelpunkt, nur selten wurde mir in meinem bisherigen Leben an einem einzigen Tag so viel Aufmerksamkeit zuteil wie an diesem. Die Leute interessieren sich für ausnahmslos alles, selbst für Dinge des täglichen Lebens, die mir völlig selbstverständlich erscheinen, zum Beispiel die Ernährung, den gewöhlichen Tagesablauf oder die Arbeit in Deutschland. Als wir nach der Feier auf Georgys Farm zurückkehren und uns schlafen legen, denke ich noch lange über die Begegnung mit den Leuten nach. Es war zwar nur ein flüchtiges Rendezvous, doch ihre natürliche Herzlichkeit und die Art und Weise, wie sie fremden Menschen begegnen, hat mich

[24] *Span.: Hast du Facebook?*

tief beeindruckt. Wie würde es den Menschen wohl ergehen, wenn sie in Deutschland zu Gast wären?

Nach einem herzhaften Frühstück verabschieden wir uns am nächsten Tag von Georgy und seiner Familie und setzen die Fahrt durch die Waschküche des tropisch-feuchtheißen Flachlands fort. Nach einem beschwerlichen Anstieg auf einen 3 800 Meter hohen Pass gelangen wir ins Andenhochland. Eine wunderschöne farbige Bergwelt bietet eine willkommene Abwechslung zu den öden Tagen in den endlos wirkenden Bananen- und Kakaoplantagen, außerdem ist die Luft wieder angenehm frisch. Saftig grüne Wiesen und schneebedeckte Bergspitzen prägen das Landschaftsbild. Auf 300 Kilometern Distanz passieren wir über 20 Vulkangipfel, darunter namhafte Berge wie Chimborazo (6 310 Meter) und Cotopaxi (5 897 Meter). Einige der Vulkane sind noch immer aktiv, in regelmäßigen Abständen findet man in den Städten Hinweisschilder mit Informationen für eine mögliche Rettung im Falle eines Vulkanausbruchs. Ich halte die Warnschilder mit den symbolhaft flüchtenden Menschen und der rauchenden Bergspitze anfangs für einen Scherz, doch nur zwei Monate nachdem ich die Stadt Ambato südlich der Hauptstadt Quito passiere, bricht der benachbarte Vulkan Tungurahua[25] aus und schleudert tonnenschwere Gesteinsbrocken durch die Luft. Einige der Brocken fliegen bis zu zwei Kilometer weit, beim Aufprall hinterlassen sie metertiefe Krater im Boden.

[25] *Span.: Feuerschlund*

An einer Straßenkreuzung begegnen wir Lorenzo, einem Radreisenden Mitte vierzig aus dem Baskenland. Seine Ausrüstung sieht mitgenommen aus, die Satteltaschen sind verblichen, Flugrost bedeckt Teile seines Fahrrads. Von Weitem lässt sich schon erahnen, dass er bereits eine gute Zeit unterwegs ist. „1997 bin ich in Spanien losgefahren, eigentlich waren nur ein bis zwei Jahre geplant, doch daraus wurden 14 Jahre und wahrscheinlich kommen noch zweieinhalb dazu", erzählt der ehemalige Lehrer, als wir ihn nach den Eckdaten seiner Tour fragen. Fünf Kontinente, 135 000 km und 85 Länder sind die Bilanz seiner bisherigen Reise.

Wir radeln gemeinsam bis zur nächsten Stadt und suchen uns eine Unterkunft, sechs Dollar kostet ein Vierbettzimmer pro Person. „Ich habe gehört, es gibt hier ein Hotel für lediglich fünf Dollar pro Nacht, ich werde es suchen und euch dann später wieder zum Abendessen treffen", meint er. Nach etwa einer Stunde kommt er dann jedoch wieder zurück und quartiert sich bei uns ein, da das günstigere Hotel geschlossen hat.

Lorenzo finanziert seine Reise lediglich durch Mieteinnahmen seiner Eigentumswohnung in Spanien, trotz niedrigen Preisniveaus in Lateinamerika ist er zu äußerster Sparsamkeit angehalten. Als wir beim Abenbrot in einem Restaurant sitzen, berichtet er uns von den Erlebnissen seiner Reise, mit Begeisterung verfolgen wir seine Erzählungen. „Im

Süden Sudans habe ich die freundlichsten Menschen getroffen, nirgendwo habe ich bisher so viel Großzügigkeit erfahren wie dort. In Äthiopien wurde ich von Kindern mit Steinen beworfen und musste wegen einer Kopfverletzung im Krankenhaus behandelt werden", sagt er, als ich ihn frage, wie er mit den Menschen in den vielen verschiedenen Ländern klargekommen ist und wo es ihm am besten gefallen hat. Auf die Frage, wie oft er in den 14 Jahren bereits überfallen worden sei, erweicht sein etwas starrer Gesichtsausdruck und ein Lächeln kommt ihm über die Lippen. „Ein halbes Mal nur", antwortet er schmunzelnd. „Vor Jahren ging ich eines Abends durch Panama City, als ein Mann mit Pistole unterm T-Shirt auf mich zukam und nach Geld verlangte. Ich erkannte sofort, dass es sich nur um seine Fingerspitze handelte und nicht um den Lauf einer Pistole, deshalb blieb ich ruhig und weigerte mich, ihm Geld zu geben. Der Räuber zog daraufhin seine Hand unter dem T-Shirt hervor, blickte entmutigt auf den Boden und meinte, er sei sehr arm und bitte um eine Spende für sich und seine Familie. Ich gab ihm acht Dollar, er bedankte sich und schüttelte mir sogar noch die Hand mit dem Finger, der nur wenige Minuten vorher zum Vortäuschen einer Waffe auf mich gerichtet war."

Ich bewundere Lorenzo zutiefst für seinen Erfahrungsschatz und die unzähligen Erlebnisse, die ihm seine 14-jährige Reise bisher bescherte. Ich bewundere ihn auch für seinen Mut, die Annehmlichkeiten und Sicherheiten seines „normalen" und komfortablen Lebens aufzugeben und dieses einfache Leben in Bescheidenheit zu führen. In wenigen Monaten werde ich wahrscheinlich schon wieder einen sicheren Arbeitsplatz haben, doch Lorenzo wird sich nach der langen Auszeit sehr schwer tun, eine geregelte Beschäftigung zu finden. Trotzdem wirkt er glücklich und ausgeglichen, und das völlig ohne Lebensversicherung, Altersvorsorge und Pläne für seinen Lebensabend. Er lebt im Hier und Jetzt, jeden Tag und das zu 100 Prozent. Nicht, dass ich mir wünschte, an seiner Stelle zu sein, doch ich hätte gerne seine Gelassenheit und sein unerschütterliches Selbstvertrauen.

Auf dem Weg nach Quito machen wir einen zweitägigen Abstecher zur Laguna Quilotoa, einem 4 000 Meter hohen Kratersee eines erloschenen Vulkankegels. Vor über 700 Jahren brach der Vulkan das letzte Mal aus, die Eruption war so ergiebig, dass der Lavastrom die über 250 Kilometer entfernte Pazifikküste erreichte. Seitdem ist der Erdschlund ruhig, nur noch ein paar Fumarolen sowie heiße Quellen sind übrig geblieben. Auf dem Kraterrand verläuft ein schmaler Wanderweg, auf dem man den kreisrunden See in drei Stunden zu Fuß umrunden kann. Man hat dabei herrliche Blicke auf die Wasseroberfläche, die aufgrund von gelösten Mineralien smaragdgrün leuchtet. Der Anblick ist überwältigend, selten habe ich diese Farbe bisher in der Natur gesehen.

In Quito, der Hauptstadt Ecuadors, bleiben wir ein paar Tage bei Axel und Andrea. Sam und Ben haben die beiden über ein Radreiseforum im Internet kennengelernt. Andrea ist gebürtige Ecuadorianerin, Axel kommt ursprünglich aus Argentinien und startete vor rund zwei Jahren seine Radtour in Anchorage in Alaska. In Quito lernte er durch Zufall Andrea kennen, verliebte sich in sie und beschloss daraufhin, seine Radtour zu beenden und bei ihr in Ecuador zu bleiben. Seitdem wohnen sie zusammen und bieten Radreisenden ihre Wohnung als kostenlose Unterkunft an. Bei einem gemeinsamen Abendessen erzählt uns Axel von seinen Erlebnissen während seiner Fahrt durch Nord- und Mittelamerika, er schwärmt von den endlosen Wäldern Kanadas, den Wüsten Kaliforniens, den Bergen Mexicos und den wunderschönen Stränden der Karibik. An diesem Abend beschließe ich endgültig, meine Reise nicht in Kolumbien zu beenden, sondern per Boot nach Panama überzusetzen und noch mindestens bis Costa Rica zu fahren.

Für Ben und Sam ist in Quito leider Schluss, sie haben ihre Rückflugtickets nach San Francisco bereits gebucht, auf die beiden warten Beruf und Studium. Ich werde sie in den kommenden Wochen sehr vermissen, denn wir haben uns bestens verstanden und das trotz enormer Belastungen. Ihre Gesellschaft hat mir außerdem ein angenehmes Gefühl der Sicherheit verschafft.

KOLUMBIEN: AM ENDE DES KONTINENTS

Körperlich gut erholt trete ich nach ein paar Tagen Pause Anfang März die Weiterfahrt nach Norden an. Kurz hinter der Stadt passiere ich die „Erdmitte", wie die Ecuadorianer den Äquator nennen. Innerhalb einer einzigen Sekunde rolle ich von der Südhalbkugel auf die Nordhalbkugel bzw. vom Herbst in den Frühling. Ich bin wieder zurück auf „meiner Hälfte", auf der Seite der Erde, auf der ich geboren wurde und aufgewachsen bin. Es mag verrückt klingen, aber mit einem Mal habe ich das Gefühl, viel näher an meiner Heimat zu sein.

Obwohl ich in den vergangenen Monaten zahlreichen Radlern begegnet bin, die von Kolumbien und seinen Einwohnern hellauf begeistert waren und allesamt nur positive Erfahrungen gemacht haben, ist mir mulmig zumute, als die Grenze näher rückt. In wenigen Stunden werde ich das Land betreten, in dem vor ein paar Jahren noch ein blutiger Krieg herrschte, durch den Tausende Menschen starben. Die Sicherheitslage Kolumbiens hat sich dank massiven Polizei- und Militäraufgebots in den letzten fünf Jahren deutlich entspannt, doch in einigen Teilen des Landes ist nach wie vor die FARC aktiv, eine linksradikale Guerillabewegung. Seit dem Jahr 1964 führt sie einen bewaffneten Kampf gegen den Staat und seine Repräsentanten und macht immer wieder Unbeteiligte zum Ziel ihrer gewalttätigen Aktionen. Die größte Guerillaorganisation Lateinamerikas wird von vielen Ländern als Terroristenorganisation eingestuft. Ihre Absichten erscheinen auf den ersten Blick sinnvoll und nachvollziehbar, so gehört es beispielsweise zu ihren Zielen, die Ausgaben für Sozialleistungen und Bildung in Kolumbien zu erhöhen, einheimische Industrien vor ausländischer Konkurrenz zu schützen und Entwicklungsprogramme für ländliche Regionen einzuführen. Andererseits ist die FARC für zahlreiche Entführungen und Morde verantwortlich, erzeugt und handelt mit Kokain und verstößt gegen Menschen- und Völkerrechte durch den Einsatz von bewaffneten Kindersoldaten und das Verlegen von Landminen.

Ich überquere die Landesgrenze an einem wunderschön sonnigen Nachmittag. Gleich dahinter geht es in ein enges, tiefes Tal bergab. Die steilen Bergflanken sind vollständig überwachsen. Immer wieder stürzen Wasserfälle von den gut 200 Meter hohen senkrechten Wänden, der Anblick ist grandios. Am Grund des Tales ist es schattig und kalt, es weht ein frischer Wind. Über eine Brücke gelange ich auf die andere Seite des Tals, wo die Straße sofort wieder steil ansteigt. Von Weitem sehe ich bereits vier mit Maschinengewehren bewaffnete Männer neben der Brücke stehen. Sie tragen kugelsichere Westen, Helme und tarnfarbene

Anzüge. Ich werde angespannt. Wer sind die Typen und was wollen sie? „Guten Tag, wie geht's?“, rufe ich ihnen mit vorgespielter Lässigkeit zu, als ich auf die Brücke fahre. Freundlich winken sie mir zu und wünschen eine gute Reise. Wie ich später erfahre, gehören wichtige Straßen zum Ziel der FARC. Mit dem Zerstören von Brücken lassen sich Verkehrsverbindungen für längere Zeit ausschalten und um dies zu verhindern, werden die olivgrünen Herren mit ihren meterlangen Maschinengewehren hier abgestellt. Im gesamten Land begegne ich ihnen immer wieder an Brücken, vor Tunneln, in Bergdörfern oder auf den Pässen. Unter ihren Schutzhelmen schauen Milchbubengesichter hervor, ich schätze die meisten auf 20 bis 25 Jahre. Bei größeren Kontrollposten mit teilweise bis zu 15 bewaffneten Soldaten parken gelegentlich Schützenpanzer, die mich an Fernsehbilder aus Afghanistan und dem Irak erinnern. In den Wüstenregionen des Nahen Ostens sind Panzer mittlerweile schon zu so etwas wie einer Normalität geworden, doch in dieser friedlichen, idyllischen und harmonischen Berglandschaft wirken sie wie Fremdkörper.

Ich verbringe die meiste Zeit des Tages mit Bergauf- bzw. Bergabfahren. Mehrere Stunden am Stück trete ich in Schrittgeschwindigkeit die steilen Bergstraßen hinauf, um dann für ein paar wenige Minuten auf der anderen Seite wieder hinunterzurollen. Die Anden sind in dieser Region stark zerklüftet, es gibt kaum horizontale Streckenabschnitte.

Ich fahre durch zahlreiche Bergdörfchen mit wunderschönen Kirchen und alten Gebäuden im Kolonialstil. Die Menschen sind auffallend freundlich und zuvorkommend, nach mehreren unangenehmen Begegnungen in Nordperu fühle ich mich in ihrer Gesellschaft wieder etwas wohler und sicherer.

In einer kleinen Ortschaft lese ich „frische Mazamorra" auf einem Schild neben einem Wohnhaus. Ich habe keine Ahnung, was sich hinter dem Wort verbirgt. Um das Geheimnis zu lüften, halte ich an, lehne mein Rad gegen einen Baum und klopfe an der hölzernen Tür des Hauses. „Mazamorra ist eine aus Mais hergestellte Süßspeise, man isst sie zusammen mit getrocknetem Zuckerrohrsaft, auch Panela genannt", meint eine etwas ernst dreinschauende Frau mit schwarzer Hautfarbe, als sie mir die Tür öffnet. „Warte, ich bringe dir eine Tasse davon." „Sehr gerne", antworte ich in der

Hoffnung, dass ich damit das durch Anstrengung und Hunger verursachte Zittern meiner Knie ein klein wenig lindern kann. Ich setze mich an den Tisch vor ihrem Haus und lasse mir einen Teller der weißen, zähen Flüssigkeit servieren. Es schmeckt hervorragend und bereits nach wenigen Löffeln merke ich, wie sich mein Blutzuckerspiegel

wieder erholt.

Die Frau setzt sich zu mir und wir unterhalten uns. „Du bist aus Deutschland? Meine Tochter wohnt in Bremen, sie hat vor drei Jahren einen deutschen Touristen kennengelernt und ist mit ihm nach Deutschland gezogen."

Kurze Zeit später kommt sie mit einem Telefon aus ihrem Haus und hält es mir ans Ohr. „Hallo?" Kaum zu glauben, ich stehe irgendwo in Kolumbien und rede mit einer Kolumbianerin in Deutschland. In nahezu akzentfreiem Deutsch erzählt sie mir von der Nordsee, der Lüneburger Heide und von leckeren deutschen Brezeln. Ich hingegen erzähle ihr, dass ich vor wenigen Minuten bei ihrer Mutter zum ersten Mal kolumbianische Mazamorra genossen habe. Wie köstlich!

Das Gelände flacht langsam ab, die Straße folgt einem sich weitenden Tal mit riesigen Zuckerrohrfeldern. An manchen Stellen tritt der Fluss über die Ufer und überflutet hektargroße Auen, auf denen teilweise Bäume stehen. Nördlich der Stadt Cali springt mein Kilometerzähler auf 10 000 Kilometer, es ist ein grandioses Gefühl, die magische fünfstellige Zahl zu sehen. Die Entfernung entspricht bereits der Distanz von Pol zu Äquator bzw. einem Viertel des Erdumfanges. Bis zu den USA ist es jetzt näher als nach Buenos Aires, wo ich vor viereinhalb Monaten losgefahren bin.

Über einen Pass am Ende des riesigen Tals gelange ich nach Medellín. Die zweitgrößte Stadt Kolumbiens blickt auf eine dunkle Geschichte zurück. In den achtziger und neunziger Jahren agierte hier das sogenannte Medellín-Drogenkartell, seinerzeit der größte Kokain-Exporteur weltweit. Die bekannteste Person dieses Dunstkreises war Pablo Escobar, einer der rücksichtslosesten und brutalsten Drogenhändler aller Zeiten. Während seiner besten Jahre soll er mit dem weißen Rauschgift 1,5 Millionen US-Dollar täglich verdient haben, lange Zeit galt er als einer der reichsten Menschen. Auf Polizisten in Medellín setzte er ein Kopfgeld von 500 US-Dollar aus. George Bush erklärte Escobar einst zum Staatsfeind Nummer eins. Im Jahre 1993 gelang es schließlich einer US-kolumbianischen Eliteeinheit, den Bösewicht im Rahmen einer Razzia zu eliminieren. Die paramilitärischen Milizen wurden anschließend zurückgedrängt, wodurch sich die Sicherheitslage im Land nach und nach entspannte.

Die „Hauptstadt der Berge“ bzw. die „Hauptstadt der Blumen“, wie Medellín häufig wegen ihrer vielen Gärten und Parks bzw. wegen ihrer Lage in den Anden genannt wird, macht auf mich einen sehr positiven und ansprechenden Eindruck. Der Verkehr läuft sehr geordnet ab, die Straßen sind sauber und die Häuser könnten auch irgendwo in Südeuropa stehen. Ich fühle mich von Anfang an wohl, trotz einiger schlechter Erlebnisse in anderen südamerikanischen Großstädten. An einer Straßenkreuzung im Stadtzentrum frage ich einen älteren Herrn nach einer Unterkunft. Wir unterhalten uns einen Moment und werden dabei von zwei Reportern auf der anderen Straßenseite beobachtet. Einer der beiden kommt direkt auf uns zu. Die beiden arbeiten für einen lokalen Fernsehsender und waren kurz zuvor zu Besuch bei einem Kindergarten, über den eine Fernsehdokumentation gemacht werden soll. „Wollen Sie uns ein Interview geben?“, fragt mich der Reporter, als er meine Ausrüstung in Augenschein nimmt. Vor laufender Kamera erzähle ich von meinen Erfahrungen während der Tour, von Erlebnissen mit Menschen, den alltäglichen Schwierigkeiten und meiner Beziehung zu meinem Fahrrad. Wie ich mein Gefährt denn getauft habe, will er wissen, schließlich hätten wir mehr Körperkontakt miteinander, als die meisten verheirateten Paare. „Stefanie“, antworte ich, da ich kurz zuvor ein Interview mit Steffi Graf auf meinem MP3-Player angehört habe. Mehrere Male steige ich auf mein Rad, drehe jeweils eine Runde und halte dann wieder vor der Kamera an. „So ist es perfekt, alles im Kasten“, meint der Kameramann. „Wir senden den Beitrag morgen Abend um 17:30 Uhr auf dem Kanal Cosmovision. Wenn Sie möchten, dann dürfen Sie jetzt gerne noch Ihre Freunde und Familie in Deutschland grüßen.“

Ich verbringe einige Ruhetage in einem Hostel und tauche zusammen mit anderen Touristen in das Tag- und Nachtleben der Stadt ein. Unter Weltreisenden trifft man teilweise auf skurrile Persönlichkeiten, denen man im normalen Alltag zu Hause eher selten begegnet. Cleonio aus Brasilien ist ein gutes Beispiel dafür. Er ist bereits seit mehreren Jahren unterwegs und lädt fast jeden Abend die ganze Gruppe auf Drinks ein. Auf die Frage, womit er sein

Geld verdiene, antwortet er nach einem kräftigen Zug aus seinem qualmenden Joint: „Ich arbeite als Ideenschmied für einen brasilianischen Fernsehkanal. Hin und wieder denke ich mir neue Konzepte für Shows und Sendungen aus und verkaufe diese dann für bis zu 200 000 US-Dollar. Die beste Inspiration bekomme ich unterwegs, in Städten, an Stränden oder auf Partys."

Erin aus Irland hingegen arbeitet ein paar Wochen pro Jahr auf Ölbohrinseln in Nigeria und fährt den Rest der Zeit mit seinem Fahrrad um die Welt. Er ist Unterwasserschweißer von Beruf und repariert Bohrplattformen vor der Küste Afrikas. Seine Arbeit ist hart, anstrengend und gefährlich, doch das saftige Gehalt gleicht dies wieder aus und gibt ihm die Möglichkeit, den größten Teil des Jahres Urlaub zu machen.

Francois hat sein Berufsleben bereits hinter sich gebracht. Der ursprünglich aus Paris stammende Rentner arbeitete unter anderem mehrere Jahre als Manager bei einem großen französischen Automobilhersteller. Wahrscheinlich könnte er es sich leisten, bis zum Ende seines Lebens in einem Fünf-Sterne-Hotel zu wohnen, trotzdem bevorzugt er einfache Hostels. Er komme hier viel leichter in Kontakt mit Menschen, außerdem fühle er sich hier 30 Jahre jünger, meint er, als wir abends bei einem Bierchen im Aufenthaltsraum zusammensitzen. Hotelübernachtungen hatte er schon zur Genüge.

Die letzte Etappe auf dem südamerikanischen Kontinent steht an, in ein paar Tagen habe ich es geschafft. Bis zur Karibikküste fehlen nur noch 400 Kilometer, in Gedanken sehe ich mich schon am zuckerweißen Sandstrand liegen, vor mir das offene Meer und in der Hand eine Kokosnuss. Von der Küste trennt mich jedoch noch eine wilde Berglandschaft mit steilen Passstraßen. Innerhalb der ersten 15 Kilometer hinter Medellín wollen bereits 1 000 Höhenmeter hochgestrampelt werden. Die Steigungen werden immer gemeiner und ich habe das Gefühl, mein Rad wird mir zum Gegner. Ich will rauf, aber das verflixte Ding will runter.

Endlich flacht die Straße etwas ab, doch die Passhöhe ist längst noch nicht in Sicht. Dafür versperrt eine riesige Felswand die Weiterfahrt und die Straße verschwindet in einem Tunnel. Am Eingang steht ein Polizist. Als ich mich ihm nähere, bedeutet er mir anzuhalten. „Hier ist leider Schluss für dich, der Tunnel ist für Radfahrer gesperrt", sagt er. „Wenn du möchtest, kann ich ein Auto oder einen Lastwagen stoppen und den Fahrer bitten, dich mitzunehmen." Ein voll beladener Pick-up kommt den Hang heraufgekrochen. Im Wagen sitzt ein Ehepaar mit seinen beiden Töchtern, auf der Ladefläche stapeln sich Umzugskisten und ein Ventilator. Die Frau auf dem Beifahrersitz kurbelt die Seitenscheibe runter und schaut mich mit großen Augen an. Dann meint sie: „Du bist doch der Radfahrer aus dem Fernsehen, oder? Ich habe gestern Abend dein Interview gesehen. „Na klar", meint der Mann, „das ist er, das ist der verrückte Typ aus dem Fernsehen! Steig auf, natürlich kannst du bei uns mitfahren. Dürften wir ein Foto von dir machen?" Vor ihrer Kamera posiere ich mit der kolumbianischen Familie und meinem Fahrrad, der Polizist übernimmt die Rolle des Fotografen. „Ich will ein Foto alleine mit dir", sagt eine der beiden Töchter. „Ich will auch eins", sagt die andere wenig später. Ich grinse in die Kamera und fühle mich dabei ein bisschen wie Kate Moss auf dem Laufsteg. Mit meinem Fahrrad und meinen Taschen zwischen dem Gerümpel auf der Ladefläche des Pick-ups geht es durch den Tunnel auf die andere Seite des Berges. „Bis in die USA ist es noch weit, hier hast du eine kleine Stärkung", sagt die Beifahrerin mit einem Lächeln, als wir anhalten und sie mir ein belegtes Brötchen und eine Coladose entgegenstreckt. „Pass gut auf, die Straße nach Turbo ist sehr gefährlich. Der Straßenbelag ist löchrig, es warten unzählige enge Kurven auf dich und bei starkem Regen ist die Fahrbahn regelmäßig überflutet." Ich bedanke mich für den Proviant und die Mitfahrgelegenheit und rolle auf der viel befahrenen zweispurigen Straße gemütlich ins Tal hinab.

Es ist schon dunkel, als ich in Santa Fe de Antioquia ankomme. In dem kleinen romantischen Städtchen spielt sich das Leben vorwiegend draußen ab. Unzählige Menschen tummeln sich in engen Kopfsteinpflastergassen und auf dem

Plaza Mayor, einem mit Palmen und Kakteen verzierten Platz vor einer Kathedrale. Fensterläden und Holztüren in allen erdenklichen Farben zieren die schneeweißen Wände der Häuser. Bei der Suche nach einer Unterkunft treffe ich auf vier Krankenschwestern aus Medellín. „Kannst du bitte ein Foto von uns vor der Kirche machen?", werde ich von einer der Frauen gefragt. „Heute ist Dianas Geburtstag, wir wollen in einem Restaurant zusammen feiern und danach Salsa tanzen, komm mit! Wir brauchen noch einen kräftigen Mann, der uns beim Essen der Geburtstagstorte behilflich ist." Ich bin müde und erschöpft, mir ist eigentlich eher nach Schlafen zumute. Doch wie oft im Leben wird man von vier Kolumbianerinnen zum Tanzen und Kuchen essen eingeladen? Wir setzen uns in eines der kleinen niedlichen Restaurants mit Livemusik und erfreuen uns an dem reichhaltigen farbenfrohen Geburtstagskuchen. Die figurbewussten Damen essen jeweils nur ein winziges Stück, die restlichen 2 000 Kalorien verschwinden in meinem hungrigen Magen. Ungläubig schauen sie mich an, als ich Kuchenstück für Kuchenstück verdrücke. Für die Fahrt über die Berge bis zur Karibikküste werde ich diese Extraportion Energie gut gebrauchen können. Ein großer Teil davon geht bereits an dem Abend drauf – beim Salsatanzen. Ich komme keine fünf Minuten zur Ruhe, sobald mich eine der Damen entlässt, werde ich bereits von der nächsten abgepasst, um erneut über die Tanzfläche gezogen zu werden.

Am nächsten Morgen sind meine Beine schwer und müde, mein Kopf schmerzt von der Überdosis Aguardiente[26]. Solch ein Abend im Tanzlokal scheint mich stärker auszupowern als eine Überquerung der Anden per Fahrrad. Vielleicht sollte ich diese Aktivität zum Bestandteil meines Trainingsplans machen? Ich lege mich mit den vier Kolumbianerinnen noch ein paar Stunden an den Pool ihres Hotels und labe mich an frisch gepressten Fruchtsäften.

Die Weiterfahrt am Nachmittag ist mühsam und beschwerlich, es gelingt mir nicht, meinen Rhythmus zu finden. Gleich hinter dem Stadtrand geht es steil bergauf, meine Beinmuskeln arbeiten am Limit. Es ist unerträglich heiß, Schweiß rinnt mir über Stirn und Nase, meine Augen brennen von dem Salz. Wieso bin ich nur nicht am Pool liegen geblieben? Ein Lastwagen überholt mich und hält neben mir an. „Da geht's noch verdammt weit rauf", meint der Fahrer durch das heruntergelassene Seitenfenster, „spring auf, ich nehme dich ein paar Kilometer mit!" Ich danke dem Fahrer für das Angebot, erkläre ihm aber, dass mir das Auffahren Spaß macht, wenngleich ich es im Moment bevorzugen würde, auf seiner Pritsche zu sitzen und mir den Fahrtwind um die Ohren wehen zu lassen. Es dauert nicht lange, bis ich diese Entscheidung bereue, denn nur kurze Zeit später beginnt es fürchterlich zu stürmen und ein Gewitter bricht aus den schwarzen Wolken. Es regnet in Strömen, innerhalb weniger

[26] *Kolumbianischer Schnaps aus Anis und Zuckerrohr*

Minuten verwandeln mich fette kalte Tropfen in einen nassen Waschlappen. Ich freue mich anfangs noch über die Abkühlung, doch dann wird mir so kalt, dass ich am ganzen Körper vor Kälte zittere. Bei diesem Wetter möchte man nicht draußen sein, die nassen Kleider auf der Haut fühlen sich miserabel an. Zudem versperrt mittlerweile dichter Nebel die Sicht auf die Umgebung. Nichts ist von der Berglandschaft übrig geblieben, die Welt löst sich innerhalb weniger Meter in einem diffusen Weiß auf. Von der Passhöhe kann ich nichts erkennen, erst, als ich mehrere Hundert Meter bergab gerollt bin, wird mir klar, dass ich wohl die höchste Stelle der Straße hinter mich gebracht habe.

Es geht rasant bergab, langsam wird es wieder wärmer und trockener und die Sonne kommt zurück. Umringt von grünen Bergkuppen fahre ich durch ein sich langsam weitendes Tal. Ab und zu führt die Straße durch kleine charmante Dörfchen. Sie zählen nur wenige Einwohner, trotzdem steht in der Dorfmitte stets eine Kirche. Im Gegensatz zu den meist lieblosen Behausungen Boliviens und Perus kann man an vielen Stellen eine gewisse Verbundenheit mit ihren Bewohnern und ihre Liebe zum Detail erkennen. Die Fassaden sind verputzt und gestrichen, Türen und Fensterrahmen leuchten in allen Farben und bunte Blumen schmücken liebevoll Terrassen und Eingänge. In den Häusern spiegelt sich die Lebensfreude ihrer Bewohner, man kann erkennen, dass sie sich wohlfühlen. Umso entsetzter bin ich, als ich in einem

Wald zwischen zwei Ortschaften mehreren Polizisten begegne, die gebannt hinter eine Böschung neben der Fahrbahn starren. Einer der Beamten kriecht mit einer Kamera durch das Gebüsch. Mir schwant Böses, als ich kleine Schildchen mit aufgedruckten Nummern auf dem Boden erkenne, die in Fernsehkrimis immer als Markierungen für Beweismaterial dienen. Mit einem weißen Tuch abgedeckt liegt neben der Straße eine Leiche. Lediglich die Beine schauen hervor, den Schuhen nach zu urteilen, handelt es sich um einen Mann. Der Anblick treibt mir eiskalten Schweiß über den Rücken. Kurze Zeit später kommt mir ein Motorradfahrer entgegen. Als er das Polizeiaufgebot sieht, hält er an. Ich denke zuerst, er möchte mich ansprechen, doch er beobachtet lediglich die Vorgänge in der Ferne. Mit besorgtem Gesicht zieht er ein Mobiltelefon aus der Tasche, murmelt etwas Unverständliches und fährt anschließend in die Gegenrichtung davon. Hat der Typ etwas mit der Leiche zu tun? Er scheint die Szene meiden zu wollen, sonst würde er nicht umkehren.

Ich setze meine Fahrt durch den Wald fort, der Bewuchs wird immer dichter und dunkler. Allmählich geht das weite Tal in eine enge Schlucht über, bereits wenige Hundert Meter oberhalb des Talgrundes verschwinden die steilen Flanken in den Wolken. Zusammen mit den Bäumen und Büschen rauben sie einen großen Teil des Lichts, es ist ausgesprochen düster. Wieder beginnt es zu nieseln, allmählich wird daraus ein kräftiger Schauer. Dicke Tropfen prasseln auf die Blätter der Pflanzen und Bäume, Bäche rinnen über die Straße und sammeln sich in braunen Wasserpfützen. Regelmäßig muss ich absteigen und mein Fahrrad hindurchschieben. Unter einem der riesigen, mit Lianen bewachsenen Bäume halte ich an und gönne mir eine Packung Bocadillo. Die fruchtig-süßen Würfel aus gekochtem Guave-Gelee sind nicht nur ein guter Energielieferant, sondern auch so etwas wie Nervennahrung. Ich spüre, wie mir der Zucker wieder etwas Kraft gibt und meine zittrigen Beine zur Ruhe bringt.

Die Landschaft ist sagenhaft schön, doch im Moment erdrückt mich die Stille der Umgebung. So entspannend und erholsam Einsamkeit in den richtigen Situationen auch sein kann, so belastend wirkt sie im Moment auf mich. Ich will schnellstmöglich wieder unter Menschen sein, irgendwo in einer Stadt mit Trubel. Immer wieder passiere ich Kontrollstellen der Militärpolizei. Obwohl ihre Panzer und Maschinengewehre bedrohlich wirken, vermitteln mir die

jungen Soldaten ein angenehmes Gefühl der Sicherheit. Sie sind sehr freundlich und nett, ich werde von ihnen lediglich angehalten, weil sie sich mit mir unterhalten möchten. An einem Abend erhalte ich von ihnen sogar eine Mahlzeit, ihre Feldküche serviert mir einen Teller deftiger Bohnensuppe.

Nach einigen Tagen Fahrt durch den dunklen Wald erreiche ich endlich Turbo. Die Hafenstadt an der Karibikküste gilt aufgrund der Nähe zu Panama als Metropole des Schmuggels. Mit kleinen Motorbooten wird die Ware von hier aus in die relativ unübersichtlichen Küstengebiete des nur 50 Kilometer entfernten Nachbarlandes gebracht. Dieses zwielichtige Geschäft lockt jede Menge dubiose Gestalten an, entsprechend hoch ist die Kriminalitätsrate in der Stadt und ihrer Umgebung. Dennoch fühle ich mich befreit, wieder in der Zivilisation bzw. in der Nähe von Menschen zu sein. Der dunkle Dschungel war mir nach dem Erlebnis mit der Leiche nicht ganz geheuer.

Turbo ist keine Schönheit. Die slumartigen Außenbezirke werden von heruntergekommenen Wellblechbuden dominiert, der Verkehr ist chaotisch und im Hafen liegt ein Gestank von fauligem Wasser in der Luft. Motorrad-Rikschas und Lastwagen donnern über die Straßen, Staubwolken wirbeln umher. Dennoch hat Turbo einen gewissen Charme, etwas Verwegenes und Geheimnisvolles liegt in der Luft, es herrscht so etwas wie Wild-West-Stimmung.

Der Hafen ist das Herz der Stadt, es wuselt wie auf einem

Rummel. Fischer verkaufen an kleinen Ständen ihren frischen Fang, Waren werden umgeschlagen, Geschäfte werden gemacht. Auf Eselskarren und einfachen Handwagen rollen die Produkte heran, um auf die Boote verladen zu werden. Auf einlaufende Schiffe warten bereits mehrere Dutzend Arbeiter, um die Ware zu entladen. Vielen der Kähne im Hafen sieht man ihr Alter bereits aus der Ferne an, sie erwecken nicht den Eindruck, dass sie es noch bis zum nächsten Hafen schaffen. Dazwischen liegen ein paar wenige herausgeputzte Segelboote von Abenteurern aus den USA oder Europa, die sich auf Segeltour durch die Karibik befinden.

In einer Kneipe treffe ich Brian aus Texas. Er hat vor acht Jahren sein Haus in Dallas verkauft und wohnt seitdem auf seinem Segelboot. Je nach Jahreszeit hält er sich in der Karibik oder im Pazifik auf. Er hat den typischen Abenteurerblick, die von der Sonne gebleichten Locken hängen ihm in sein braun gebranntes Gesicht. Er wirkt ruhig und gelassen. Seinen Unterhalt verdient er sich mit der Beförderung von Touristen, meist auf der Strecke von Kolumbien nach Panama. Zwischen den beiden Ländern gibt es keine Straßenverbindung, wer hier verkehren möchte, muss entweder auf den See- oder den Luftweg ausweichen oder einen mehrtägigen Fußmarsch durch die wilde Sumpflandschaft des Dariéns in Kauf nehmen, der als eines der Rückzugsgebiete der FARC gilt.

DER FLUCH DER KARIBIK

Ich entscheide mich für die Überfahrt nach Panama per Motorboot. Nicht nur wegen des geringeren Ticketpreises im Vergleich zum Flugzeug, sondern weil die Fahrt durch das San-Blas-Archipel verläuft und man nebenbei einen Hauch Karibik geschenkt bekommt. Einige der insgesamt 378 Inseln haben gerade mal Sportplatzgröße, lediglich 49 davon sind bewohnt. Auf ihrem schneeweißen Sand wachsen Kokospalmen und an ihren menschenleeren, endlosen Stränden funkelt türkisblaues Wasser wie im Paradies.

Die Überfahrt verläuft auf insgesamt drei Etappen. Mit einem zweimotorigen Schnellboot geht es zunächst von Turbo in das Küstendörfchen Capurganá nahe der Grenze zu Panama. Das Boot ist nur wenige Meter lang und fasst gerade mal zehn Passagiere, wird aber von zwei Hochleistungsmotoren angetrieben, die aus der harmlosen Nussschale eine wilde Furie machen und diese mit einer höllischen Geschwindigkeit über das Wasser peitschen. Drei Stunden lang sitzt man auf harten, ungepolsterten Holzbänken und wird von den Wellen in die Luft geschleudert, um dann eine halbe Sekunde später wieder mit voller Wucht auf die Sitzbank zu klatschen. Heftige Stöße fahren durch Mark und Bein, meine Bandscheiben knacken. Es ist kaum auszuhalten, auch in den Gesichtern der anderen Passagiere kann man den Schmerz sehen.

Das kleine Dörfchen ist über den Landweg nicht zu erreichen, in den engen Gässchen mit Kopfsteinpflaster verkehren daher keine motorisierten Fahrzeuge. Es herrscht eine entspannte und ruhige Atmosphäre vergangener Tage. Friedlich schaukeln die kleinen bunten Boote zu den Wellen im Hafen. Stress und Hektik haben es noch nicht bis hierher geschafft. Der Lebensrhythmus ist vom Festland entkoppelt. Ich entscheide mich für einen Tag Pause in dieser idyllischen Ruhe, schließlich stecken in meinen Beinen noch immer die Strapazen der vergangenen Tage in den kolumbianischen Anden. Den Strand habe ich ganz für mich alleine, auch auf dem Wanderweg durch den tropischen Regenwald hinter dem Dorf begegne ich keiner Menschenseele. Entlang eines Flusses gelange ich zu einem Wasserfall, bunt leuchtende Frösche, Echsen und Schlangen huschen vor mir ins Gebüsch.

Für die weitere Fahrt nach Panama gibt es keinen festen Fahrplan, Boote verkehren nur sporadisch nach Bedarf. „Pablo nimmt gelegentlich Touristen mit seinem Boot rüber

nach Panama, er ist sehr vertrauenswürdig", meint der Besitzer einer Tauchschule am Hafen. „Komm einfach heute Abend um halb fünf wieder zum Hafen, da ist er meistens da. Er hat eine breite Nase und ist kräftig gebaut, du wirst ihn sofort erkennen." Ich warte bis halb sechs am Hafen, doch keine Spur von Pablo. Um sechs Uhr taucht er endlich auf, schon von Weitem erkenne ich den kahlköpfigen Mann. „Morgen früh kann ich dich nach Portobelo bringen, komm einfach um sechs Uhr hierher", sagt er, als ich ihn auf die Überfahrt anspreche. „Das Fahrrad und dein Gepäck passen problemlos in mein Boot", versichert er mir. „Wunderbar, dann bis morgen früh um sechs Uhr."

Wie verabredet stehe ich am nächsten Morgen pünktlich um sechs Uhr am Hafen und blicke auf ein spiegelglattes Meer vor mir. Es ist völlig windstill, aber noch immer so schwül-heiß wie am Vorabend. Obwohl die Sonne schon vor mehr als zehn Stunden hinterm Horizont verschwunden ist und sich bisher auch noch nicht hat blicken lassen, läuft mir bereits der Schweiß über die Stirn. Ich setze mich auf eine Bank und schließe meine müden Augen, ich bin es nicht mehr gewohnt, um diese Uhrzeit aufzustehen. Gleich werde ich auf das Boot steigen und mir den Fahrtwind um die Ohren pfeifen lassen. Von wegen! Sechs volle Stunden warte ich am Hafen, nichts passiert. Pablo taucht einfach nicht auf. Um zwölf Uhr hocke ich noch an der Kaimauer und warte. Vergebens. Meine Hoffnung hat sich schon lange in Wut gewandelt, als mich ein Jugendlicher anspricht: „Wartest du auf Pablo? Er war gestern auf einer Party und hat sich ziemlich volllaufen lassen. Ich denke, er schläft wahrscheinlich noch. Es ist wohl besser, heute nicht mehr zu fahren, selbst wenn er es dir anbieten sollte. Für die Überfahrt sollte man nüchtern sein, ansonsten ist es zu gefährlich." Ich kann es kaum glauben, was mir der Junge erzählt, ich frage ihn, ob er mich zu seinem Haus bringen kann.

Wir gehen gemeinsam durch das Dorf, ich koche vor Wut. Der Gedanke, mein Leben einem derart unzuverlässigen Kerl anzuvertrauen und mit ihm sieben Stunden durch die Karibik zu fahren, macht mir Angst. Vielleicht wirft er mich bereits nach wenigen Kilometern über Bord oder setzt mich irgendwo aus? „In dieser Hütte wohnt er", sagt der Jugendliche und klopft an die Holztür an ihrem Eingang.

Eine ältere Frau schaut uns besorgt an, als sie sich öffnet. Mit schüttelndem Kopf meint sie: „Mein Sohn schläft noch immer, es geht ihm gar nicht gut heute, er hat fürchterliche Kopfschmerzen. Kommen Sie einfach später wieder, wenn er wach geworden ist."

Abends gehe ich wieder zum Hafen und treffe endlich Pablo. Zusammen mit Kollegen sitzt er vor einem Restaurant, genüsslich nibbelt er an einem Bier. „Wir fahren erst morgen früh nach Portobelo, komm einfach um sieben Uhr an den Hafen", meint er, ohne mich zu begrüßen oder sich dafür zu entschuldigen, dass er mich sechs Stunden hat warten lassen. Am liebsten würde ich ihm den Kragen umdrehen, aber ich muss ja noch irgendwie nach Panama kommen und an dem Typen führt wohl kein Weg vorbei.

Am nächsten Morgen warte ich wieder eine Stunde am Hafen, doch dann kommt er tatsächlich. Wie vereinbart gebe ich ihm die 120 Dollar und steige zusammen mit einer Touristin aus Frankreich und einem Kolumbianer in das kleine einmotorige Boot. Die Zollformalitäten werden in Puerto Obaldia erledigt, einem nur wenige Kilometer entfernten Dörfchen auf der anderen Seite der Grenze, das wir nach einer knappen Stunde Fahrtzeit erreichen. In einer Militärbaracke werden wir nach Schmuggelware durchsucht, Polizisten mit Maschinengewehren stehen daneben und beobachten den Vorgang. Sie lassen mich ausnahmslos jede Tasche öffnen und wollen sogar einen Blick in die

Benzinflasche meines Kochers werfen, denn es könnte sich ja ein Koksbeutelchen darin befinden.

Dann beginnt die sechsstündige Etappe nach Portobelo in Panama. Wir tuckern ruhig durch den Hafen, dann gibt Pablo Vollgas und wir schießen aufs offene Meer hinaus. Die Wellen klatschen an den Rumpf, warmes salziges Wasser spritzt uns ins Gesicht. Ich bin ein bisschen irritiert. Wieso folgen wir nicht der Küste in Richtung Portobelo im Nordwesten, sondern nehmen Kurs auf die offene See Richtung Osten? Ich blicke nach hinten und sehe die Häuser Puerto Obaldias langsam am Horizont verschwinden. Wo zum Teufel fahren wir hin? Wenn wir den Kurs halten, enden wir in Kuba.

Pablo hält sich sein Handy ans Ohr, in der anderen Hand hält er einen GPS-Empfänger. Seine blinzelnden Augen gleiten über den Horizont, er scheint etwas in der Ferne zu suchen. Im Zickzackkurs irren wir durch die See. Was machen wir da nur? Dann lüftet sich das Geheimnis. Zwischen den Wellen taucht ein Motorboot auf, die beiden Männer darauf fixieren uns mit starrem Blick. Pablo begrüßt die beiden, als sie schließlich näher kommen. Es scheint, als haben sie bereits auf uns gewartet. Mit einer Holzstange werden wir an ihr Boot gezogen, die Wellen versuchen uns immer wieder auseinanderzudrücken. „Nehmt das Fahrrad zur Seite und verstaut die Dinger unter eurem Gepäck", weist uns Pablo an, als wir drei Säcke von den Typen im anderen Boot gereicht bekommen. „Das ist Waschmittel, wir müssen es nach Panama mitnehmen", meint Pablo lapidar. Waschmittel? Wieso müssen wir denn das Zeug hier so aufwendig mitten im Ozean umladen? Wir legen die drei Säcke auf den Boden des Bootes und platzieren darauf unsere Gepäckstücke, dann geht es mit Vollgas weiter. Immer wieder setzt unser Motor aus und das Boot kommt zum Stillstand. Für wenige Minuten können wir uns von den üblen Stößen und dem grölenden Lärmen erholen und schaukeln mit den Wellen, während der Fahrer die Motorhaube öffnet und an der Zündung herumbastelt. Dann geht's wieder für eine Stunde weiter, bis der Motor erneut zu stottern beginnt.

Die San-Blas-Inseln kündigen sich bereits lange im Voraus an. Obwohl wir mehrere Kilometer vom Ufer entfernt sind, ist das Wasser so seicht, dass wir achtgeben müssen, nicht auf Grund zu laufen. An manchen Stellen ragen die oberen Spitzen von Korallen aus dem Wasser, mehrere Male reißt unser Fahrer im letzten Moment das Steuer herum, um nicht hineinzurauschen. Die Meeresoberfläche ist wunderschön türkisblau und spiegelglatt, da die Wellen des karibischen Ozeans bereits mehrere Kilometer vor dieser natürlichen Schutzzone brechen.

Dann kommen die Inseln in Sicht. Viele sind nur wenige Zentimeter hohe Sandbänke, bewachsen von einer Handvoll Palmen. Zivilisationsspuren kann ich darauf nicht erkennen, erst als wir weiter nördlich größere Inseln passieren, sehe ich Hütten. Sie sind sehr einfach gebaut, allesamt aus Holz und mit Palmenblättern bedeckt. Einige stehen auf Pfählen im Wasser, andere hingegen gruppieren sich in kleinen Siedlungen im Inneren. Außer ein paar spielenden Kindern am Strand kann ich keine Menschen erkennen. Die Fahrt in dem ruhigen Wasser ist angenehm, für meinen durchgeklopften Hintern eine willkommene Erholungspause. Im Vergleich zu dem gewaltvollen Ritt zu

Beginn gleiten wir nun völlig ruhig dahin. Ein Genuss. Doch dann taucht der Untergrund wieder ab und die Wellen kommen zurück. Gewaltige Stöße erschüttern nun wieder das Boot, Gischt spritzt uns ins Gesicht. Verkrampft halte ich mich an der Holzbank fest, um nicht ständig abzuheben, denn das Aufklatschen auf der harten Holzbank schmerzt mit jedem Mal mehr.

Ein Motorboot taucht vor uns auf, nur kurze Zeit später ist es bereits auf unserer Höhe. Es scheint ein Rendezvous mit uns zu beabsichtigen, denn es steuert direkt auf uns zu. Acht Männer in olivgrüner Uniform sitzen in dem von riesigen Außenbordmotoren angetriebenen Schnellboot, einige von ihnen tragen Maschinenpistolen. Masken bzw. Tarnfarbe verdecken ihre Gesichter, ein Typ trägt eine schwarze Skibrille. Ihr Erscheinungsbild lässt mich zusammenschrecken. So stelle ich mir Piraten vor. Das Schnellboot umkreist uns mehrere Male, mit kritischen Blicken werden wir dabei gemustert. Unser Motor geht aus, lautlos gleiten wir dahin, dann erreichen uns die Wellen des Bootes und wir werden kurz herumgewirbelt. „Küstenpolizei!“, ruft einer der Typen auf dem anderen Boot zu uns herüber. „Reichen Sie

uns Ihre Reisepässe und die Papiere für das Boot." Was für eine Erleichterung, denn hier in dem Grenzgebiet zwischen Kolumbien und Panama ist mit allem Möglichen zu rechnen. Ein großer Teil des in Kolumbien produzierten Kokains wird dank der perfekten Infrastruktur in Panama umgeschlagen. Große Überseehäfen an zwei verschiedenen Ozeanen, die Anbindung an die Panamericana, zahlreiche unkontrollierte Flughäfen sowie der schnell wachsende internationale Flughafen Tocumen bieten nahezu perfekte Voraussetzungen für den Drogen- und Waffenhandel. Ich bin beruhigt, als sie an unserem Boot andocken und ich an ihren Uniform-Aufschriften erkenne, dass es sich tatsächlich um „die Guten" handelt. „Ich bringe diese drei Touristen von Capurganá nach Portobelo", antwortet unser Bootsführer, als er nach dem Grund der Fahrt gefragt wird. „Haben Sie zu verzollende Ware an Bord?", fragt der Kapitän des Polizeibootes. „Nein, lediglich das Gepäck von drei Reisenden – ein Radfahrer aus Deutschland, eine Französin und ein Kolumbianer", lautet die Antwort. Der Polizist scheint etwas skeptisch zu sein, doch dann nickt er und lässt uns nach einer Überprüfung unserer Unterlagen weiterfahren. Wenn die wüssten, was unter unseren Gepäckstücken liegt …

OH WIE SCHÖN IST PANAMA

Hier bin ich nun also, im Traumland von Janoschs Tiger und Bären, die sich einst auf den Weg danach machten, nachdem sie eine verlockend nach Bananen duftende Kiste mit der Aufschrift „Panama“ fanden. Seit ich diese Geschichte vor etwa drei Jahrzehnten zum ersten Mal hörte, assoziiere ich mit diesem Land diesen aromatisch-süßlichen Geruch. Insgeheim hatte sich meine Nase darauf eingestellt, doch die Luft im Hafen von Portobelo erinnert mich eher an verrottendes Holz, an die Duftwolke, die einen beim Öffnen eines Sackes mit Torferde umhüllt. Während der Regenzeit liegt die mittlere Luftfeuchtigkeit hier nur knapp unter 100 Prozent, ideale Verhältnisse für Pflanzen. Überall grünt es, Farne, Moose, Flechten und Büsche überwuchern die Gebäude. Aus kleinen Rissen und Absätzen in Hausfassaden, auf Dächern und selbst aus den Rissen im Asphalt quellen Halme, Zweige und Blätter hervor. Das tropisch-feuchte Klima verleiht der Natur hier genügend Kraft und Atem, sich ihren Lebensraum zurückzuholen.

Es ist ein herrliches Gefühl, wieder festen Boden unter den Füßen zu haben und im Fahrradsattel zu sitzen, trotz der steilen Anstiege und der brütenden Hitze. Auf einer Traumstraße fahre ich an einer grandiosen palmenbewachsenen Karibikküste entlang, größtenteils verläuft sie direkt am

Wasser, hin und wieder führt sie durch dichten Regenwald im Landesinneren. Der Bewuchs ist hier so dicht und eng, dass sich meine Augen bei der Einfahrt in den Wald erst an die dunklen Lichtverhältnisse gewöhnen müssen. Im Schatten unter einem der riesigen Bäume lege ich eine Pause ein und gehe ein paar Meter in das Dickicht hinein. Es ist angenehm kühl, nur wenige Sonnenstrahlen erreichen den Erdboden. Bunt leuchtende Schmetterlinge flattern mir entgegen, teilweise so groß wie eine Handfläche. Abgesehen vom Zirpen der Insekten und dem Kreischen der Vögel ist es völlig still, ich höre, wie mein Herz noch immer vor Anstrengung pocht.

Entlang einer kleinen Schneise verläuft auf mehreren Dutzend Metern eine Ameisenstraße. Unzählige Arbeiterinnen wuseln mit überdimensional großen Blattschnipseln umher, „Ameisen-Rushhour“. Mit Bewunderung schaue ich dem Treiben zu. Ihre unaufhaltsame Geschäftigkeit gibt mir zu denken und erinnert mich ein klein wenig an meinen Berufsalltag vor der Fahrradreise, als ich ebenfalls eine kleine hetzende, ferngesteuerte Ameise war. Wie schön hat man es doch als Mensch, sich aus diesem Netzwerk aus Pflichten und Aufgaben herauszulösen und die Perspektive wechseln zu können, alles stehen und liegen zu lassen und für eine gewisse Zeit in eine andere Welt abzutauchen. In ein paar Monaten werde ich wieder die Fesseln des Alltags tragen, hoffentlich bleibt mir die Fähigkeit des Perspektivwechsels erhalten und ich kann einen Teil der während der Reise erlangten Gelassenheit bewahren.

Ich folge dem Ufer des Panamakanals, der den amerikanischen Kontinent seit beinahe 100 Jahren in zwei Stücke teilt und die Schifffahrt von San Francisco nach New York um insgesamt 20 000 km verringert. Der Kanal galt bei der ersten Durchfahrt im Jahre 1914 als das größte und teuerste Bauwerk aller Zeiten. Mittlerweile wechseln hier jährlich rund 14 000 Schiffe von Ozean zu Ozean, der Höhenunterschied von insgesamt 26 Metern bei einer Durchfahrt wird von drei Schleusen bewerkstelligt. Es ist eines der kühnsten Bauwerke der Menschheit, die Dimensionen der in das Gelände gefrästen Fahrrinne sind beeindruckend. Quasi mitten im Wald begegne ich gigantischen Hochseeschiffen, ihre Aufbauten ragen weit über die umliegenden Baumwipfel hinaus. Der Anblick dieser Riesen in dieser Dschungelkulisse ist äußerst skurril, es scheint, als würden sich die Schiffe nicht im Wasser, sondern über das Land bewegen.

Der Bau des Kanals wurde anfangs von Frankreich, später dann von den USA durchgeführt. Für die Vereinigten Staaten hat diese Verbindung nach wie vor eine sehr große strategische Bedeutung, da ein großer Teil des Transportes von Waren zwischen Ost- und Westküste der USA per Schiff erfolgt. Anfang des 20. Jahrhunderts besetzten die USA daher das Gebiet rund um den Kanal und riefen den unabhängigen

Staat Panama aus. In einem Staatsvertrag garantierten die USA die territoriale Freiheit Panamas, kontrollierten jedoch die Kanalzone fünf Meilen beiderseits der Kanaltrasse bis zur Übergabe des Kanals an Panama im Jahre 1999.

An der Miraflores-Schleuse lege ich einen weiteren Stopp ein. Zwischen zahlreichen Touristen aus aller Welt beobachte ich von der Besucherplattform mit Faszination, wie ein über 200 Meter langes chinesisches Containerschiff von kleinen Zahnradlokomotiven in die Hebestation gezogen wird. Es muss eine ungeheure Präzision erforderlich sein, um den Riesenkoloss unbeschadet in das nur wenige Zentimeter breitere Becken zu ziehen. Dutzende Digicams klicken um die Wette, als sich das tonnenschwere Schleusentor öffnet und das schwimmende Monstrum auf der anderen Seite entlässt.

Durch den auflebenden Straßenverkehr kündigt sich allmählich die Stadt von Panama City an. Ausgemusterte US-amerikanische Schulbusse im charakteristischen kadmiumgelben Farbton überholen mich, regelmäßig werde ich dabei in pechschwarze Abgaswolken ge-hüllt. Genoss ich vor wenigen Stunden noch die Ruhe und Idylle der Natur, so gleicht der Verkehr auf der mittlerweile dreispurigen Autobahn dem Weg in die Hölle. Zum Glück gibt es einen Seitenstreifen. Hier bin ich einigermaßen sicher, wenngleich dieser mit zerfetzten Autoreifen, Glasscherben und verlorenen Ladungen von Lastwagen übersät ist. In der Ferne kommen allmählich die Glasfassaden von Hochhäusern der Innenstadt in Sicht, der Anblick erinnert mich etwas an die Hochhäuser von Manhattan. Nicht mehr weit und ich bin in Sicherheit, denke ich mir.

Der Verkehr kommt langsam ins Stocken, rechts und links neben der Straße stehen alte heruntergekommene Baracken. Die Gegend macht keinen guten Eindruck, viele der Gebäude sind verlassen, die Reste eingefallener Häuser sind von Pflanzen überwuchert. Überall eingeschlagene Fensterscheiben, Graffiti, Müll, wilde streunende Hunde – ein Ort der Trostlosigkeit. Mir ist etwas mulmig zumute, als ich an einer roten Ampel zum Anhalten gezwungen werde. Ich vernehme ein gellendes „Hey Gringo, komm her!“ hinter mir und zucke zusammen. Ein Typ kommt auf mich zugerannt, mit seiner Hand deutet er mir an, stehen zu bleiben und auf ihn zu warten. Laut ruft er: „Halt!“ Adrenalin schießt mir in die Adern, als ich sehe, wie mich seine Augen fixieren und er plötzlich zu rennen beginnt. Von Panik ergriffen rufe ich „HILFE!“, doch das Meer aus Verkehrsgeräuschen verschluckt meine Laute. Hektisch steige ich auf mein Rad und rolle über die rote Ampel in die Kreuzung hinein, im Rückspiegel sehe ich, wie sich zwei weitere Kerle zu dem Typen gesellt haben und nun ebenfalls an meinen Fersen kleben. Die wollen nichts Gutes, nichts wie weg hier! Im Slalom mogle ich mich verkrampft durch die im Schritttempo schleichenden Fahrzeuge auf der Kreuzung, immer wieder werde ich zum Absteigen gezwungen. Mit Rad und Gepäck bin ich eindeutig im Nachteil, der Abstand zu den Verfolgern verringert sich stetig. Zum Glück erreiche ich die andere Straßenseite vor den Typen und springe in den Sattel. Panisch trete ich in die Pedale, mein Puls ist am Anschlag. Jetzt bloß kein Kettenspringer, sonst bin ich erledigt. Ich blicke auf meinen Tachometer und sehe mit großer Erleichterung, dass sich meine Geschwindigkeit der 40-km/h-Marke nähert. „Feierabend für euch Schurken", denke ich erleichtert, „so schnell könnt ihr zum Glück nicht mehr rennen!" Im Eiltempo geht es einige Minuten weiter, meine Augen schauen verzweifelt nach einer sicheren Zufluchtsstätte. Nach ein paar Hundert Metern kommt eine Tankstelle in Sicht, ich biege in die Einfahrt ein und wende mich an den Tankwart. „Ayuda, ayuda, asalto!"[27], rufe ich völlig außer mir. Erschöpft setze ich mich auf den Randstein neben dem Tankstellengebäude, meine Knie zittern wie Espenlaub. Ich kann es kaum fassen, dass ich nur um Haaresbreite einem Überfall entkommen bin. Dabei gilt Panama doch als eines der reichsten und sichersten Länder

[27] *Span.: Hilfe, Hilfe, Überfall!*

Mittelamerikas. Was erwartet mich erst in den kommenden Wochen?

Ich benötige eine Verschnaufpause, die Ereignisse der vergangenen Tage überwältigen mich allmählich. Ich bleibe ein paar Tage in einem Hostel in der Innenstadt von Panama City, nur selten verlasse ich die sicheren vier Wände. Der Schreck steckt mir tief in den Knochen. Wird mich dieses Gefühl nun die restliche Zeit begleiten? Ich versuche, mich von dem Gedanken zu lösen, dass jeder Passant auf der Straße ein potenzieller Bandit sein könnte. Nur langsam gelingt es mir wieder, mich zu entspannen. Ich erkundige mich bei der Polizei nach dem schnellsten und sichersten Wege aus der Stadt hinaus. Auf keinen Fall möchte ich wieder durch diesen Vorstadtbezirk fahren, über den ich hergekommen bin.

Als ich ein paar Tage später die Fahrt fortsetze, scannen meine Augen unentwegt die Umgebung und ich halte nur an, wenn es sich nicht anders machen lässt. Krampfhaft beobachte ich die Ampeln vor mir und hoffe, dass sie nicht auf Rot wechseln und ich nicht zum Anhalten gezwungen werde. Meine Blicke suchen unsicher die Gassen zwischen den Häusern nach Menschen ab, alle paar Sekunden blicke ich zwanghaft in den Rückspiegel. Als die Brücke „Puente de las Américas" vor mir auftaucht, stellt sich allmählich

Erleichterung ein. Panama City liegt hinter mir, auf der anderen Seite der Brücke stehen keine Häuser mehr. Das Bauwerk aus Stahl führt über den Panamakanal, gleich werde ich auf die andere Hälfte des amerikanischen Kontinents wechseln. Ich halte in der Mitte der Brücke an und blicke hinab auf die riesigen voll beladenen Containerschiffe unter mir. Aus großer Entfernung muten sie wie Kinderspielzeug an, nur ihre Trägheit verrät, dass es sich um gigantische Kolosse handelt.

Die Landschaft Panamas ist entlang der Hauptverkehrsroute recht monoton und langweilig, außer Kokos-, Bananen- und Cashewplantagen gibt es nicht viel zu sehen.

Die ursprünglich tropische Vegetation musste vielerorts einer öden Kulturlandschaft weichen. Nur selten passiere ich Naturoasen, letzte Rückzugsgebiete wilder Tiere wie Wasserschildkröten, Krokodile und Leguane. Brandrodung scheint hier noch immer eine gängige Methode der

Landwirtschaft zu sein, denn an vielen Stellen raubt mir beißender Rauch die Luft zum Atmen und hüllt die Landschaft in ein tristes Grau. Nur etwa 30 Prozent der Fläche des Landes sind in Form von Nationalparks, Waldschutzgebieten und Wildreservaten gesetzlich geschützt.

Ganz unvermittelt sehe ich zwei Motorradpolizisten am Straßenrand vor mir, gelangweilt stehen sie neben der Fahrbahn und beobachten den Verkehr auf der zweispurigen Schnellstraße. Einer der beiden erblickt mich von Weitem und stupst seinen Kollegen an. Ich bemerke, wie ich zum Gegenstand ihrer Unterhaltung werde. „Kontrolle, anhalten!", meint einer der Beamten in forschem Ton, als ich mich ihnen nähere. Was führen sie im Schilde, arbeiten sie im Sinne der Gerechtigkeit oder sehen sie in mir die Chance, ihr niedriges Gehalt aufzubessern? Lateinamerika ist bekannt für Korruption, Bestechungsgelder gehören zum Alltag und Europäer wie ich sind bekanntlich eine willkommene Beute. Zudem habe ich davon gehört, dass sich Banditen mit Uniformen kleiden und sich als Polizisten ausgeben. „Wo kommst du her?", werde ich gefragt und dabei eindringlich gemustert. „Alemania", antworte ich. „Na dann wollen wir mal deine Papiere kontrollieren", akribisch durchblättern sie meinen Reisepass, die zahlreichen Stempel der Länder Südamerikas scheinen sie zu beeindrucken. „Führst du ein Eigentumszertifikat für dein Fahrrad mit dir?", wollen sie wissen, als ich den Pass wieder zurückbekomme. Ich habe in einem Weltradler-Internetforum gelesen, dass ein derartiges Dokument in einigen Ländern hin und wieder von Polizisten verlangt wird. Um potenziellen Problemen vorzubeugen, habe ich mir ein solches Dokument im Voraus erstellt. Es ist natürlich in deutscher Sprache verfasst, zwei rote Stempel sowie eine unleserliche Unterschrift lassen es offiziell und wichtig erscheinen. Gut sieht es aus. „Jawohl", antworte ich und halte ihnen den Zettel vor die Nase. Da sie kein Deutsch verstehen, werfen sie nur einen flüchtigen Blick darauf. „Wir müssen dann noch dein Gepäck überprüfen. Dir ist hoffentlich bekannt, dass Radfahrer in Panama zum Mitführen von bestimmten Gegenständen verpflichtet sind", sagt einer der beiden mit ernster Miene. „Was?" Ich habe keine Ahnung, worauf sie hinauswollen, ich habe davon bisher noch nichts gehört. Merkwürdig. Der Typ, der mir die Frage stellte, blickt mich noch immer ernst und durchdringend an, am Gesicht seines Kollegen kann ich aber erkennen, dass er ein Lächeln unterdrückt. „Also, dann wollen wir mal schauen ...", meint der eine, als sie sich nochmals anblicken, fast so, als hätten sie sich abgesprochen. „Wo ist deine Sonnenschutzcreme? Wie viel Liter Trinkwasser führst du mit dir?" Ich bin irritiert, mit diesen Fragen hätte ich jetzt überhaupt nicht gerechnet. Wollen die mich nur verarschen? Mein von der Sonne heiß gelaufenes Hirn ist von der Situation überfordert. Was wollen die von mir?

Der Kollege streckt mir eine Radarpistole entgegen und meint: „Du bist zu schnell gefahren, wir müssen dich anzeigen!“ Das anfänglich unterdrückte schelmische Lächeln weicht langsam einem Grinsen und geht dann in lautes Lachen über. Erleichtert wird mir klar, dass sie mich veralbern wollen und ich etwas Abwechslung in ihren langweiligen Alltag bringe. Wir unterhalten uns eine Weile über meine Reise und das Lieblingsthema aller Latinos – den Fußball. Natürlich kennen sie auch den VfB Stuttgart und den FC Bayern, ich bedaure inständig, ein Fußballmuffel zu sein und nicht mehr zu der Konversation beitragen zu können. Hätte ich ein bisschen weniger Spanisch gelernt und dafür mehr Zeit in mein Fußballwissen investiert – mir wäre die Kommunikation im gesamten Lateinamerika insgesamt wesentlich leichter gefallen.

Das tropische Klima macht mir mehr zu schaffen, als ich anfangs dachte. Die 40 °C in Kombination mit der enormen Luftfeuchtigkeit lassen meine Beine bereits nach wenigen Stunden im Sattel erlahmen. Oberschenkel und Waden fühlen sich an wie Pudding, die Hitze raubt mir die Energie. In der Ebene ist es noch einigermaßen erträglich, da ich mit gut 20 km/h rollen kann und mich der Fahrtwind kühlt. Doch sobald ich mich eine Steigung hochkämpfen muss und die Geschwindigkeit zurückgeht, werde ich von den gnadenlosen Strahlen der Mittagssonne fast erdolcht. Mein Körper ist klatschnass vom Schwitzen, die Augen brennen, von der Nasenspitze tropft eine Mischung aus Sonnencreme, Schweiß und Straßenstaub. Bereits am frühen Nachmittag suche ich mir eine Unterkunft, ich will nicht mehr weiterfahren. Unter diesen Umständen muss ich mich mit kürzeren Tagesetappen zufriedengeben, das ist einfach keine Klimazone für Radfahrer.

In La Concepción, wenige Kilometer vor der Grenze zu Costa Rica, suche ich mir eine Unterkunft. Ich kann es kaum erwarten, mich unter den erfrischenden Strahl einer Dusche zu stellen, der einzige Retter für meinen brummenden Schädel. Ich spüre schon das kühle Nass über meine Haut rinnen und einen Strom neuer Energie durch meinen Körper fließen. Doch ich habe mich zu früh gefreut, die Wasserversorgung des gesamten Dorfes ist vorübergehend unterbrochen. Nur ein paar einsame warme Tröpfchen lösen sich von der Mündung des aus der Wand ragenden Wasserrohres, auf dem einst ein Duschkopf steckte.

Enttäuscht ziehe ich mich wieder an und gehe ins Dorf, vielleicht kann ich ja die Zeit zum Wäschewaschen nutzen. Doch auch dieser Plan scheitert. Die Angestellten des einzigen Waschsalons sitzen gelangweilt in der Ecke, ohne Wasser herrscht natürlich auch in einer Wäscherei tote Hose. Dieses Problem scheint häufiger vorzukommen, denn sie vermitteln den Eindruck, als wären sie an diesen Zustand bereits gewöhnt. In der Hoffnung auf eine baldige Behebung der Störung setze ich mich in den Warteraum des Geschäftes und unterhalte mich mit einem Angestellten. Er erzählt mir von seinem Unfall vor zwei Jahren. Beim Sturz von einem Hausdach während der Arbeit brach er sich Hand- und Ellenbogengelenk, sein rechter Arm ist seitdem steif. Eine Operation in einem modernen Krankenhaus konnte er sich nicht leisten, wahrscheinlich würde es ihm dann jetzt besser gehen. Mit dem Unfall verlor er nicht nur einen Teil seiner Gesundheit, sondern auch seinen Beruf als Bauarbeiter. Um über die Runden zu kommen, jobbt er nun als Hilfskraft in dem Waschsalon. Ich versuche mir vorzustellen, wie es ihm wohl in Deutschland ergangen wäre. Die Unfallversicherung hätte die Kosten der Operation in einem Krankenhaus übernommen, er wäre danach in eine Kur gekommen, hätte Physiotherapie erhalten, und wenn er nicht schon wieder völlig gesund und arbeitsfähig wäre, dann würde jetzt das soziale Netz für ihn aufkommen. Stattdessen ist er sprichwörtlich aus dem System gestürzt und nun völlig auf sich alleine gestellt.

Das Wasser kommt erst am nächsten Morgen zurück, zumindest reicht es noch für eine Morgendusche, bevor ich in Richtung Costa Rica aufbreche. Bereits mehrere Kilometer vor der Grenze beginnt die Warteschlange der Fahrzeuge. Die einheimischen Fahrer scheinen sich mit dem Zustand abgefunden zu haben. Entspannt sitzen sie neben ihren Lkws auf der Straße und unterhalten sich oder liegen dösend in Hängematten, die sie unter die Anhänger gespannt haben.

Der typische Latino-Lkw-Fahrer ist so um die fünfzig Jahre jung, klein und korpulent, vollbärtig und steht gerne mit nacktem Oberkörper neben seinem bunt geschmückten und frisch polierten Truck. Sein Fahrzeug ist sein treuer Gefährte, er ist stolz darauf und verehrt es wie eine Königin oder seine Mutter. Auf der Frontscheibe klebt meist ein kitschiges Marienbild und über dem Nummernschild steht „Jesus liebt dich". Die Fahrerkabine ist voll von Fotos von Frau und Kindern. Wann immer ich an ihnen vorbeifahre und ihre Aufmerksamkeit wecke, winken oder rufen sie mir freundlich zu, bieten mir Kaffee, Tee, Kekse oder Zigaretten an und freuen sich über meine Gesellschaft. Es ist beinahe schon so, als hätten sie mich in ihre Clique aufgenommen, als wäre ich ihr Verbündeter im Kampf gegen die endlose, erbarmungslose Straße. Die Arbeit hinterm Steuer ist hart, viele der Fahrer sind wochenlang unterwegs und sehen ihre

Frauen und Kinder nur wenige Tage pro Monat. Umso wichtiger ist ihnen daher die Gesellschaft ihrer Kollegen und Weggefährten, ein Ersatz für ihre Familie in der Ferne. Es ist sehr interessant, einmal mit den Lenkern der Riesenvehikel zu reden, die mich täglich tausendfach überholen, mich in Staub und Abgase hüllen, mich immer wieder zum Absteigen zwingen und mich ein paar Mal fast schon ins Jenseits befördert haben. Die große Mehrheit der Lkw-Fahrer verhält sich zwar ausgesprochen rücksichtsvoll, doch das eine oder andere negative Erlebnis mit ihren motorisierten Straßenmonstern hat mein Bild von ihnen etwas getrübt.

FROSCH-TELEFONSEX IN COSTA RICA

In Costa Rica fahre ich dann endlich wieder häufiger durch ursprüngliche Naturlandschaften, im Schatten des dichten Bewuchses des Regenwaldes radelt es sich gleich viel angenehmer. Der Verkehr ist im Vergleich zu Panama etwas schwächer, langsam gewöhnt sich auch mein Körper an die feuchtheiße Luft. Am Straßenrand sehe ich ein Schild mit der Aufschrift „Tropenstation – wissenschaftliche Leitung: Universität Wien". Ohne lange nachzudenken, biege ich in die schmale Schotterstraße ab. Die Hoffnung auf einen Kaiserschmarrn und darauf, endlich wieder ein bisschen Deutsch reden zu können, verleiht mir einen kräftigen Energieschub.

Vor vielen Jahren hat der Wiener Musiker Prof. Michael Schnitzler mit österreichischen Spendengeldern ein riesiges Waldgebiet nahe der Pazifikküste von der Ausbeutung und Zerstörung freigekauft und dadurch gerettet, jetzt ist es unter dem symbolischen Namen „Regenwald der Österreicher" bekannt. Mit über 3 000 verschiedenen Gefäßpflanzenarten ist der Wald eine der reichsten Vegetationszonen der Erde, für viele Forscher verschiedener Fachrichtungen ein begehrtes Studienziel. Insgesamt acht Biologiestudenten aus Deutschland treffe ich auf der Station an, die meisten von ihnen sind hierhergekommen, um eine Master- bzw.

Diplomarbeit zu schreiben. Sie wirken sehr ehrgeizig und motiviert, eifrig erzählen sie mir von der Station und den Forschungsergebnissen der Wissenschaftler. Für mich ist es eine perfekte Möglichkeit, eine Führung durch Experten zu bekommen, und das sogar in meiner eigenen Landessprache.

Die laufenden Forschungsthemen klingen sehr interessant, wenngleich teilweise etwas skurril. Bei einem der Projekte hat ein Forscher Balzgeräusche von Fröschen aufgezeichnet und anschließend per Computer manipuliert. Nun sitzt er tagelang mit seinem iPod samt Lautsprechern im Gebüsch, um den Tieren die modifizierten Töne wieder vorzuspielen und dabei ihr Verhalten zu beobachten. Hierbei handelt es sich gewissermaßen um einen kostenlosen Telefonsex-Service für Frösche.

Als es dunkel wird, nehmen mich die Studenten mit auf eine Tour durch den Wald. Es ist stockfinster, die Lichtkegel unserer Stirnlampen verlieren sich bereits nach wenigen Metern im Nichts. Noch immer ist es unerträglich heiß und feucht, das Thermometer zeigt 36 °C. Die Geräuschkulisse ist beeindruckend, das Zirpen der Grillen ist fast schon so laut, dass es in den Ohren schmerzt. Wie halten die Tierchen nur ihren eigenen Lärm aus? „Gleich wirst du ein paar Kaimane sehen“, meint Florian aus Bremen und hält seine Taschenlampe dicht über die Wasseroberfläche. In dem trüben Wasser scheint sich etwas zu rühren, langsam bewegt sich in dem diffusen Licht ein dunkler Schatten.

Als der dunkle Fleck langsam aufsteigt, erkenne ich die Silhouette einer riesigen Wasserschildkröte. Sie steuert direkt auf uns zu, und noch bevor sie das Ufer berührt, hebt sie ihren Kopf aus dem Wasser und blickt uns entgegen. Weitere Schildkröten folgen. Dann sticht die Schnauze eines Kaimans aus dem Wasser, der Anblick der spitzen Zähne in seinem aufgerissenen Maul lässt mich erschauern. Florian leuchtet mit seiner Lampe am Ufer des Tümpels entlang, immer wieder funkeln uns Kaimanaugen entgegen. Der Tümpel scheint voll von diesen urigen Reptilien zu sein.

Gut zwei Stunden gehen wir durch den dunklen Wald und begegnen Riesenschlangen, Echsen und allerhand exotischen Insekten, einige davon haben Furcht einflößende Dimen-sionen. In einem Erdloch wimmelt es von pechschwarzen Kakerlaken, in einem anderen Erdloch verschwindet eine ganze Kompanie kleiner Landkrabben. Die Vielfalt an Tieren und Pflanzen ist fantastisch. Hinter jedem

Blatt, unter jedem Stein und in jedem Busch gibt es etwas zu entdecken. Zwar servieren mir die Studenten von der Forschungsstation nach der Tour keinen selbst gemachten Kaiserschmarrn, wie ich anfangs erhofft hatte, dafür laden sie mich in ihre Bar ein. Sie brauen ihr eigenes Bier, die Zutaten dafür nehmen sie aus dem Wald gleich nebenan. Super – so ein Biologiestudium!

Nach zwei Ruhetagen in La Gamba setze ich meine Fahrt entlang einer wunderschönen Küste nach Westen fort. Immer wieder halte ich an und lege mich an völlig menschenleeren Stränden in den Sand. Einer der anstrengendsten Anstiege Zentralamerikas steht mir bevor. Ich plane, auf den 3 432 Meter hohen Vulkan Irazú zu radeln, von dem man bei guter Sicht die Karibik und den Pazifik sehen kann. Bevor ich auf dem Gipfel stehen darf, muss ich zuerst noch einen knapp 3 000 Meter hohen Pass erklimmen, danach wieder auf 1 400 Meter abfahren und wieder 2 000 Höhenmeter hochstrampeln. Das ergibt über 5 000 Meter Höhendifferenz auf gerade mal 150 Kilometern.

Der erste Anstieg ist enorm steil, sodass ich immer wieder auf die Seite kippe und größte Mühe habe, wieder anzufahren. Stundenlang quäle ich mich im Schneckentempo die gnadenlose Steigung hinauf, nur langsam sehe ich das Meer unter mir abtauchen. Keine halbe Stunde kann ich mich auf dem Rad halten, ohne dazwischen abzusteigen und meine

Beine auszuschütteln.

Die Straße wird immer steiler, mein Oberkörper wippt hin und her, jede Pedalumdrehung gestaltet sich zu einem Kampf. Meine Arme zerren wie verrückt am Lenker, ausnahmslos alle Muskeln meines Körpers sind in Aktion, der Schweiß rinnt in Strömen. Dann spüre ich plötzlich, wie der Sattel nachgibt und der Abstand zum Lenker immer größer wird. Bin ich verrückt geworden oder entwickelt mein Fahrrad ein Eigenleben? Ich ignoriere das Gefühl und trete weiter in die Pedale, bis ein metallisches Knirschen meinen Körper durchfährt und mein Sattel nach hinten wegschnappt. Verstört schaue ich nach unten und sehe die Sattelstütze rücklings abstehen. In dem Alurohr klafft ein gut einen Zentimeter langer Riss. Ich fluche über die miese Qualität der Fahrradkomponenten, doch es bleibt mir nichts anderes übrig, als den unteren Teil der Stange vollends abzubrechen und es zehn Zentimeter tiefer in den Rahmen einzufahren. Wie ein Affe auf dem Schleifstein kämpfe ich mich mit viel zu niedrigem Sattel die steile Steigung hinauf, werde immer wieder dazu gezwungen abzusteigen und das Rad zu schieben. Als die Nacht hereinbricht, wird es bitterkalt. Obwohl ich mich in den Tropen befinde, weht in 3 000 Metern Höhe ein eisiger Wind. Ich stelle mein Zelt neben die Straße und lege mich ohne Abendessen in den Schlafsack. Müde, verschwitzt, ausgefroren und mit leerem Magen befinde ich mich innerhalb weniger Minuten im Tiefschlaf.

Um fünf Uhr des nächsten Morgens holt mich mein Wecker wieder heraus. Ich lasse meine Ausrüstung im Zelt zurück und strample die restlichen 400 Höhenmeter zum Kraterrand hinauf. Es ist stockdunkel, am Fuß des Berges sehe ich vereinzelte Lichter der Straßenbeleuchtung. Ohne die schweren Satteltaschen fliege ich förmlich, selbst mit dem viel zu nied-rigen Sattel läuft es wie geschmiert. Noch bevor ich den Gipfel erreiche, schiebt sich die Sonne über den Horizont, ich spüre die ersten wärmenden Strahlen in meinem Gesicht. Eigentlich könnte man vom Irazú aus die beiden Ozeane sehen, doch die unter mir liegende Wolkenschicht versperrt den Blick darauf. Nur an einer einzigen Stelle wird

die weiße Watteschicht durchbrochen, vom Gipfel des Vulkans Turrialba. Es ist völlig windstill und ruhig, die Luft ist so rein und die Sicht so gut wie schon seit Wochen nicht mehr. Mit Begeisterung fahre ich die letzten Serpentinen bis zum Rand des Kraters und blicke von oben auf einen wunderschön türkis leuchtenden See. Die Stimmung auf dem von Wolken umgebenen Berg hat etwas Meditatives, auf einem Stein sitzend halte ich inne und genieße die Stille. Einzigartig ist die Kulisse der Vulkanlandschaft, ich fühle mich für einen Moment wie in einer anderen Welt. Vergessen sind all die Mühen der Auffahrt, die Wadenkrämpfe, die Rückenschmerzen, die Kälte, der Hunger, die Erschöpfung. Ein Gefühl von Leichtigkeit und Unbeschwertheit überkommt mich und ich spüre pures Lebensglück durch meine Adern fließen. Zukunft und Vergangenheit sind für einen Moment wie ausgeknipst, in meinem Bewusstsein existiert nur der Augenblick.

Über zwei Stunden dauert die Abfahrt hinunter nach Cartago, wo ich eine neue Sattelstütze montiere und mich von der heftigen Bergetappe erhole. San José durchkreuze ich nur flüchtig, Costa Ricas Hauptstadt hat nicht viel zu bieten und einige ihrer Viertel gelten als nicht ganz ungefährlich. Bei einem kurzen Spaziergang durch das Zentrum werde ich von mehreren Drogenhändlern angesprochen. „Ich kann dir alles besorgen“, meint ein Dealer ganz direkt auf offener Straße.

Das Terrain Costa Ricas ist zum Radfahren äußerst anspruchsvoll, permanent geht es hoch und runter. Zwar sind die Steigungen nicht sehr lang, dafür aber so steil, dass ich es teilweise nur mit Mühe und Not im niedrigsten Gang schaffe. Der Puls ist am Anschlag, ich schwitze aus allen Poren. Der Anblick der Landschaft hingegen ist fantastisch, kleine verwinkelte Tabakfelder wechseln sich ab mit tropischem Regenwald, dazwischen immer wieder Berge. Aus dem dichten Wald vor mir taucht langsam der Vulkan Arenal auf, einer der Aktivsten unserer Erde. Nahezu permanent fließt aus seinem Gipfelkrater ein Lavastrom den Hang hinab, doch ausgerechnet, als ich zu Besuch bin, macht er Pause. Lediglich ein paar kleine Fumarolen steigen aus dem Gipfelkrater, ansonsten scheint der Riese friedlich zu schlummern.

In einem Café mit der Aufschrift „German Bakery" am Ufer des Arenal-Stausees halte ich eines Nachmittags an, die Sonne sticht so erbarmungslos auf meine Birne, dass ich das Gefühl habe, mir wurde ein Holzhammer drübergezogen. Ich setze mich an einen freien Tisch auf der überdachten Terrasse und genieße die fabelhafte Aussicht auf den See. Der Blick in die Speisekarte lässt mein Herz höher schlagen.

Neben selbst gemachtem Heidelbeerkuchen und Apfelstrudel gibt es Sauerkraut und Bratwurst, Käsespätzle und Maultaschen. Ich kann mich kaum entscheiden bei der riesigen Auswahl. Seit Wochen habe ich mich nur von Reis, Hähnchen, Bohnen und Kochbananen ernährt, endlich kommt mein Gaumen mal wieder auf seine Kosten.

Am Tisch neben mir sitzt ein älteres Ehepaar, sie haben mich beim Abstellen meines Fahrrades am Eingang beobachtet und schauen nun neugierig zu mir herüber. „Wo fährst du denn hin?", fragt mich der Herr. „Nach Kanada", antworte ich knapp, noch etwas außer Atem. „Ach ja? Wir wohnen in Kanada, genauer gesagt in Calgary", antwortet die Frau und ergänzt: „Wenn du es bis Kanada schaffst, musst du auf jeden Fall durch den Glacier Nationalpark fahren, einer der schönsten Parks der Rocky Mountains." Die beiden erzählen mir begeistert von Elchen, Bären und schneebedeckten Gipfeln, ihr Enthusiasmus ist ihnen förmlich ins Gesicht geschrieben. Wie gerne würde ich im Moment die frische Bergluft der Rocky Mountains gegen diese zermürbende schwüle Hitze tauschen. Ich bin fasziniert von ihrer Schilderung und beschließe noch während des Gespräches, den Glacier National Park bzw. Calgary als Endziel meiner Reise zu wählen.

Ein Herr neben uns unterbricht die Konversation und meint auf breitestem Schwäbisch zu mir: „Servus, i ben der Tom. Du bisch doch au aus Deitschland, wo kommsch denn genau her, aus Stuagart?“ Ich kann es nicht fassen, mit diesem Dialekt hätte ich hier nun wirklich nicht gerechnet. „Ich bin aus Kernen, östlich von Stuttgart, aber gut geraten“, antworte ich erheitert. „Ah, des kenn i guat, mei Exfreindin kommt aus Korb, des isch grad amol fenf Kilometr entfernt“, meint er und nimmt einen kräftigen Zug aus seiner Zigarette. „Mir ghört der Schuppa hier, i komm aus Kempten em Allgäu, vor fufzeh Jahr ben i nach Coschta Rigga ausgwandert, weils mr em Allgäu zviel Schnee ghet hat“, sagt er scherzend und bläst dabei genüsslich einen Schwall Zigarettenrauch in die Luft. Seine Frisur und sein Outfit deuten darauf hin, dass die 68er Jahre nicht spurlos an ihm vorübergegangen sind. Er streckt mir einen Laib Vollkornbrot entgegen und meint: „Lass dir's schmecka!“

Tom ist einer von vielen, die ihrem Heimatland den Rücken gekehrt haben und nun unter der Sonne Mittelamerikas verweilen. An den folgenden Tagen treffe ich noch mehrere Einwanderer, unter anderem ein kanadisches und ein US-amerikanisches Pärchen. Die Gründe für die Verlagerung des Lebenssitzes in die „Schweiz Mittelamerikas“, wie das Land auch wegen seines relativen Wohlstands, seiner bergigen Landschaft und seiner politischen Neutralität genannt wird, sind vielfältig: ein ganzjährig mildes Klima, traumhafte Landschaften, unberührte Strände, eine einzigartige Flora und Fauna, freundliche Menschen sowie nicht zu vernachlässigende steuerliche Vorteile. Eine dauerhafte Aufenthaltsgenehmigung kann zudem recht einfach erlangt werden, es reicht der Nachweis eines monatlichen Festeinkommens bzw. einer Rente von 600 US-Dollar. Obendrein gilt Costa Rica mit einer vergleichsweise niedrigen Kriminalitätsrate als eines der sichersten Länder Mittelamerikas. Ein Faktor, der hierfür sicher eine große Rolle spielte, war die Entscheidung des Präsidenten José Figueres Ferrer im Jahre 1949, die Armee per Verfassung abzuschaffen und die freigesetzten Gelder in den Ausbau des Bildungs- und Gesundheitswesens zu stecken. Bedauerlich, dass dieser Idee der Abschaffung des Militärs nicht noch mehr Länder gefolgt sind. Sicher würde die Welt heute etwas anders aussehen.

TIEFPUNKT IN NICARAGUA

„Die Grenze zwischen Costa Rica und Nicaragua ist vorübergehend geschlossen“, teilt mir ein Grenzbeamter mit, „warten Sie hier.“ Auf meine Fragen „Weshalb?“ und „Bis wann?“ erhalte ich ein simples Achselzucken. Das Verhältnis zwischen den Regierungen beider Länder war schon immer angespannt. Einer der vielen Zankäpfel ist der Grenzfluss San Juan. Seit mittlerweile 200 Jahren wird nun darum gestritten, wer diesen wie nutzen darf. Im Moment belastet die Absicht Nicaraguas zum Bau eines Schifffahrtskanals von der Karibik zum Pazifik die Beziehungen. Ursprünglich sollte hierfür der Grenzfluss mitbenutzt werden, aber aufgrund der Streitigkeiten mit Costa Rica wird der Kanal nun weiter nördlich im Landesinneren Nicaraguas verlaufen. Bei dem Projekt geht es um viel Geld, werden doch mit dem bestehenden Panamakanal jährlich Milliarden verdient. Die beiden Regierungen lassen keine Möglichkeit aus, sich gegenseitig zu schikanieren und die willkürliche Schließung der Landesgrenze scheint nun wohl ein neues Instrument dafür zu sein.

Die kommenden Wochen bereiten mir deshalb etwas Sorgen, fünf weitere Grenzübergänge sind insgesamt zu passieren, bevor ich in die USA gelange. Die Chancen, hierbei Probleme zu bekommen, stehen gut, sei es durch korrupte Beamte oder aufgrund unvorhersehbarer Ereignisse – wie eben solch eine plötzliche, unerwartete Grenzschließung.

Nach gut zwei Wochen Aufenthalt in den für mittelamerikanische Verhältnisse überdurchschnittlich entwickelten Ländern Costa Rica und Panama blicke ich gleich hinter der Grenze zu Nicaragua wieder in das traurige Gesicht der Armut. Man erkennt sie an den verwahrlosten Straßenködern, an dem überall verteilten Müll, an den abgetragenen und schmutzigen Kleidern der Menschen und an ihren einfachen Behausungen. Auf dem Land wohnen die Menschen meist in primitiven Hütten, gebaut aus Ästen und Bambusrohren. Schlitze in den Wänden ermöglichen einen Blick ins Innere, nur ein Teil ist zur Gewährung der Privatsphäre mit Tüchern abgehängt. Palmwedel schützen vor Sonne und Regen. Man lebt sehr eng zusammen mit Tieren,

an den Wohnbereich schließt sich in der Regel ein Schweine- oder Ziegengehege an, Hühner rennen frei über den Hof.

Gekocht wird am offenen Feuer vor den Hütten. Aufgrund der heißen Umgebungsluft will der Feuerrauch nicht aufsteigen und sammelt sich in dichten Schwaden, die sich im Buschwald zwischen den Häusern verfangen. Es riecht jedoch nicht nur nach romantischem Feuerduft, wie man es von Lagerfeuern her kennt. In die Nase dringt der beißende Gestank von schmorendem Kunststoff und verkohltem Gummi, scheinbar wird dem Feuerholz auch Müll hinzugemischt. Auffallend viele kleine Kinder sind zu sehen, barfuß rennen sie über die festgetrampelte dunkelrote Lehmerde und spielen mit Hunden, Ziegen oder Hühnern.

Ein Bürgerkrieg in den 1980er Jahren, eine über Jahre verfehlte Wirtschaftspolitik, Naturkatastrophen und schwankende Rohstoffpreise auf dem Weltmarkt haben dazu geführt, dass die Wirtschaftsleistung des Landes heutzutage niedriger ist als im Jahre 1979. Ein Drittel des Haushaltes steuern ausländische Geber bei. Fast jeder zweite Nicaraguaner lebt laut Human Development Index der Vereinten Nationen in Armut und muss mit zwei Dollar pro Tag oder weniger auskommen. Wie kann man unter diesen Umständen überhaupt noch an die Zukunft glauben? Wie ist es möglich, Freude oder Glück zu empfinden? Es scheint mir unvorstellbar, dieser Situation überhaupt noch etwas Positives abgewinnen zu können. Und dennoch gibt es sie hier – Menschen mit Lebensfreude, Humor und Zuversicht. Menschen, die trotz ihrer von Strapazen und Problemen gekennzeichneten Gesichter derart gelassen und zufrieden wirken, dass man sie dafür beneiden muss. Menschen, deren Lächeln unter die Haut geht, weil man spürt, dass es ehrlich ist und von Herzen kommt. Woher schöpfen sie wohl diese innere Kraft? Ihr Maß an Lebensfreude und Optimismus ist beeindruckend. Es zeigt, dass Zufriedenheit nur bedingt auf materiellem Wohlstand beruht, der Rest ist wohl Einstellungssache und abhängig vom Umgang mit den unabänderlichen Gegebenheiten.

Nach der Fahrt durch das ländliche Nicaragua mit den einheitlich blassen Braun-, Grau- und Grüntönen tauche ich in Masaya, der „Stadt der Blumen“ in ein wahres Farbenmeer. Vor knallgelb leuchtenden Hausfassaden tanzen giftgrüne Geländer, veilchenblaue Fensterrahmen und rosarote Türen. Ich spüre, wie diese Farben meine innere

Verkrampfung etwas lockern und ich entspanne. Die Stadt ist für ihr indianisches Kunsthandwerk bekannt, auf zwei lebendigen Märkten werden die handgefertigten Erzeugnisse der Region verkauft – geflochtene Hängematten, Holzschnitzereien und Textilien.

Ich halte an einem kleinen türkisfarbenen Gebäude, ein handbemaltes Schild mit der Aufschrift „Hospedaje" deutet darauf hin, dass es sich um eine Unterkunft handelt. In dem einstöckigen Wohnhaus wurden zwei Zimmer für Gäste hergerichtet, Toilette und Flur teilt man sich mit der Hausbesitzerin. Der Durchgang zum Badezimmer führt durch die Küche. Es ist eng in der Wohnung, zudem wohnen hier auch noch ein Hund und ein Kaninchen.

Als ich nach dem Besuch des Marktes einen Tag später mein Fahrrad für die Weiterfahrt richten möchte, begegnen mir im Hausflur zwei Männer. Grimmig schauen sie drein, der Kleinere der beiden ist breit und kräftig, die Muskeln seiner tätowierten Oberarme quellen unter einem eng anliegenden schneeweißen Bodyshirt hervor. An seinem Hals wimmelt es vor glitzernden Goldkettchen. „Buenos Dias!", begrüße ich die Männer höflich, doch sie ziehen wortlos an mir vorbei. Egal, denke ich mir, vielleicht sind sie taub oder haben schlecht geschlafen, wollen nicht kommunizieren. Doch dann glaube ich, meinen Ohren nicht zu trauen, als mir der aufgeblasene Muskelprotz „What the fuck!" nachruft. Habe ich richtig verstanden? Die Besitzerin der Herberge hat unsere Kommunikation verfolgt und taucht plötzlich auf. „Verlassen Sie sofort das Hotel oder ich alarmiere die Polizei“, ruft sie dem Typen hinterher. „Fuck you, pussy“, giftet er sie an und verschwindet mit seinem Kumpel in der Tür neben meinem Zimmer. „Er wohnt schon seit letzter Woche in meinem Haus und hat noch keinen einzigen Cent bezahlt“, stottert sie panisch. Als die Frau ihn darauf ansprach, drohte er, ihr etwas anzutun. Da sie von einem Nachbarn erfahren hat, dass er tags zuvor in eine Messerstecherei verwickelt war, hat sie nun Angst davor, angegriffen zu werden. Jetzt greift sie schließlich doch zum Telefonhörer und ruft die Polizei. Mir wird mulmig. In Windeseile packe ich meine Sachen, die Situation ist mir nicht geheuer. So wie der Typ sich verhalten hat, ist ihm alles Mögliche zuzutrauen. Wer weiß, was er auf dem Kerbholz hat? Ich habe mein Fahrrad bereits die Haustreppe hinabgetragen und meine Packtaschen eingehängt, als mir zwei Polizisten entgegenkommen und hinter mir das Haus betreten. Schnell weg hier, ich will nicht dabei sein, wenn die beiden Typen austicken. Erleichterung überkommt mich, als ich auf die große Hauptstraße einbiege und den Ort hinter mir lasse.

Nicaragua ist ein hartes Pflaster. Die Tour wird immer mehr zum Kampf, der mich allmählich an die Grenzen meiner Kräfte bringt. Überall lauern Gefahren – auf der Straße, in den Städten, selbst in Unterkünften bin ich hier nicht einmal mehr sicher. Ich bin angespannt, schon bei Kleinigkeiten gehe ich fast an die Decke. Die vielen verlorenen bzw. weggeworfenen Gegenstände auf den Straßen verlangen meine volle Achtsamkeit, ein kurzes Weggucken wird hart bestraft. Gleich zwei Mal innerhalb weniger Tage zerschneiden mir scharfkantige Blechstücke auf der Straße den Vorderreifen. Nach einem ohrenbetäubenden Zischen beginnt sich das Rad jedes Mal wie ein wilder Rodeo-Stier zu schütteln, so, als wolle es nur eins: mich und mein Gepäck abwerfen. Ich gebe alles, um dabei nicht zu stürzen oder auf die viel befahrene Fahrbahn zu geraten. Bei einem ungewollten Rendezvous mit einem Schlagloch bricht wieder einmal der Gepäckträger. Dank einem Stück Draht und ein paar Kabelbindern gelingt es mir jedoch, die nächste Stadt zu erreichen und die Strebe schweißen zu lassen. Der Einzige, der von dieser Situation profitiert, ist der Mechaniker, der mir den Träger wieder zusammenschweißt. Ihm scheint die Bedeutung seiner Rolle bewusst zu sein, denn er verlangt für die etwa zehnminütige Reparatur einen horrenden Betrag.

Auch bei Einkäufen werde ich immer wieder über den Tisch gezogen, entweder muss ich zu viel bezahlen oder ich bekomme zu wenig Rückgeld. Überall Tricks und Maschen, wo man hinschaut. Es passiert sogar, dass man mir Falschgeld unterjubelt. Erst als ein Kioskverkäufer mir eine meiner Münzen nicht abnimmt, bemerke ich, dass sie sich von anderen unterscheidet. Die Prägung ist etwas flacher als sonst und das Metall hat einen leicht dunkleren Farbton. Aus Angst vor Betrug und Schwindel werde ich immer misstrauischer. Es ist schade, denn so verhalte mich auch in Situationen, in denen eigentlich kein Anlass dazu besteht, sehr abweisend.

Und zu all den Schikanen kommen noch die ständigen Verdauungsprobleme aufgrund der schlechten Hygienebedingungen. Trotz Beachtung aller Vorsichtsmaßnahmen verfolgt mich dieser Fluch wie ein ständiger Schatten. Plötzliche Magen- und Bauchkrämpfe fallen unvermittelt über mich her. Zum Glück sind die meisten Straßen von Büschen und Bäumen gesäumt, und ich kann mich dahinter verstecken. Es fühlt sich so an, als würde eine unsichtbare Macht gegen mich kämpfen und mit allen Mitteln versuchen, mir das Leben schwer zu machen.

Mich drängt es regelrecht aus Nicaragua hinaus, mit aller Kraft trete ich in die Pedale, um diesem Chaos zu entkommen. Meine Sinne sind von den vielen unangenehmen Reizen völlig überfordert. Wo ich auch bin, rieche ich den fauligen Geruch von Abwasser, sehe ich verkrüppelte Straßenhunde im Müll stöbern, höre ich die Rufe bettelnder Straßenkinder. Das Elend ist überall, in jedem Detail, wo man hinblickt. Die Zustände im Nachbarland Honduras werden sich nicht besonders von Nicaragua unterscheiden, trotzdem sehne ich mir die Grenze herbei, um dieses traurige Kapitel zu beenden.

In Honduras fühle ich mich, wie erwartet, nicht viel besser, insbesondere weil mich ein Freund ein paar Tage zuvor in einer E-Mail auf die Kriminalstatistik des Landes aufmerksam gemacht hat. Die Mordrate dieses Landes gehört zu den höchsten weltweit, auf 100 000 Einwohner kamen im Jahr 2010 erschreckende 72 Morde (in Deutschland waren es im selben Zeitraum lediglich drei). Ein Großteil dieser Verbrechen geht auf das Konto krimineller Jugendbanden, sogenannter Maras. Die mafiaähnlich organisierten Gruppen bildeten sich nach den Bürgerkriegen der 1980er Jahre. Damals flüchteten viele Menschen aus Mittelamerika in die USA, wo sie in Großstädten wie Los Angeles Diskriminierung, Armut und geringen Zukunftschancen ausgesetzt waren. Zum Schutz vor den dort herrschenden Gangs schlossen sich die Kinder und Jugendlichen der Flüchtlinge zu Banden zusammen. Anfangs dienten diese Gruppierungen dem Selbstschutz und der Verteidigung, doch die Erfahrungen auf der Straße härteten die Jugendlichen mehr und mehr ab und machten Gewalt zum bevorzugten Instrument ihres Handelns. Straffällig gewordene Flüchtlinge wurden im Zuge der Null-Toleranz-Strategie der USA wieder in ihre Heimatländer abgeschoben, wo sie ihre kriminellen Aktivitäten fortsetzten. Die Bandenmitglieder leben größtenteils in Honduras, El Salvador und Guatemala, ihre Aktionen erstrecken sich aber auch auf die Vereinigten Staaten. Zum Betätigungsfeld der international agierenden Gruppierungen zählen Waffen-, Drogen- und Menschenhandel sowie Prostitution, Autoschieberei und Diebstahl.

Gut zehn Stunden benötige ich für die 140 Kilometer lange Fahrt durch Honduras, von der Grenze Nicaraguas im Osten bis zur Grenze El Salvadors im Westen. Ich fühle mich wie auf heißen Kohlen, wenn ich irgendwo längere Zeit stehen bleibe, habe ich das Gefühl, meine Sohlen brennen an. Ich versuche daher nur anzuhalten, wenn es sich nicht anders machen lässt – zum Einkaufen oder wenn mich ein platter Reifen dazu zwingt. Dann aber schnell weiter, nur nicht länger verweilen als nötig. Dabei hätte das Land so viel zu bieten: traumhafte karibische Inseln und Strände, riesige Korallenriffe sowie riesige Flächen mit unberührtem tropischen Regenwald, in denen zahlreiche exotische Tierarten wie der Jaguar und der Puma beheimatet sind. Doch die erschreckend hohe Zahl von Gewaltverbrechen hat sich zu tief in mein Unterbewusstsein eingebrannt, als dass ich auch nur irgendetwas davon genießen könnte. Es fällt mir äußerst schwer, mich von dieser Befangenheit zu befreien und den Leuten offen zu begegnen, obwohl ich während der gesamten Zeit in Honduras keine einzige negative Erfahrung mache.

Im Nachhinein bedaure ich es sehr, dass ich keine engeren Kontakte zu den Leuten fand und auch so gut wie nichts von der Kultur des Landes erfahren konnte.

ES GEHT WIEDER AUFWÄRTS: ZU GAST IN EL SALVADOR

Das Nachbarland El Salvador betrachte ich aufgrund der kritischen Sicherheitslage ebenfalls nur als Transitland. Kurz nachdem mir der bärtige Grenzbeamte einen dicken Stempel in den Reisepass gehauen hat, rollen meine Räder bereits über den heißen Asphalt. Nur kein unnötiges Risiko eingehen. Ich möchte das Land ohne größere Umwege auf schnellstem Weg durchqueren, lediglich in der Hauptstadt San Salvador plane ich eine Pause bei einer Bekannten. Wie in Honduras herrscht in El Salvador ebenfalls eine sehr hohe Gewaltbereitschaft, zudem ist eine große Zahl an Schusswaffen im Umlauf. Ein Großteil der Waffen stammt aus den Zeiten des Bürgerkrieges, bei dem sich die Streitkräfte der Guerilla einen blutigen Kampf gegen das durch die USA gestützte Militärregime lieferte. Über 70 000 Menschen kamen dabei zwischen 1980 und 1991 ums Leben, die meisten Opfer waren Zivilisten. Hintergrund der Kämpfe war die ungerechte Verteilung der Ressourcen unter der Bevölkerung. Daran hat sich bis heute nichts geändert, jeder dritte Salvadorianer lebt offiziell unter der nationalen Armutsgrenze.

Nur wenige Kilometer hinter der Grenze zieht urplötzlich ein von hinten kommender Pritschenwagen vor mir auf den

Standstreifen. Ich erschrecke beinahe zu Tode, als der Fahrer anhält und mich mit hektischen Handbewegungen auffordert, hinter seinem Wagen stehen zu bleiben. Kurz denke ich darüber nach, an ihm vorbeizufahren, um ihm zu entkommen, doch dann wird mir klar, dass ich als Fahrradfahrer keine Chance habe. Adrenalin schießt durch meine Adern, mein Puls ist bei 180. Was geschieht nun? Mein skeptisches Auge blickt bereits in den Lauf einer Pistole und sieht sämtliche Habseligkeiten auf der Pritsche des Pick-ups davonfahren, der gutgläubige Teil in mir hingegen sieht einen nett lächelnden Herrn Mitte dreißig, der mir freundlich seine Hand entgegenstreckt. „Hola, wie geht's? Wo kommst du her und wo fährst du hin?" Noch immer mit der Situation überfordert erzähle ich stotternd von meiner Tour. Allerdings kommen mir nur wirre Wortfetzen über die Lippen, für mehr reicht es nicht. „Ich habe schon einige Radfahrer bei mir zu Hause beherbergt, wenn du möchtest, kannst du gerne für ein paar Tage bei mir bleiben. Du kannst bei mir im Auto mitfahren, mein Haus liegt nämlich in den Bergen und die Steigung ist enorm steil", meint er und zeigt auf die Pritsche seines Pick-ups. Ich bin misstrauisch. Handelt es sich wirklich um eine Einladung oder will er mich nur an einen anderen Ort bringen, wo er mich dann ungestört ausrauben kann? „Danke, aber es läuft gerade sehr gut und ich möchte deshalb gerne noch ein paar Stunden weiterfahren", antworte ich ihm abweisend. Er blickt mich fragend an und meint: „Erst vor wenigen Wochen war ein Radfahrer aus Argentinien bei mir zu Gast, er ist in Anchorage in Alaska gestartet und plant, bis nach Ushuaia in Argentinien zu radeln.“

„Wirklich? Ein Argentinier?“, frage ich verblüfft. „Weißt du noch, wie er hieß?“

„Ja, er hieß Axel, ist so um die 35 Jahre alt und hat kurze Haare sowie einen Oberlippenbart“, antwortet er.

„Wirklich? Das ist ja kaum zu fassen, den habe ich in Quito in Ecuador getroffen, bei seiner Freundin habe ich eine Woche gewohnt“, schießt es aus mir heraus. „Er hat mir von einem Freund in El Salvador namens José erzählt. Bist du das etwa?“ Noch während mir sein Name über die Lippen kommt, weiß ich, dass er es ist, denn ihm fallen vor Überraschung fast die Augen aus dem Gesicht. Für einen Moment sind wir beide sprachlos und grinsen uns an. Wie groß ist die Wahrscheinlichkeit, dass ich von den sieben Millionen Einwohnern El Salvadors gleich am ersten Tag ausgerechnet den einen Menschen treffe, den ich bereits von Erzählungen kenne?

Wir werfen mein Fahrrad auf die Ladefläche seines Autos und ich steige ein. José wohnt mit seiner Frau und seinen beiden Kindern in Conchagua, einem Dörfchen unweit der Pazifikküste im Südosten des Landes. Er ist Besitzer eines kleinen Kiosks und fährt täglich auf den Großmarkt nach San Miguel, um frische Lebensmittel zu kaufen. Wie er mir erzählt, ist er auf dieser Strecke schon vielen Radreisenden begegnet, alle hat er zu sich eingeladen. Er reicht mir ein kleines Fotoalbum mit Radlern, das er stets in seinem Auto mitführt und den Leuten zeigt, um ihr Vertrauen zu gewinnen. Ich schaue mir die Bilder an und entdecke unter anderem Yolande, eine Radreisende aus Australien, die ich einige Monate zuvor in einem Hostel in Cusco kennengelernt habe.

Um ein Haar wäre aus José ein Mitglied der Maras geworden, wären seine Eltern nicht rechtzeitig nach Kanada geflohen. 1971 in El Salvador geboren, wollten ihn Kämpfer der Guerilla im Alter von 13 Jahren als Kindersoldaten rekrutieren. Wer weiß, was der Krieg aus ihm und seinem Leben gemacht hätte, wäre er im Land geblieben. Zwanzig Jahre lebte er mit seiner Familie in Montreal, der Stadt, die ihm wahrscheinlich sein Leben rettete. Er arbeitete dort als

Reinigungskraft von Bürogebäuden, putzte hektarweise Fensterscheiben. Es war eine harte Arbeit, er schuftete teilweise zwölf bis 14 Stunden am Tag, aber der Lohn hat das alles ausgeglichen. Für salvadorianische Verhältnisse hatte er ein Spitzengehalt, um in El Salvador so viel zu verdienen, muss man schon Politiker oder Unternehmer sein. In den 20 Jahren in Kanada hat er genug Geld gespart, um sich davon in El Salvador ein Haus mit Grundstück und ein Gebäude für einen Supermarkt kaufen zu können. Wenngleich sein Lebensstandard in Kanada bedeutend höher war als in seinem Heimatland El Salvador, konnte er sich ein dauerhaftes Leben dort nie vorstellen. Zu sehr ist er in der Kultur seines Landes verwurzelt, wie er selbst sagt, zu unterschiedlich sind Lebensweise, Mentalität, Klima und Lebenseinstellungen in den beiden Ländern. Er gehört einfach zum lateinamerikanischen Teil dieses Kontinents, obwohl er sich unter den Menschen in Montreal sehr wohlfühlte, viele Freundschaften knüpfte und selbst nach Jahren noch immer engen Kontakt zu seinen kanadischen Freunden pflegt.

Mir wird bewusst, was er mit dieser Verbundenheit zu seinem Land und seinen Leuten meint, als wir am nächsten Tag in seinem Pritschenwagen zu seinem Laden in Chirilagua holpern. Löchrige Kopfsteinpflasterwege führen uns zu verschlafenen Dörfchen, in deren Gassen ich mehr Hühner als Autos zähle. Im Schritttempo rollen wir

gemütlich dahin, an Zeit scheint es ihm nicht zu mangeln. Sein Arm baumelt lässig aus dem geöffneten Seitenfenster, mit der Hand trommelt er im Takt der Musik im Autoradio gegen die Fahrertür. Bei einigen Bauern halten wir an und kaufen frisches Obst, Gemüse und Getreide, das für den Verkauf in seinem Geschäft bestimmt ist. Er scheint ausnahmslos alle Leute der Umgebung zu kennen, wir begegnen keinem einzigen Passanten, der uns nicht schon von Weitem lauthals grüßt oder zuwinkt. Natürlich halten wir jedes Mal in der Mitte der Straße an, um ein temperamentvolles „lateinamerikanisches" Schwätzchen zu halten. Einige Bekannte und Verwandte Josés laden uns in ihr Haus ein, fast immer gibt es dann ein oder zwei Schnäpschen, bevor es weitergeht. Genau dieses Zusammen- und Zugehörigkeitsgefühl vermisste er in Kanada so sehr, dass es ihn letzten Endes wieder in sein Heimatland zurückbrachte. „Die Kanadier sind nette und offene Menschen, aber ich fühlte mich selbst nach 20 Jahren in Montreal nie wirklich wie zu Hause", erzählt er mir, als wir eine kleine Stärkung in einem Straßenrestaurant einnehmen. „Schweren Herzens habe ich dann nach zwei Jahrzehnten die materielle Sicherheit und die Annehmlichkeiten dieser zweiten Heimat wieder gegen meine eigene Kultur zurückgetauscht. Heute bin sehr froh darüber, auch wenn ich viel von meinem kanadischen Leben vermisse."

Josés Geschäft läuft bestens, er erfreut sich eines weit über die anliegenden Dörfer hinausreichenden Kundenstammes. Wie er mir erzählt, macht er ein Vielfaches des ursprünglich angenommenen Gewinns, und das, obwohl er seinen Angestellten ein überdurchschnittliches Gehalt bezahlt und ihnen 15 Tage Urlaub pro Jahr gewährt – ebenfalls deutlich mehr, als in El Salvador üblich. Sein Erfolg hatte aber auch Schattenseiten, denn als im Dorf immer offensichtlicher wurde, dass es sich bei seinem Geschäft um eine Goldgrube handelte, bekam er eines Abends Besuch von zwei maskierten Typen. „Entweder du führst uns einen Teil deines Gewinns ab oder du bekommst Schwierigkeiten", drohten sie ihm mit vorgehaltenen Maschinengewehren. José ließ sich nicht abschrecken, er erkannte einen der beiden Kerle als den Sohn eines Bekannten aus dem Nachbardorf. „Sollte dein Junge noch einmal bei mir aufkreuzen, dann wird er bald keine Eltern mehr haben", drohte er anschließend dem Vater des Täters. „Seitdem habe ich von den beiden Bengeln nichts mehr gehört", sagt er mit einem gerissenen Lächeln.

Am Nachmittag nimmt mich José mit auf seine alltägliche

Besorgungstour zum Großmarkt in San Miguel. Wir kaufen zusammen Lebensmittel, Haushaltsgegenstände und Werkzeuge für sein Geschäft. San Miguel gilt als nicht ganz ungefährlich, ich bin deshalb froh, in Josés Auto zu sitzen und mich an seiner Seite quasi unerkannt unter das Gemenge mischen zu können. Wir parken im Hinterhof von einem Bekannten und schlendern zu Fuß durch die engen Gassen. Der Markt ist, wie überall in Lateinamerika, ein heilloses Durcheinander, jeder Quadratzentimeter Fläche des Gehweges wird ausgenutzt. Dicht an dicht drängen sich Verkaufsstände, neben Obst, Gemüse, Fleisch und Fisch lässt sich hier so gut wie alles erwerben, was man sich vorstellen kann. Ich versinke in einem Wirrwarr aus Lärm, Farben und wuselnden Menschen, für meine auf

westeuropäische Standards geeichten Sinne ist dieser Ort eine Herausforderung. Sowohl Nase als auch Ohren und Augen werden von den Reizen überflutet, vor allem die Gerüche haben es ganz schön in sich. Nachdem ich an einem Bacalao-Verkaufsstand von aufdringlichem Fischgeruch heimgesucht werde, umhüllt mich nur wenige Augenblicke später eine verführerisch nach frittierten Pupusas[28] duftende Wolke, die dann kurz darauf nahtlos in faulig muffigen Gestank von Abwasser und verwesenden Obsts übergeht. Kaum ist der Mief in meiner Nase angekommen, wird er auch schon wieder von Chili-, Pfeffer- undMuskatnussaromen verdrängt.

Ich bleibe fast eine ganze Woche bei José und seiner Familie, es bekommt mir gut, wieder so etwas wie Routine zu haben und mehrere Nächte hintereinander in ein und demselben Bett zu schlafen. Dank der Ruhepause und der äußerst kalorienhaltigen salvadorianischen Küche lege ich auch schnell wieder an Körpergewicht zu. Josés Frau verwöhnt mich mit Chicarrón[29], Bohnen und Reispudding. Wenn das so weitergeht, dann leide ich schon bald an Übergewicht.

Jeden Tag nimmt mich José mit auf seine Besorgungstouren. Stundenlang fahren wir in seinem Wagen durchs

[28] *Tortilla mit Käse und Fleisch* [29] *Gebratenes Schweinefleisch, Tomaten u. Zwiebeln*

Hinterland und kaufen Erzeugnisse von Bauern, nehmen Bestellungen entgegen und liefern Waren aus. An einem Nachmittag nimmt er sich frei und wir fahren gemeinsam an die Küste. Die Gegend ist fast menschenleer, mit über hundert Sachen brettern wir über den topfebenen Strand. Im Radio läuft Reggaeton, eine Mischung aus spanischem Hip-Hop, Reggae, Merengue und Dancehall. In den 1980er und 1990er Jahren in Panama, Puerto Rico und der Dominikanischen Republik entstanden, erreichte diese Musikrichtung den internationalen Durchbruch erst vor wenigen Jahren. Auf die Texte sollte man nicht zu genau achten, denn meist geht es um nicht ganz jugendfreie Themen wie Gewalt, Kriminalität und Sex. Der Rhythmus ist eher einfach, doch dafür recht zugänglich und zum Tanz einladend. Mittlerweile ist Reggaeton aus keinem Land Süd- oder Mittelamerikas mehr wegzudenken, insbesondere in Diskotheken werden die Hits rauf und runter gespielt. Bei jungen Menschen scheint mir diese Musik wesentlich populärer zu sein als Salsa. Als es zu dämmern beginnt, setzen wir uns mit je einer Dose Bier auf die Motorhaube von Josés Wagen und blicken auf die spiegelglatte Wasseroberfläche, in der langsam die glutrote Abendsonne versinkt.

Auf dem Rückweg nach Conchagua fahren wir für ein paar Minuten hinter einem Polizei-Jeep, auf dessen Pritsche zwei in Handschellen gefesselte Jugendliche sitzen, die von bewaffneten Polizisten bewacht werden. Entmutigt schauen die Teenager drein, aus ihren Blicken sprechen Bedauern und Verzweiflung. „Schau, die beiden da vorne sind noch nicht einmal volljährig und schon mit dem Gesetz in Konflikt geraten“, sagt José und zuckt dabei resigniert mit seinen Achseln. „Hast du denn so etwas schon häufiger gesehen?“, frage ich ihn entsetzt, noch immer schockiert von dem für mich nicht ganz alltäglichen Anblick. „Ja, das ist leider so etwas wie Normalität hier, selbst in ländlichen Gegenden.“ Als ich ihn frage, wie er sich gegen solche Leute schützt, deutet er auf eine gut 50 Zentimeter lange Machete im Fußraum neben sich und zieht eine geladene Pistole unter seinem Sitz hervor. „Das Ding ist immer bei mir, ich musste bisher noch auf niemanden schießen, aber ich war schon mehrere Male froh, es an meiner Seite zu haben“, meint er lässig. Mir wird mulmig bei der Vorstellung, dass sich solche Waffen wahrscheinlich an Bord jedes zweiten Autos befinden.

Der Abschied von José und seiner Familie fällt mir äußerst schwer, ganz besonders, weil sie mir in den letzten Tagen ein Stück Sicherheit und Geborgenheit schenkten und ich mich über alle mögliche Themen mit ihnen austauschen konnte. Nun werde ich wieder auf mich alleine gestellt sein, mich wieder als Einzelkämpfer in der Fremde behaupten müssen. „Ciao Amigo, mach's gut und komm bald mal wieder, du bist hier jederzeit willkommen“, ruft mir José winkend nach, als ich die Panamericana wieder unter meine Fahrradreifen nehme. „Und wenn du weiteren Radfahrern begegnen solltest, dann schick sie alle bei mir vorbei, ich freue mich über jeden Gast."

Nach zwei anstrengenden Tagen im Sattel gelange ich nach San Salvador, der am Fuße des Vulkans Quetzaltepec gelegenen Hauptstadt in fast 800 Metern Höhe. Ich freue mich auf die etwas erträglicheren Temperaturen dort oben, denn seit einigen Tagen plagt mich penetranter Juckreiz in den Armbeugen und in den Kniekehlen, hervorgerufen durch die Hitze und meinen eigenen Schweiß. Ich habe bereits mehrere Mittelchen ausprobiert, von Aloe-Vera-Lotion über Magnesiumoxid bis hin zu Cortison-Creme, doch bisher blieb der Erfolg aus. Seit meiner Abfahrt bei José zieht sich ein gut 15 Zentimeter langer violetter Streifen über meinen rechten Unterarm. Tagsüber hält sich der Juckreiz in Grenzen, doch fast jede Nacht werde ich durch das Kribbeln und Kitzeln wach, wälze mich von einer Seite auf die andere. Ich habe das Gefühl, als läge ich in einem Ameisenhaufen, es ist schrecklich. Ich spiele mit dem Gedanken, einen Hautarzt aufzusuchen, doch dann erinnere ich mich an meinen letzten Arztbesuch im Ausland. Als ich einem Zahnarzt bei einer Routineuntersuchung mitteilte, dass ich in Deutschland krankenversichert bin und die Rechnung in bar bezahlen werde, diagnostizierte er daraufhin Kariesbefall an insgesamt neun verschiedenen Zähnen und legte mir eine Rechnung von umgerechnet 2 000 Euro auf den Tisch. Ich traute seiner Diagnose nicht und unterließ die Behandlung. Erst wieder zurück in Deutschland suchte ich gleich einen Zahnarzt auf und war glücklich und erbost zugleich, als der mir mitteilte, dass er lediglich an einem einzigen Zahn Karies entdecken konnte und die restlichen acht Zähne kerngesund waren. Seitdem bin ich äußerst skeptisch, wenn ich vor die Männlein in Weiß treten muss und beschließe deshalb, vorerst selbst zu versuchen, die Hautprobleme in den Griff zu bekommen.

San Salvador stünde eigentlich nicht auf meiner Reiseliste, wäre ich nicht bei Ana eingeladen. Sie arbeitet als Stewardess für die nationale Airline TACA und fliegt mindestens einmal die Woche eine Destination in Nordamerika an, wo wir uns kennengelernt haben. Eine Woche bleibe ich bei ihr und einem ihrer vier Brüder, mit dem sie ein eigenes Haus in einem der Vorstadtviertel teilt. Von außen gleicht ihre Unterkunft einer Bruchbude – von der Fassade blättert der Putz, das Blech-Garagentor ist verbeult und mit Rost überzogen und beim Eintreten in den Hauseingang muss man achtgeben, nicht über ein ein Zentimeter tiefes Loch im Erdboden zu stolpern. Die Wohnungseinrichtung hingegen ist schick und ausgesprochen modern, der Standard ist vergleichbar mit dem in den USA oder Deutschland.

Gemeinsam unternehmen wir kleine Tagestouren in der Umgebung, schlendern über den Markt und besteigen den 1 800 Meter hohen Vulkan Quetzaltepec, wenige Kilometer westlich der Stadt. Vom Rand des „Boquerón" oder „Riesenmaul", wie die Einheimischen den 500 Meter tiefen Vulkankrater nennen, hat man eine fabelhafte Aussicht über das Stadtgebiet und den dahinter gelegenen Llopangosee. Im Osten und im Westen stechen weitere Vulkanspitzen in den Himmel, im Süden glänzt die spiegelglatte Oberfläche des Pazifischen Ozeans am Horizont.

Seit dem letzten Ausbruch des Quetzaltepec im Jahre 1917 sind noch keine hundert Jahre vergangen, theoretisch kann sich eine weitere Eruption jederzeit ereignen. Aufgrund der Nähe zur Stadt hätte dies unter Umständen katastrophale Konsequenzen für die Einwohner. Wie der Vesuv bei Neapel vor rund 2 000 Jahren Pompeji unter einer meterdicken Schicht aus Vulkanasche begrub und alles Leben in der Stadt auslöschte, könnte auch der Vulkan Quetzaltepec San Salvador ein jähes Ende bereiten. Eine irre Vorstellung! Die Menschen scheinen sich hingegen mit der ständig lauernden Gefahr aus dem Erdinneren arrangiert zu haben, Siedlungen ziehen sich die Berghänge weit hinauf, selbst auf der Innenseite des Kraters findet man kleine Hütten, neben denen Ziegen und Esel grasen. Im Zentrum des „Boquerón" befindet ein weiterer, kleinerer Krater, in dessen Zentrum jemand mit riesigen weißen Steinen den Spruch „Jesus te ama“[30] geschrieben hat.

An einem Wochenende fahre ich mit Ana und ihrer Arbeitskollegin Karen nach La Libertad an die Küste. Nach einem gediegenen Essen in einem der zahlreichen Restaurants legen wir uns an den Strand, doch nur wenige Minuten, nachdem wir unsere Handtücher ausgerollt haben, beginnt es auch schon fürchterlich zu regnen. Aus dem Nichts taucht plötzlich ein orkanartiger Wind auf, der Sand, Blätter und kleine Äste durch die Luft wirbelt. Die sonst so friedlich wirkenden Palmen beginnen sich plötzlich zu schütteln, wie die Tentakel eines Seeungeheuers. Ein Wunder, dass sie diesen extremen Belastungen standhalten und solch extreme Bewegungen ausführen können. Innerhalb kürzester Zeit steht alles unter Wasser, im Slalom retten wir uns zwischen den schlammbraunen Pfützen hindurch zu unserem Auto. Auf dem Parkplatz und auf

[30] *Span.: Jesus liebt dich*

der kleinen Verbindungsstraße zurück zur Stadt herrscht ein heilloses Chaos, alle wollen gleichzeitig zurückfahren. Das Ergebnis: Stau. Gut 20 Minuten stehen wir an der gleichen Stelle, ohne auch nur einen einzigen Meter vorwärtszukommen.

Es hat mittlerweile wieder aufgehört zu regnen, die pechschwarze Gewitterwolke ist ein Stück weitergezogen. Viele Leute der im Stau wartenden Fahrzeuge sind ausgestiegen und stehen nun in kleinen Gruppen auf der Straße zusammen und unterhalten sich. Sie wirken gelassen, das Warten scheint ihrer guten Laune keinen Abbruch zu tun. Wie verhielten sich die Leute in dieser Situation wohl in Deutschland? Der durchschnittliche Blutdruck der Fahrer hätte sicher inzwischen einen besorgniserregend hohen Wert angenommen, genervt und mit grimmigen Gesichtern säßen sie im Wagen und veranstalteten ein Hupkonzert. Die Stimmung gliche dem Weltuntergang.

Während ich so darüber nachdenke, startet Ana unvermittelt den Motor des Wagens, setzt ihn zurück und schießt mit Vollgas auf die Gegenfahrbahn. Mit rasendem Tempo geht es auf der linken Straßenseite an den wartenden Autos vorbei. Ich kann nicht glauben, was sie tut, ich habe das Gefühl, ich sitze im Wagen eines Geisterfahrers. „Ana, stopp, lass das bleiben", fahre ich sie an. „Zieh in die nächste Lücke und halte an!" Doch sie denkt nicht daran, trotz des Kopfschüttelns der Passanten auf der Straße und der entgegenkommenden Fahrzeuge, die in den Straßengra ben abgedrängt werden. Eine Mischung aus Angst und Beschämung überkommt mich, die Blicke der Leute auf der Straße sind fast unerträglich. Dann nähert sich uns eine Polizeisirene, im Rückspiegel erkenne ich einen Wagen mit Blaulicht. Innerhalb weniger Sekunden hat er zu uns aufgeschlossen und ein Polizist bedeutet uns anzuhalten. „Gib vor, du hättest Bauchschmerzen", ruft Ana Karen hektisch zu, „vielleicht lassen sie uns dann weiterfahren." „Meine Freundin hat einen Blinddarmdurchbruch und muss dringend ins Krankenhaus, sie müssen uns passieren lassen, es ist ernst", entgegnet sie dem Polizisten mit voller Überzeugungskraft durch die geöffnete Fensterscheibe. Ich schaue nach hinten und sehe Karen in gekrümmter Haltung auf der Rückbank liegen, sie gibt Stöhn- und Weinlaute von sich und tatsächlich rinnen ihr Tränen über die Wangen. Sie spielt wirklich sehr gut, man könnte gut glauben, dass sie ein ernst zu nehmendes Problem hat. Doch der Polizist lässt sich nicht von ihr beeindrucken. „Wenn sie so starke Schmerzen hat, wieso haben Sie dann keinen Rettungswagen gerufen? Ich werde Ihnen einen Bußgeldbescheid ausstellen, und wenn Ihre Freundin diese Vorstellung nicht augenblicklich beendet, dann bekommen Sie noch mehr Schwierigkeiten", meint er in ernstem Ton. Schlagartig wird es ruhig, Karen setzt sich wieder in eine aufrechte Position und Ana nimmt das Formular entgegen. Ich muss mich beherrschen, keinen Lachkrampf zu kriegen, die Situation ist einfach zu grotesk.

Da ich für die Fahrt nach Kanada die USA durchqueren muss und hierfür einen vollwertigen Reisepass benötige, besuche ich die deutsche Botschaft in San Salvador. Noch immer reise ich mit dem vorläufigen Pass, den mir die deutsche Botschaft in La Paz in Bolivien kurz nach dem Raub meiner Dokumente ausgestellt hat. Bisher konnte ich damit alle Grenzen problemlos passieren, von den USA wird dieses Dokument jedoch nicht anerkannt.

Meterhohe Mauern mit Stacheldraht umgeben das Botschaftsgebäude, wie in einem Gefängnis fällt eine zentnerschwere Stahltür hinter mir ins Schloss, als ich in das Gelände eintrete. Meine Hoffnung, schnell einen neuen Pass zu bekommen, wird erst einmal kräftig gedämpft. Wie mir die junge Botschaftsangestellte hinter der zentimeterdicken Glasscheibe mitteilt, darf sie keine Reisepässe ausstellen, wenn die jeweilige Person noch im Besitz eines gültigen Dokuments ist, selbst wenn es sich um einen vorläufigen Pass handelt. „Fliegen Sie zurück nach Deutschland, stellen Sie dort einen Antrag auf Ausstellung eines neuen Passes und kommen Sie damit in vier Wochen wieder zurück", meint sie kalt. Ich traue meinen Ohren nicht, das scheint mir absurd. Hartnäckig versuche ich einen Kompromiss auszuhandeln und merke, wie sie langsam erweicht.

„Fast alle Airlines fliegen über die USA, mit meinem vorläufigen Pass komme ich hier ebenfalls nicht weiter", jammere ich, ohne wirklich zu wissen, ob dies den Tatsachen entspricht. Doch was bleibt mir sonst noch in dieser Situation? Die Dame scheint mir tatsächlich Glauben zu schenken, denn kurz nachdem ich ihr die Problematik schildere, greift sie zum Telefonhörer, führt ein kurzes Gespräch mit einem Kollegen in Deutschland und sagt dann:„Okay, versuchen wir es. Es dauert jedoch mindestens fünf Wochen, bis die Bundesdruckerei in Berlin den Pass gedruckt hat, dann ist er noch eine weitere Woche per Post unterwegs. Aber es besteht die Möglichkeit, dass Sie dafür nicht nach Deutschland reisen müssen." Ich bin erst einmal erleichtert, wenngleich mir die Vorstellung missfällt, anderthalb Monate in San Salvador festzusitzen. Mich zieht es nach Norden – nach Mexico, in die USA und nach Kanada. „Wäre es denn denkbar, dass Sie den Reisepass zu einer Botschaft in einem anderen Land, zum Beispiel Mexico weiterleiten, wo ich ihn dann abholen kann?" Die Dame schweigt einen Augenblick und meint dann achselzuckend: „Wir können es versuchen, doch ich kann Ihnen nichts versprechen. Bevor ich irgendetwas veranlassen kann, müssen Sie auf jeden Fall zuerst einmal 270 Dollar bezahlen. Sollte der Antrag abgelehnt werden, dann kann Ihnen der Betrag leider nicht zurückerstattet werden, dieses Risiko bleibt bei Ihnen." Widerwillig bezahle ich die horrende

Summe, eine Alternative bleibt mir in der momentanen Situation sowieso nicht und vielleicht geht ja am Ende doch noch alles gut!

Bei gefühlten 40 °C im Schatten radle ich Anfang Mai weiter in Richtung Westen, bald überquere ich die Grenze zu Guatemala. Ich freue mich auf dieses Land, aus kultureller, historischer und landschaftlicher Sicht ist es für mich das Highlight Mittelamerikas. Schon der Klang des Wortes birgt etwas Geheimnisvolles. Etwa 40 Prozent seiner Einwohner sind indianische Eingeborene und stammen größtenteils von den Maya ab, dem Volk, das vor dem Einzug der Spanier im Jahre 1519 zu den höchst entwickelten Zivilisationen der Erde zählte. Pyramiden, Tempelanlagen und Ruinen zeugen an zahlreichen Orten noch immer von der einstigen Hochkultur dieser Region. Selbst nach fünf Jahrhunderten massiver Einflüsse durch die Europäer haben die „Indigínas", wie sich die Nachfahren der Mayas auch nennen, ihre Kultur und traditionelle Lebensgewohnheiten bewahrt. Der Großteil der Bevölkerung wohnt auf dem massiven Hochland, das sich zwischen dem flachen fruchtbaren Küstenstreifen im Südwesten und dem tropischen Tiefland im Nordosten quer durch das Land zieht. Die höchsten Gipfel reichen auf über 4 000 Meter.

Es geht vorbei an riesigen Vulkankegeln, die bis in große

Höhen von dichtem Regenwald bewachsen sind. Im Gegensatz zu dem wesentlich dichter bevölkerten El Salvador, das zum größten Teil aus Kultur- oder Siedlungsflächen besteht, gibt es hier wieder größere Gebiete unberührter Natur. In

mehreren Tagesetappen strample ich hinauf in die guatemaltekische Bergwelt, passiere dabei kleine malerische Bergdörfchen, bei deren Durchfahrt man sich wie bei einer Reise in die Vergangenheit fühlt. Exotisch wirken die knallbunten Gewänder der Frauen. Die auf ihren Röcken, Tüchern und Taschen in mühevoller Kleinarbeit aufgestickten Muster lassen sie zu lebenden Mosaiks werden, man erkennt eine ausgeprägte Liebe zum Detail. Nicht nur auf ihrer Bekleidung, sondern auch auf Hausfassaden und auf Fahrzeugen findet man alle denkbaren Schattierungen, selbst Friedhöfe erscheinen aus der Ferne wie Wasserfarbenkästen.

Über einen wolkenverhangenen Pass gelange ich zum Lago de Atitlán, einem tiefblauen Kratersee, den Alexander von Humboldt einst als den schönsten unserer Erde bezeichnete. Er hatte recht, denn selten habe ich bisher eine so schöne Landschaft gesehen. Eingebettet zwischen den drei Vulkanen Tolimán, Atitlán und San Pedro liegt er majestätisch in über 1 500 Metern Höhe. Im Vergleich zum feuchtheißen Küstentiefland liegen die Temperaturen hier oben wieder in einem angenehmeren Bereich, auch die Sicht ist aufgrund der niedrigeren Luftfeuchtigkeit wesentlich klarer. Die Schönheit und die Idylle der Gegend scheinen

sich bis weit in die Welt hinaus herumgesprochen zu haben, in den kleinen Uferstädtchen rings herum tummeln sich Touristen, Aussteiger und Langzeit-Traveller aus allen Erdteilen. In der Stadt Panajachal hat sich so etwas wie eine Hippieszene gebildet, Rastalocken prägen das Stadtbild, ein Hauch von 1968 liegt in der Luft. Man trägt die Kleidung und den Schmuck der Einheimischen, geht barfuß, trommelt zum Geldverdienen auf den Gehsteigen und raucht Marihuana. Irgendwie ist hier alles „easy" und „cool".

Mein Hinterradlager hat bei der Auffahrt in die

Hochebene wieder einmal den Geist aufgegeben, die in Bolivien eingesetzten Lagerkügelchen sind gebrochen. Bei jeder Radumdrehung ächzt die Hinterradnabe, ein markdurchdringendes Knacken und Quietschen fährt durch meinen Körper. Ich frage mich in Panajachel zu einem Fahrradmechaniker durch und werde zu einem gut 75 Jahre alten Mann geschickt, der im Dorf als Fahrradspezialist bekannt ist. Für umgerechnet zwei Euro bietet er mir die Reparatur des Radlagers an. „Kein Problem, das kriegen wir schon wieder hin", meint er selbstbewusst, „komm in zwei Stunden wieder zurück, wenn ich fertig bin."

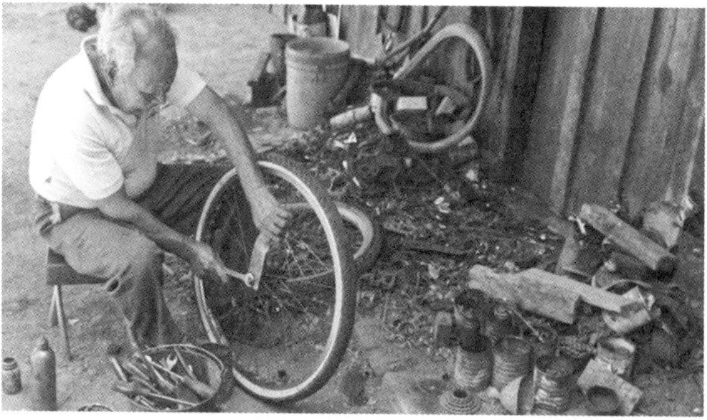

Als ich wie vereinbart zu ihm zurückkomme, ist er noch immer mit dem Zusammenfügen des Lagers beschäftigt. Ich helfe ihm und wir montieren es gemeinsam an mein Fahrrad. Im eingebauten Zustand blockiert es und bei genauem Hinsehen erkenne ich, dass der gute Mann die Lagerschalen falsch zusammengebaut hat. Also zerlegen wir es nochmals in alle Einzelteile und fügen es erneut zusammen, sodass es sich durchdrehen lässt. Ich bereue jetzt, dass ich mein Fahrrad alleine zurückgelassen habe, hoffentlich hat er die anderen Arbeiten korrekt durchgeführt und nicht noch andere Teile vermurkst. Es grenzt an ein Wunder, dass mich die Nabe letztendlich bis in die USA bringt, ohne auch nur ein einziges weiteres Problem zu verursachen. Beim Anblick der Werkstatt und dem falsch montierten Lager hätte ich das nicht vermutet.

Fast endlos windet sich die Straße hinauf ins guatemaltekische Bergland, am Pass „Cumbre de Alaska“ erreiche ich eine Höhe von über 3 000 Metern. Mein an die tropische Hitze gewöhnter Körper hat mit der Temperaturumstellung ganz kräftig zu kämpfen, bei einer Abfahrt durch Regen und Nebel muss ich Winterjacke und Handschuhe anlegen. Die Landschaft des Hochlands ist traumhaft schön, geschmeidig verläuft die frisch asphaltierte Straße zwischen den weichrunden Hügeln, sanft geht es auf und ab. Berghänge werden größtenteils landwirtschaftlich genutzt, wie Flickenteppiche erscheinen die in kleinste Parzellen aufgeteilten Tabak-, Kaffee-, Baumwoll- und Bananenfelder aus der Ferne. Die Bearbeitungstechniken wirken altertümlich, die wenigsten Bauern können auf motorisierte Fahr- bzw. Werkzeuge zurückgreifen. Anstelle eines knatternden Dieselmotors schnauft vor den Gespannen ein Ochse oder ein Esel. Trotz der offensichtlichen Armut wirken die Menschen glücklich und zufrieden, sie sind sehr freundlich und winken mir zu.

In einer Unterkunft treffe ich an einem Abend Enrique und Mario aus El Salvador. Die beiden eint dasselbe Ziel – die USA. Enrique arbeitete in seinem bisherigen Leben auf einer Zuckerrohrplantage bei San Salvador. „Das Arbeiten auf dem Feld bei der Höllenhitze macht dich auf Dauer kaputt, fast alle Arbeiter nehmen Drogen, sonst lassen sich die Umstände kaum ertragen“, meint er und zeigt auf seinen durch Nadeleinstiche vernarbten Unterarm. „Gut zehn Stunden am Tag schuftest du bei 40 °C im Schatten, vom Gehalt kannst du dich kaum ernähren.“ Für Enrique ist es der erste Versuch, ein neues Leben zu beginnen, Mario war bereits zwei Mal in den Vereinigten Staaten. 1998 hat er den ersten Versuch zur Flucht in die Freiheit gewagt, damals war es noch wesentlich einfacher. Für nur wenige Dollar wurde er nachts per Auto an eine Stelle mitten in der Wüste irgendwo an der mexikanisch-US-amerikanischen Grenze gebracht und nur fünfzehn Minuten später stieg er in ein wartendes Auto auf der anderen Seite. Es dauerte nicht lange und er war in San Diego. Vier Jahre lebte er in Kalifornien, verdiente sein Geld als Koch und wohnte zusammen mit fünf weiteren Latinos in einer Wohngemeinschaft im südlichen Los Angeles. Einer seiner Mitbewohner handelte mit Kokain, immer mehr Kunden kamen in die Wohnung, häufig auch nachts. Die Nachbarn fühlten sich gestört, schickten die Polizei vorbei und Mario flog wieder aus den USA raus.

Rund zehn Jahre nach dem ersten Grenzübertritt stand er wieder an der Grenze, dieses Mal mit seiner Frau und ihren beiden Kindern, doch dieses Mal war es erheblich schwieriger. Aus dem löchrigen Maschendrahtzaun war in der Zwischenzeit eine beinahe unüberwindbare Grenzschutzanlage geworden. Es dauerte drei Wochen, bis sich für die Familie endlich eine Gelegenheit ergab. Sie fuhren nach Houston in Texas, wo er als Bauarbeiter arbeitete. Vor drei Monaten wurde er dann bei einer Baustellenkontrolle entdeckt und wieder ausgewiesen, seine Frau und seine beiden Kinder sind noch immer in Houston. Er hofft, in ein paar Wochen wieder bei ihnen zu sein.

Da Enrique und Mario keine Aufenthaltsgenehmigung für Mexico haben, besteht für sie die Gefahr, dass sie es nicht einmal bis zur US-amerikanischen Grenze schaffen, sondern bereits davor wieder in ihr Heimatland zurückgeschickt werden. Große Sorgen bereiten ihnen die Fahrgastkontrollen in größeren Städten. Sie fahren daher nie mit dem Bus durch eine Stadt, sondern gehen die Strecke zu Fuß, teilweise über dreißig Kilometer an einem einzigen Tag. Hinter den Städten steigen sie dann wieder in einen Bus und fahren ein Stück weiter. Es ist sehr mühsam und zeitraubend, die beiden rechnen damit, dass sie für die 3 000 Kilometer bis zur US-amerikanischen Grenzen noch gut drei Wochen benötigen werden.

MEXICO – IM LAND DER AZTEKEN UND DES TEQUILAS

„Bienvenida a México"[31] – auf dieses Schild habe ich seit Monaten gewartet, endlich taucht es vor mir auf. Wie fast überall in Mittelamerika ist auch an dieser Landesgrenze eine Siedlung durch Kleinhändler entstanden. Lieblos wurden Häuser und Buden aus dem Boden gestampft, die Straßen wirken trostlos. Der Großteil der Menschen hier lebt durch den Verkauf von Handstickereien, Sombreros, Kettchen und Gitarren. „Cambio Cambio!"[32], rufen mir einige zu und wedeln mir mit zentimeterdicken Geldscheinstapeln entgegen. Als ich mein Rad gegen eine Hauswand lehne, um meinen Reisepass aus der Packtasche zu holen, bin ich in kürzester Zeit umringt von einer Horde aufdringlicher Bauchladenverkäufer. Ich bin erleichtert, als mir der mexikanische Zollbeamte den Einreisestempel in

[31] *Willkommen in Mexico* [32] *Span.: Geldwechsel*

meinen Pass drückt, mich freundlich willkommen heißt und ich wieder auf mein Rad steigen kann. Fast 4 000 spannende mexikanische Kilometer warten auf mich in den kommenden sechs Wochen.

Meine Freude über die Ankunft in diesem Land ist riesig, in Gedanken sehe ich schon die sagenhaften Landschaften an mir vorbeiziehen – das Bergland der Sierra Madre, der Regenwald Yucatáns, die Wüste der Baja California und die Pazifikküste. Meine Strecke führt vorbei an malerischen Städten mit wunderschönen Gebäuden im Kolonialstil, an archäologischen Stätten mit riesigen Pyramiden, Tempeln und Ruinen der Azteken und Mayas. Der Gedanke an Quesadilla, Burrito, Corona und Tequila lässt mir das Wasser im Mund zusammenlaufen. Mir kommt es beinahe so vor, als wäre ich zu Hause, denn ich kenne aus früheren Urlauben bereits Land und Leute und empfinde ein wohliges Gefühl der Vertrautheit. Die Male zuvor bin ich von den USA aus eingereist, verglichen mit den Lebensstandards der Vereinigten Staaten wirkte Mexico damals wie ein Entwicklungsland – arm, rückständig und chaotisch. Dieses Mal, von Guatemala her kommend, ist es ganz anders. Nachdem ich nun mehrere Wochen durch die ärmsten Länder des Kontinents gefahren bin, wirkt Mexico fortschrittlich, entwickelt und fast schon wohlhabend. Am deutlichsten ist dieser Unterschied an dem Zustand der

Fahrzeuge auf den Straßen zu erkennen, die mehrere Generationen jünger erscheinen als die Fahrzeuge in den Ländern davor. Zudem verschmutzt weniger Müll die Landschaft und die Häuser muten etwas wohnlicher an.

Eine traumhaft schöne Serpentinenstraße bringt mich auf den südlichen Gebirgskamm der Sierra Madre, sagenhafte Ausblicke über die guatemaltekische Tiefebene hinter mir entschädigen für die Anstrengung des steilen Aufstieges. Immer wieder gehen mir die Erlebnisse meiner bisherigen Tour durch den Kopf, die Zeit seit dem Aufbruch in Buenos Aires kommt mir vor wie eine halbe Ewigkeit. 13 500 Kilometer stehen nach gut einem halben Jahr bereits auf meinem Kilometerzähler. Wäre ich von Deutschland aus geradewegs nach Südosten gefahren, dann wäre ich jetzt bereits in Australien.

Kurz vor Einbruch der Dunkelheit erreiche ich das Städtchen La Trinitaria. Die Sonne ist bereits untergegangen, nur noch die Wolken am Horizont empfangen ein paar wenige Strahlen. Es ist völlig still, kein Lüftchen weht und der Himmel leuchtet so klar, wie schon seit Wochen nicht mehr. Die gepflegten Häuserfassaden und die sauberen Gehsteige lassen die Stadt friedlich und einladend erscheinen, ein Ort zum Wohlfühlen. Ich rolle zum Zocalo, einem mit exotischen Bäumen und Pflanzen liebevoll gestalteten Stadtplatz, der eine hübsche Kathedrale im Kolonialstil umgibt. Eine dreifache Portion Tacos und zwei Flaschen Corona genießend sitze ich auf einer der schmiedeeisernen Bänke und genieße die Freude über die Ankunft in diesem wunderbaren Land.

Zwei Männer kommen auf mich zu, ich merke, dass sie sich über mich unterhalten. „Guten Tag, der Herr, wir suchen einen Freiwilligen mit US-amerikanischem Erscheinungsbild für einen Film, würden Sie sich bereit erklären mitzuspielen?“, fragt mich einer der beiden in nahezu akzentfreiem Englisch. Die Männer arbeiten an einem Dokumentarfilm über illegale Immigration in die USA und für eine Szene suchen sie noch ein paar Laiendarsteller für die US-amerikanischen Polizisten. Die Szene soll bei Nacht gedreht werden, auf einer Farm unweit von hier. Ich freue mich über das Angebot und die Möglichkeit, in einem Film mitzuwirken. Begeistert sage ich ihnen zu.

Doch leider macht mir Montezumas Rache einen Strich durch die Rechnung. Ich dachte, dass sich mein Körper inzwischen an die schlechten hygienischen Verhältnisse angepasst hätte und mein Verdauungssystem mit den heimtückischen Bakterien einigermaßen zurechtkommen würde, doch Mexico setzt noch einmal eins oben drauf. Gleich am zweiten Tag werde ich von quälenden Bauchkrämpfen heimgesucht, wie ich sie bisher nur selten erlebt habe. Mit einer Rolle Klopapier in der Hand springe ich regelmäßig in die Büsche neben der Straße, in einem Supermarkt in San Cristobal de las Casas muss ich mich übergeben und breche zwischen den Verkaufsregalen zusammen. Ein Verkäufer hilft mir auf und begleitet mich zurück in meine Herberge. Drei Tage verbringe ich mit Tee und trockenem Brot im Bett, mein Körper verlangt nach Ruhe und Erholung. Ich schlafe fast den ganzen Tag, jede Bewegung strengt mich an. Wie gerne hätte ich die Statistenrolle in dem Film angenommen, aber am Tag des Drehs fühle ich mich hundeelend und viel zu schwach, um mich längere Zeit auf den Beinen halten zu können.

Über Tuxtla Gutiérrez gelange ich ein paar Tage später hinab an die Pazifikküste und anschließend wieder hinauf ins Bergland von Oaxaca. Die Temperaturen im feuchtheißen tropischen Tiefland sind kaum zu ertragen. Erneut plagen mich Hautirritationen, meine Armbeugen und Kniekehlen jucken wie der Teufel. Ich bin erleichtert, als ich endlich im über 2 000 Meter hoch gelegenen Mexico City ankomme, wo die Temperaturen wieder etwas angenehmer sind. Eine

Woche bleibe ich bei der Familie von Magui, der Freundin einer der französischen Touristen, mit denen ich in Bolivien Weihnachten gefeiert hatte. Magui hat erst vor wenigen Tagen ihr Studium beendet und noch nicht mit Arbeiten begonnen. Sie hat daher jede Menge Zeit, um mit mir durch die Stadt zu ziehen.

Magui sitzt gerade mit ihren Eltern und den drei Brüdern beim Abendessen, als ich bei ihr ankomme. Aus einem Topf der Größenklasse „mexikanische Großfamilie" vor ihnen entweicht der verführerische Duft von würziger Pozole[33]. „Nimm Platz und bediene dich, wir haben genug zu essen – du hast bestimmt großen Hunger!", meint ihre Mutter großzügig, als ich mich zu ihnen setze, fast schon so, als wäre ich ihr Sohn. Die Situation ist schon ein wenig skurril: Vor wenigen Minuten habe ich die Leute zum ersten Mal in meinem Leben getroffen und nun sitze ich an ihrem Tisch und werde bedient, als wäre ich ein Teil der Familie. In meinem holprigen Spanisch erzähle ich von meinen Erlebnissen während der Reise, den Begegnungen mit Menschen, den vielen Pannen und den brenzligen Situationen. Obwohl ich wahrscheinlich in jedem Satz mindestens zwei Grammatikfehler mache, hören sie mir aufmerksam zu und stellen eine Frage nach der anderen. Wenn ich rede, ist es in dem Esszimmer mucksmäuschenstill und sechs gespannte Gesichter schauen mich an. Erst als meine Stimmbänder nicht mehr können, beginnen sie von sich zu erzählen.

[33] *Mex. Suppengericht, bestehend aus Maiskörnern, Gewürzen und Fleisch*

Maguis Vater Enrique ist Ingenieur und arbeitet seit fast 30 Jahren bei der Metro von Mexico City. Er kommt ein wenig ins Schwärmen, als er mir vom Metronetz der Stadt erzählt, das mit etwa 1,5 Milliarden transportierten Passagieren pro Jahr das neuntgrößte weltweit ist und damit größer als. das in London. „Komm doch morgen mal mit mir zur Arbeit, dann zeig ich dir die Steuerzentrale des Metrosystems von Mexico City", sagt er freundlich.

Am folgenden Tag begleite ich ihn zu seinem Arbeitsplatz, während der Rushhour wühlen wir uns durch die Menschenmassen. Um keine Schwierigkeiten mit dem Sicherheitsdienst beim Betreten des Geländes zu bekommen, schlägt er mir vor, dass ich mich als Mitarbeiter der Metro von Rio de Janeiro ausgebe und zu einem offiziellen Besuch hergekommen bin. Der Eintritt am Haupteingang klappt problemlos, ich muss weder meinen Pass zeigen noch wollen sie irgendwelche Details meines Besuches wissen. Wir gehen durch verschiedene Gebäude hindurch, ein Aufzug bringt uns hinauf in den sechsten Stock eines Hochhauses. Als sich die Türen öffnen, stehen wir vor riesigen Schaltpulten, gut ein Dutzend Techniker sitzt vor den in einem Halbkreis angeordneten Schirmen und starrt konzentriert auf die Anzeigetafeln zwischen den vielen blinkenden Lämpchen. Der Saal ist völlig fensterlos, nur ein paar dezente Strahler in der Decke erhellen ihn an wenigen Stellen. Der mit Technik überfrachtete Raum erinnert mich an James-Bond-

Filme. Wir treten aus dem Aufzug und gehen auf die vier Männer in der Mitte des Raumes zu. Enrique begrüßt sie: „Darf ich euch Herrn Schmid aus Rio de Janeiro vorstellen? Er arbeitet bei der Metro und ist zu Besuch hier." Die Männer schütteln mir reihum die Hand. „Herzlich willkommen in Mexico City, freut mich, Sie kennenzulernen", meint einer der Kollegen. „Ich hätte eine Frage", sagt sein Kollege neugierig, „Sie haben ja vor Kurzem ein neues Steuerungssystem in Betrieb genommen, wie sind denn die ersten Erfahrungen mit der Technik?" Mist, diese Situation haben wir nicht bedacht. Was antworte ich jetzt nur? Was zum Teufel ist das denn für ein neues System in Rio de Janeiro? Ich denke kurz nach und versuche mich daran zu erinnern, ob ich davon gehört habe, doch mir will nichts einfallen. „Muy bien, muy bien"[34], versuche ich mit einer rasch dahin schmelzenden Selbstsicherheit herauszupressen, doch mehr mag mir nicht über die Lippen kommen. Die Herren blicken mich fragend an: „Na, kommt da noch was?" Pause. Dann springt zum Glück Enrique für mich in die Presche: „Er spricht nur Portugiesisch und Englisch und versteht nur wenig Spanisch, aber wie ich mitbekommen habe, sind sie in Rio sehr zufrieden, der Betrieb läuft problemlos, stimmt's?" „Ja, so ist es", antworte ich rasch und lächle die Herren freundlich an. Die Situation scheint fürs Erste gerettet zu sein, zumindest wollen Enriques Kollegen nichts mehr von mir wissen. Erleichterung überkommt

[34] *Span.: Sehr gut, sehr gut.*

mich, als wir den mit bewaffneten Sicherheitsbeamten umstellten Eingang des Gebäudes passieren. Grinsend wünsche ich ihnen noch einen schönen Nachmittag.

Mit Magui und einem ihrer Studienkollegen schlendere ich nachmittags über den Campus ihrer Universität, anschließend gehen wir in eine „Pulqueria“. In der Bar wird das mexikanische Nationalgetränk Pulque serviert, eine Mischung aus dem fermentierten Saft verschiedener Agaven. Die milchig-trübe Flüssigkeit mit rund fünf Prozent Alkohol schmeckt wie eine Mischung aus Buttermilch und Apfelmost. Anfangs ist es etwas gewöhnungsbedürftig, nach ein paar Schlucken läuft es runter wie Öl. Die Bar ist hoffnungslos überfüllt. Die Luft ist stickig und heiß, ich habe das Gefühl, sie bedeckt mich mit den Schweißtropfen anderer. Als wir uns endlich zum Tresen durchgekämpft haben und uns mit den Krügen zuprosten, wird unserer Freude alsbald ein sofortiges Ende gesetzt. Wie auf Kommando beginnen plötzlich unsere Augen zu tränen und eine kollektive Nies- und Hustenattacke überfällt uns. Beinahe gleichzeitig erheben sich die Gäste in dem Raum und stürmen aus der Bar. Mir ist schleierhaft, was sich da abspielt, für einen kurzen Moment glaube ich zu träumen. Das Brennen im Gesicht und in den Atemwegen wird stärker, ich fühle mich wie in einer Tränengaswolke. Hustend renne ich der Meute hinterher, doch draußen ist es noch schlimmer als drinnen. Was ist hier nur passiert? Wenig später lüftet sich schließlich das Geheimnis: Im Geschäft nebenan werden getrocknete Chilischoten gemahlen und der Wind treibt den Mahlstaub durch die Eingangstür der Bar. Viva México![35]

Seit meinem Besuch in der deutschen Botschaft in El Salvador sind fünf Wochen vergangen. Laut Aussage der Botschaftsassistentin dort dürfte mein Reisepass nun in Mexico City angekommen sein. Ich greife deshalb zum Telefon und wähle die Nummer in El Salvador, um nachzufragen. „Das Dokument wurde bisher noch nicht gedruckt, innerhalb der nächsten drei Wochen werden Sie es garantiert auch noch nicht bekommen", meint die Angestellte. „Doch ich kann Sie beruhigen, Ihr Antrag wurde genehmigt. Der Pass wird ausgestellt und nach Mexico geschickt", fügt sie hinzu. Wenngleich das Ganze nochmals komplizierter wird, als ursprünglich angenommen, spüre ich nun endlich eine reelle Chance, tatsächlich über die Grenze in die USA zu gelangen.

Allerdings will ich hier in Mexico City auf keinen Fall vier weitere Wochen mit Warten verbringen, schon jetzt habe ich genug vom Stadtleben – von den hupenden und knatternden Fahrzeugen, dem Trubel und Durcheinander auf den Gehwegen und in den Fußgängerzonen. Meine Sinne leiden unter Reizüberflutung und außerdem macht die mit Abgasen durchsetzte Stadtluft meinen Atemwegen zu schaffen. Seit Tagen plagt mich ein permanenter Reizhusten.

[35] *Span.: Es lebe Mexico!*

23 Millionen Menschen an einem Ort sind einfach zu viel. Meine Waden kribbeln schon wieder vor Energie. Ich muss bald wieder raus in die Natur, ich habe Sehnsucht nach der Stille der Berge, der Einsamkeit der Wüste und der Eintracht kleiner abgeschiedener Dörfchen.

Noch einmal rufe ich die Botschaftsangestellte in San Salvador an, um sie zu überreden, meinen Reisepass nicht nach Mexico City, sondern nach Tijuana zu schicken. Tijuana ist die Grenzstadt zur USA, lediglich eine halbe Autostunde südlich von San Diego. Meine Fahrt bis dorthin dürfte noch gut vier Wochen dauern. Sollte der Plan aufgehen, dann kommt der Pass dort rechtzeitig an und ich verliere nicht unnötig Zeit mit Warten.

Per Bus verlasse ich ein paar Tage später die Stadt, das Risiko bei diesem chaotischen Verkehr von einem Fahrzeug erfasst zu werden, ist mir zu hoch, zudem möchte ich meiner Lunge bei dieser schlechten Luft keine Anstrengung zumuten. Auch in Mexico ist Fahrradfahren auf Autobahnen verboten. Trotz Verbotsschildern lege ich in den folgenden Wochen über 1 500 Kilometer darauf zurück. Viele der zwei- und teilweise sogar dreispurigen Straßen sind nagelneu und in bestem Zustand. Aufgrund der Mautpflicht herrscht fast kein Verkehr, um Geld zu sparen, verläuft ein großer Teil des Verkehrs immer noch über kleinere Landstraßen. Die Beamten an den Mautstationen und die Polizisten scheine ich nicht zu stören, denn die meisten winken mir freundlich zu bzw. fordern mich lediglich dazu auf, die Lichtschranken der Mautstelle zu umfahren, damit das Fahrzeug-Zählsystem nicht durcheinandergerät.

SIERRA MADRE

Reibungslos geht es tagelang über die fast 2 000 Meter hoch gelegene Ebene der mexikanischen Sierra Madre. Dank der großen Höhe steigen die Temperaturen tagsüber nicht über die 30-°C-Marke, das Klima lässt meinen Körper wieder zur Hochform auflaufen. Endlich bin ich wieder frei von Hustenreiz und Hautproblemen, was für ein tolles Gefühl. Zwischen ausgedehnten Getreide-, Zuckerrohr- und Agavenplantagen liegen hier und da ein paar Seen, einige von ihnen sind jedoch aufgrund der landwirtschaftlichen Bewässerung so verkümmert, dass fast nichts mehr von ihnen übrig ist. Ein See nördlich von Morelia erstickt in Algen, seine Oberfläche ist derart überwuchert, dass spezielle Räumschiffe Schneisen in die braungrüne Schicht fräsen müssen, damit Schiffsverkehr überhaupt noch möglich ist. Wo künstliche Bewässerung zu aufwendig ist, hat sich die Wüste ihr Territorium gesichert,

Kakteen, Büsche und Felsen bestimmen das Landschaftsbild.

In Salamanca mache ich halt an einer Tankstelle, meine Kehle dürstet nach einem kühlen Eistee. Als ich mein Rad an die Wand des kleinen Gebäudes lehne und meine Mütze absetze, tönt es hinter mir plötzlich in akzentfreiem Englisch: „Hey man, what's up, wo fährst du hin?" Ich drehe mich um und sehe drei Leute hinter mir, zwei Männer und eine Frau. Der Typ in der Mitte ist etwa einen Kopf kleiner als ich, trägt ein gutes Kilogramm Goldketten um den Hals und in seinem Mund blitzt eine vergoldete Kauleiste. Dichte schwarze Locken hängen ihm über die Schultern, seine Stirn wird von einer Yankee-Baseballmütze halb verdeckt. „Du fährst mit dem Fahrrad von Mexico nach Kalifornien? Das ist echt cool, Mann. Ich habe fünfzehn Jahre in Los Angeles gelebt und dort eine Autowerkstatt eröffnet. Das Leben dort war super, doch jetzt bin ich wieder zurück in meiner alten Heimat. Genug Kohle gemacht ... Ich habe insgesamt zwölf Kinder von drei verschiedenen Frauen, was will man mehr", meint er stolz lachend. Die Frau und der Mann neben ihm grinsen ihn an. „Hier, Amigo, die schenk ich dir, lass sie dir schmecken und grüß mir L. A., wenn du da ankommst", sagt er freundlich, als er mir eine Flasche seines gerade erst gekauften Sixpacks entgegenstreckt.

Über Aguascalientes, Zacatecas und Durango gelange ich an den Rand des gut 1 500 Kilometer langen Gebirges Sierra

Madre Occidental. Die Gegend um Durango ist aufgrund der großen Artenvielfalt an Skorpionen als „Land der Skorpione“ bekannt, eine der weltweit giftigsten Gattungen ist hier beheimatet. Ich habe eine Menge Respekt vor diesen lebensgefährlichen Biestern, meine regelmäßigen Ruhepausen neben der Straße machen sie etwas angespannt. Regelmäßig sehe ich die gelbbraunen Spinnentiere auf Steinen sitzen oder durch den Sand flitzen, komme ich ihnen zu nahe, strecken sie mir drohend ihre Scheren und ihren Giftstachel entgegen. Das Bergland mit den vielen Canyons hat es ganz schön in sich, ständig geht es auf und ab, mein Körper kann sich kaum auf eine Situation einstellen. Von Durango aus sind über 40 kraftraubende Steigungen zu bewältigen, bevor man an die Küste gelangt. Mit einem Höllentempo brause ich in die steilen Schluchten hinab und kämpfe mich anschließend auf der anderen Seite mit Schrittgeschwindigkeit wieder hinauf. Der ständige Belastungswechsel macht meinem Körper ordentlich zu schaffen.

In einem kleinen Dorf habe ich eine unliebsame Begegnung mit einer Gruppe von Kindern. Von Weitem kann ich bereits erkennen, dass einer der Jungs einen Gegenstand in der Hand hält und die anderen gespannt darauf blicken. Mir ist unklar, worum es sich dabei handelt, ich merke allerdings, dass sie davon begeistert sind. Gut 40 Meter, bevor ich die Meute passiere, verschwinden sie plötzlich hinter einem am Straßenrand geparkten Lastwagen. Sie scheinen sich vor mir zu verstecken, doch ich kann noch immer ihre Beine unter dem Fahrzeug hindurch sehen. Was führen die Jungs im Schilde? Ich kann es nicht fassen, was ich sehe, als ich beim Vorbeifahren meinen Kopf zu ihnen drehe. Einer der Jungs zielt tatsächlich mit einer Steinschleuder auf mich. Ich schrecke zusammen und ziehe reflexartig meinen Kopf ein, dann höre ich ein Steinchen an mir vorbeifauchen. Zum Glück verfehlt es mich. „Zum Teufel mit euch!", brülle ich ihnen verärgert nach, doch sie sind bereits um die nächste Hausecke gebogen und davongerannt.

Im feuchtheißen Küstenflachland werde ich wieder von der Sonne durchgebraten, Temperaturen von bis zu 45 °C

im Schatten machen meiner von Juckreiz geplagten Haut wieder zu schaffen. Ich versuche, die Waschküche auf schnellstem Wege wieder verlassen zu können, doch eine deutliche Abkühlung ist erst an der Westküste der Baja California in

Sicht und bis dahin fehlen mir noch gut 1 000 Kilometer. Durch monotones Agrarland fahre ich auf Autobahnen entlang der Küste des Golfs von Kalifornien nach Norden. Jeder Tag gleicht dem anderen, beim Blick auf die Karte verzweifle ich beinahe, ich komme einfach nicht voran.

Äußerst friedlich erscheint mir der Staat Sinaloa, in dem laut der Intelligence Community der Vereinigten Staaten Amerikas die größte und mächtigste Drogenhandelsorganisation, das Sinaloa-Kartell beheimatet ist. In der Region werden große Mengen Opium und Marihuana angebaut, Schätzungen zufolge wurden zwischen 1990 und 2008 von hier aus über 200 Tonnen Kokain und große Mengen Heroin in die USA exportiert. Über 100 000 Menschen fanden im mexikanischen Drogenkrieg bisher den Tod, immer wieder kommt es zwischen konkurrierenden Banden oder den Banden und den Sicherheitskräften zu blutigen Massakern. Ein Großteil der Morde ereignete sich in Culiacán, der größten Stadt Sinaloas, die ich eines Nachmittags erreiche. Bei der Fahrt ins Zentrum von Culiacán gehen mir die schrecklichen Zahlen durch den Kopf. Ich versuche, meine Anspannung damit zu beruhigen, dass die Morde ausschließlich mit dem Drogenhandel in Verbindung stehen und ich als Reisender keine Berührungspunkte damit habe.

Wie immer ist es brütend heiß, der Wetterbericht hat heute für Culiacán Temperaturen von knapp 45 °C vorhergesagt.

Ich fühle mich schlapp und von der Sonne ausgelaugt, mein Schädel brummt. Um mich ein klein wenig abzukühlen, halte ich bei einem McDonalds-Restaurant, die klimatisierte Gaststube wird mich wieder erfrischen. Ich bestelle einen Milchshake – King Size, versteht sich. Es ist ein Hochgenuss zu spüren, wie die erfrischende Flüssigkeit in meinen überhitzten Körper fließt und der Zucker nur wenige Minuten später in meiner Blutbahn ankommt.

Ich komme mit José und Juan ins Gespräch, Vater und Sohn aus Culiacán. Mein vollbepacktes Fahrrad hat sie neugierig gemacht, sie interessiert brennend, was mich ausgerechnet hierher geführt hat. Noch nie haben sie in der Stadt einen ausländischen Touristen getroffen. Die Gegend hat auch nicht viel zu bieten und die mit dem Drogenhandel verbundenen Schlagzeilen wirken nicht besonders anziehend. Wir unterhalten uns ein paar Takte, ich erzähle von meiner Tour, dann meint José: „Du kannst gerne bei uns übernachten, die Hotels hier sind sehr teuer und dein Budget ist sicher beschränkt. Wir haben genügend Betten zu Hause.“ Ich denke nicht lange über das Angebot nach. Was könnte mir Besseres passieren? Die beiden setzen sich in ihren Subaru Pick-up und lotsen mich im Schritttempo durch die Stadt. Gut eine Viertelstunde klebe ich mit meinem Fahrrad an ihrer Stoßstange, bis wir in eine von Stacheldraht und Überwachungskameras umbaute Wohnanlage abbiegen. Die Häuser sind riesig und wirken luxuriös, auf den Carports davor stehen Limousinen und Geländewagen.

„Mi casa es tu casa“[36], meint José, als er mir die Eingangstür öffnet und mich seiner Frau Olga vorstellt. Olga wirkt anfangs etwas skeptisch, denn sie hat Bedenken, die Nachbarn könnten sich Sorgen um ihre Sicherheit machen, wenn sie erfahren, dass ein auf der Straße aufgelesener Besucher in ihrer Nähe übernachtet. Wie mir José erzählt, schließen die Leute hier ihre Häuser normalerweise nicht ab, da das Gelände rund um die Uhr von Sicherheitskräften überwacht wird. In den acht Jahren, seitdem sie hier nun schon wohnen, gab es noch kein einziges Vorkommnis, keinen Einbruch, keinen Diebstahl, nichts. „Okay, dann müssen wir uns etwas einfallen lassen, am besten erzählen wir, dass wir Sven schon längere Zeit kennen und er nun zu Besuch bei uns ist.“ Wir einigen uns auf die Geschichte, wonach wir uns im Jahre 2001 in einem Baumarkt in San Francisco getroffen haben. José hat Computer Science in den USA studiert und war Inhaber einer Firma im Silicon Valley, von 1988 bis 2006 lebte er mit seiner Familie deshalb in Kalifornien.

José führt mich durch die großzügigen Räume seines Hauses, poppige Ölgemälde und abstrakte Kunstwerke schaffen die Atmosphäre einer modernen Kunstgalerie. Viele der Gegenstände stammen von seiner Frau Olga. Sie ist Künstlerin und das Dachgeschoss dient ihr als Atelier. Ich staune nicht schlecht, als wir auf die Dachterrasse treten

[36] *Span.: Mein Haus ist dein Haus.*

und ich vor einem riesigen Jacuzzi-Pool stehe. Wie mir José erklärt, war dieser aber schon lange nicht mehr in Betrieb und dient in letzter Zeit nur noch als Spielplatz für ihren Dalmatiner Jack.

Am Abend findet auf der großen Wiese zwischen den Villen eine Party statt. Die Bewohner der Anlage verstehen sich alle sehr gut miteinander. Wie mir José erklärt, ist es fast so etwas wie eine große Familiengemeinschaft hier. Regelmäßig feiern sie gemeinsame Feste, die Kosten werden jedes Mal von einer anderen Familie übernommen. Dieses Mal lädt Ernesto ein, er ist Besitzer eines lokalen Radiosenders in Culiacán. Das Büffet ist selbst für meinen gewaltigen Radfahrerhunger zu groß, nach einem Teller Pasta, einer Portion Sushi, mehreren Stücken Pizza und einer Schüssel Schokoladenpudding gebe ich mich geschlagen. Danach verziehe ich mich an die Cocktailbar, wo Margaritas und Mojitos gereicht werden. Kerzen und Fackeln verbreiten eine wohlige Stimmung, die Wasseroberfläche des Pools leuchtet himmelblau. Der Klang von Livemusik einer Band hallt zwischen den Häusern, auf einer kleinen Bühne wird getanzt. Palmen wehen im lauen Abendwind und über uns funkeln die ersten Sterne. Kurz gesagt: Die Atmosphäre ist einfach wunderbar. Unglaublich, wie mich mal wieder der Zufall geleitet hat. Vor ein paar Stunden wusste ich noch nicht einmal, wo ich übernachten würde und nun bin ich hier in dieser netten Gesellschaft.

Am nächsten Morgen nehme ich dann wieder den staubigen Seitenstreifen der Autobahn unter meine Reifen. Mich plagt ein kräftiger Kater vom Vorabend, hätte ich mich doch an der Cocktailbar nur ein wenig zurückgehalten ...

Von Heroica Guaymas aus setze ich per Fähre über den Golf von Kalifornien hinüber nach Santa Rosalia. Fast sieben Stunden dauert die Überfahrt auf dem winzigen Boot. Beim Auslaufen aus dem Hafen ist die See wunderbar ruhig, das Schiff gleitet dahin. Nach einem fabelhaften Sonnenuntergang lege ich mich auf das Deck des Schiffes und schlummere beim Betrachten des Sternenhimmels allmählich ein. Ich schlafe etwa eine Stunde und bemerke dabei nicht, wie der Wind langsam auffrischt und die See immer größere Wellen schlägt. Als ich wach werde, schaukelt das Schiff wie ein Kuhschwanz, mir ist hundeübel. Ich schaffe es gerade noch bis zur Reling, dann ergießt sich mein Mageninhalt in einem riesigen Bogen über die See. Fünf Stunden sind es noch bis zur Einfahrt in den Hafen von Santa Rosalia, pausenlos stehe ich an der Reling und würge wie ein Besoffener. Mein Magen ist bereits nach dem ersten Erguss völlig entleert und trotzdem will das rhythmische Magenzucken kein Ende nehmen. Minuten werden zu Stunden, Stunden werden zu Tagen, die Zeit scheint stillzustehen. Selten fühlte ich mich so miserabel wie in diesen Momenten auf dem Schiff.

In Santa Rosalia nehme ich die erste mögliche Unterkunft. Bleich wie Kreide und fix und fertig liege ich fast den ganzen folgenden Tag im Bett und starre an die Decke. Wenn ich die Augen schließe, habe ich das Gefühl, ich sitze in einem Karussell, blicke ich in den Ventilator an der Decke, zieht sich mein Magen wieder zusammen und ich muss mich übergeben. Schrecklich, ich nehme mir vor, nie wieder an Bord eines Schiffes zu gehen.

Die Baja California im Westen Mexicos ist eine der heißesten Gegenden des gesamten Kontinents. In einigen Teilen steigt das Thermometer im Sommer teilweise auf über 50 °C im Schatten. Trotzdem überdeckt eine üppige Wüstenvegetation mit teilweise endemischen Pflanzen die über 1 000 Kilometer lange Halbinsel. An manchen Stellen stehen ganze Wälder von Riesenkakteen und Cirios, ein bis zu 20 Meter hohes baumartiges Gewächs, dessen Äste bizarr in den Himmel ragen. Einzigartig ist auch die Tierwelt. Einer ihrer interessantesten Vertreter ist der Grauwal, der sich zwischen Dezember und März in riesigen Herden in der Bucht vor Guerrero Negro aufhält, um dort im geschützten Wasser seine Jungen zu gebären.

Ich beschließe, die heißesten 500 Kilometer zwischen Santa Rosalia und Punta Prieta in einem Lastwagen per Anhalter zu fahren. Ich will meiner empfindlichen Haut nicht zu viel zumuten. Nördlich von Punta Prieta werden die Temperaturen aufgrund der Nähe zum kalten Pazifikstrom wieder erträglicher sein, laut Wettervorhersage ist es an der Pazifikküste um bis zu 20 °C kühler als an der Küste des Golfs von Kalifornien bzw. im Landesinneren. An einer Tankstelle frage ich den Fahrer eines Lastwagens nach einer Mitfahrgelegenheit. „Claro, Amigo, wirf dein Rad hinten drauf und steig ein. Mein Name ist Jesus und das ist mein Assistent Juan Carlos", antwortet er mir freundlich. Die beiden sind mit rund 30 Tonnen Metallschrott unterwegs, die sie in La Paz aufgenommen haben und in Tijuana an eine amerikanische Recyclingfirma übergeben werden. Gut 1 800 Kilometer lang ist die Strecke durch die Wüste, Dutzende Male sind sie diese schon zusammen gefahren.

Juan Carlos hat keinen Führerschein, er hilft lediglich beim Tanken sowie beim Be- und Entladen des Fahrzeuges. Ich lege meine Packtaschen in ihre Schlafkabine und nehme Platz auf dem Mittelsitz. Riesig groß wirkt das Fahrzeug von hier aus, es scheint, als würden wir die gesamte Straße ausfüllen.

Dann geht es los, ich bin aufgeregt. Zuerst führt uns eine enge, kurvenreiche Straße über ein kleines Gebirge, dann brettern wir durch eine bolzgerade Wüstenebene. Aus einem bierdeckelgroßen Lautsprecher dröhnt ohrenbetäubende Musik. Es ist eigentlich eher als Geräusch zu bezeichnen, eine Melodie kann ich nur schwer erkennen. Kakteen, so weit das Auge reicht, die größten darunter sind haushoch.

Der Lastwagen scheint bereits ein Teil von Jesus' Körper zu sein, denn immer wieder meint er zu fühlen, dass etwas mit der Ladung nicht stimmt. Sofort halten wir an, teilweise mitten auf der Straße, und spannen die Ketten und Spannbänder nach, die sich durch das Rütteln gelockert haben. Der Anhänger ist hoffnungslos überladen, einige der Schrottteile sehen so aus, als würden sie jederzeit auf die Straße fallen. In Deutschland würden wir sicher bei der ersten Polizeikontrolle herausgezogen werden.

Da die Kraftstoffpumpe zum Umverteilen des Diesels zwischen den einzelnen Tanks defekt ist, schaffen wir an einem Parkplatz rund 400 Liter Kraftstoff von einem Tank in den anderen. Mit einem Gummischlauch wird die giftige Flüssigkeit mit dem Mund angezapft und in einen Eimer gelassen, auf der anderen Seite über einen Trichter wieder eingeschüttet. Gut zehn Mal müssen wir die Prozedur wiederholen, bis der Tankinhalt umgelagert ist.

Jesus erzählt von seinem Leben auf der Straße. Seit 14 Jahren ist er unterwegs, seine Frau und seinen Sohn sieht er nur wenige Tage im Monat. 12 bis 15 Stunden fährt er täglich, meist tagsüber, doch ab und zu auch bei Nacht, wenn es nötig ist. Er hatte schon einige Verkehrsunfälle, jedes Mal wegen Übermüdung. Wir passieren eine Kurve, die ihm schon beinahe das Leben gekostet und sein Fahrzeug auf den Schrottplatz befördert hat. „Auch wenn der Beruf hart, gefährlich und entbehrungsreich ist, liebe ich es, unterwegs zu sein. Das Gefühl von Freiheit, die Abwechslung der verschiedenen Orte und die Möglichkeit, etwas von der Welt zu sehen, sind unersetzbar."

Kurz vor Sonnenuntergang verabschiede ich mich wieder von den beiden, die Landschaft ist einfach zu schön, um sie nur durch die kleinen dreckigen Fensterscheiben des Lastwagens zu betrachten. Nur wenige Hundert Meter von der Straße entfernt errichte ich mein Zelt zwischen riesigen Felsblöcken. Außer dem Zirpen der Insekten ist weit und breit kein Geräusch zu vernehmen. Noch immer dröhnen meine Ohren von dem Motorlärm des Lastwagens. Die untergehende Sonne sorgt für ein unvergleichliches Farbenspiel, der am Horizont goldgelb leuchtende Himmel geht nach oben hin in ein immer dunkler werdendes tiefes Blau über, bizarr wirken dabei die pechschwarzen Silhouetten von Riesenkakteen und Cirios. Als es völlig dunkel ist, trete ich nochmals aus dem Zelt und erblicke einen Sternenhimmel, so klar und leuchtend, wie ich ihn bisher erst selten gesehen habe.

Die Stadt Tijuana an der Grenze zu den USA ist ein übler Moloch. Zwischen den ohnehin lieblos wirkenden Gebäuden stehen auffallend viele Bauruinen, die noch vor der Fertigstellung bereits dem Verfall geweiht sind. Ziegelsteine liegen lose übereinander und aus halb fertigen Mauern klaffen verrostete und verbogene Eisenstangen. Am Straßenrand suchen streunende Hunde in Müllhaufen nach Essbarem. Im Norden ist die Stadt durch einen meterhohen Grenzzaun abgeriegelt, riesige Stacheldrahtrollen erinnern an den

Todesstreifen der DDR. Unüberwindbar scheint diese feindliche Anlage, deren Botschaft schon von Weitem erkennbar ist: „Halt Stopp!“ Mit über 40 Millionen Grenzübertritten pro Jahr ist diese Grenze die am meisten begangene Landgrenze der Erde, an manchen Tagen wechseln hier mehr als 300 000 Menschen von dem einen Land in das andere. Die Fahrzeugkontrollen auf amerikanischer Seite sind äußerst streng, mit Spiegeln und Sonden wird selbst in verwinkelten Stellen im Motorraum nach Schmuggelware gesucht.

Als ich das deutsche Generalkonsulat betrete, bin ich voller Zuversicht. In nur wenigen Minuten werde ich endlich meinen Reisepass ausgehändigt bekommen, dann haben sich die Mühen der letzten Wochen endlich bezahlt gemacht. Doch meine Geduld wird aufs Neue auf die Probe gestellt, der Konsul hat bereits das Wochenende eingeleitet und kommt erst in drei Tagen wieder. Unglücklicherweise liegt mein Pass bei ihm zu Hause. In der Hoffnung, das Dokument dort selbst abholen zu können, rufe ich ihn auf seinem Mobiltelefon an. „Hallo, Herr Schmid, Sie sind schon in Tijuana angekommen? Ich habe von Ihrer Reise gehört – fantastisch! Wenn Sie möchten, bringe ich Ihnen den Pass. Dann kann ich Sie gleich persönlich kennenlernen. Allerdings benötige ich etwa eine Stunde für die Anfahrt.“ Eine Stunde später taucht er tatsächlich auf und übergibt mir das Dokument. Ich kann es kaum fassen, dass es doch noch geklappt hat, und bin überglücklich.

Eine vor Autos und Lastwagen überquellende vierspurige Autobahn bringt mich zur Grenze, bereits mehrere Kilometer vor den Abfertigungsgebäuden herrscht nahezu Stillstand. Zwischen den wartenden Autos versuchen Bauchladenverkäufer Snacks, Getränke und mexikanisches Kunsthandwerk zu verkaufen, selbst gebaute Handwagen und Schubkarren schiebend kämpfen sie sich laut schreiend durch das Gemenge. Die Geräuschkulisse gleicht der des Marktplatzes einer lateinamerikanischen Großstadt, nur dass hier noch zusätzlich Hunderte von Auspuffen ein dumpfes Brummen darüberlegen. Ich stehe vor einem Gebäude mit der Aufschrift „Welcome to the United States of America". Das „Willkommen" auf dem Schild hat etwas Ironisches an sich, ein Widerspruch zu den meterhohen Zäunen aus Stacheldraht und den Wachtürmen mit bewaffneten Sicherheitskräften. Vier Stunden dauert die Prozedur an der Grenze, ich werde von Warteschlange zu Warteschlange geschickt und muss einen Berg von Papieren ausfüllen und mir diverse Stempel besorgen. Die Taschen meines Fahrrades werden durch einen Röntgenscanner geschoben und ein Beamter tastet mich ab. In einer weiteren manuellen Kontrolle muss ich mein Fahrrad zerlegen, ein Beamter lässt mich die Sattelstütze abziehen, damit er mit einer Taschenlampe in das offene Rohr des Rahmens hineinleuchten kann. Schließlich könnte ich das Rohr mit Kokain oder Crack aufgefüllt haben. Die Beamten der „United States Customs and Border Protection“ verhalten sich äußerst unfreundlich. Schon seit Monaten sind mir keine so unsympathischen, griesgrämigen und abweisenden Menschen mehr begegnet.

WELCOME TO CALIFORNIA

Und dann rolle ich endlich über US-amerikanischen Boden, nach all dem Ärger wegen des Passes in den vergangenen Monaten hatte ich fast schon den Glauben daran verloren, dass ich über die Grenze komme. Mit einem Mal weicht die angestaute Anspannung einem erlösenden Gefühl der Freiheit, vorbei sind die permanente Angst vor einem Überfall und die Sorge, Opfer des chaotischen Straßenverkehrs zu werden. Seit Langem habe ich das Gefühl, dass sich die Mehrheit der Verkehrsteilnehmer wieder an Geschwindigkeits- und Vorfahrtsregeln hält und die Hupe nur noch für den dafür vorgesehenen Zweck einsetzt. Endlich werde ich mich dank westlicher Hygienestandards wieder von den Verdauungsstörungen verabschieden können, die mich lange Zeit verfolgten und mir wertvolle Kraft raubten. Auch die Hautprobleme dürften bei den erträglichen Temperaturen nicht wieder auftreten. Juckreiz adé!

Mit einem Mal sind alle Sorgen weggeblasen und dennoch fühle ich bereits so etwas wie Sehnsucht nach Lateinamerika. Ich vermisse das Temperament der Latinos, ihre lebensfrohe Art und unerschütterliche Leichtigkeit. Das Leben auf der Straße Südkaliforniens wirkt vergleichsweise steril und anonym, die Menschen scheinen im Gegensatz zu den Ländern davor von einer unsichtbaren Schutzschicht umgeben zu sein, die eine Interaktion erschwert. War ich die letzten Monate permanent inmitten von Menschen und Tieren, so säumen jetzt Parkplätze, Gebäude und Autos meinen Weg. Kaum jemand geht zu Fuß oder fährt Fahrrad. Wenn Gehwege existieren, sind diese meist unbenutzt. Doch wenn ich mit Menschen in Kontakt komme, dann sind sie sehr hilfsbereit und großzügig. Repariere ich beispielsweise mein Fahrrad am Straßenrand, wird mir fast immer Hilfe angeboten.

An Versorgungsproblemen wird meine Tour von nun an wohl auch nicht mehr scheitern können, zu groß ist die Verfügbarkeit an Waren. Nachdem ich mehrere Monate lang fast nur in kleinen Tante-Emma-Läden eingekauft habe, in denen man keine große Auswahl hatte, so werde ich an den überdimensional großen Supermarktregalen von der Fülle der Produkte fast erschlagen. Hilflos stehe ich in einem Walmart[37] vor gut 20 verschiedenen Brotarten und versuche, mich für ein Produkt zu entscheiden.

Es ist bereits dunkel, als ich mich nach einer Übernachtungsmöglichkeit umschaue. Ein Hotelzimmer kostet in den USA im Vergleich zu Mexico gut das Zehnfache. Um mein Budget zu schonen, beschließe ich daher, vorwiegend in meinem Zelt zu übernachten. Entlang der Küste Südkaliforniens gibt es jedoch fast keine naturbelassenen Gegenden, es ist fast unmöglich, einen geeigneten Platz zum Aufstellen des Zeltes zu finden. Wo keine Häuser stehen,

[37] *Am. Supermarkt*

hängen Zäune mit der Aufschrift „Private Property – Keep Out"[38] und „No Trespassing – Violators Will Be Persecuted"[39]. Meine Hoffnungslosigkeit treibt mich daher in Solana Beach, nördlich von San Diego, zu einer Feuerwache, vielleicht lassen mich die Feuerwehrmänner auf der Wiese hinter der Station mein Zelt aufschlagen. Schon häufiger habe ich in Reiseberichten von Fahrradfahrern von dieser Möglichkeit gelesen.

Ein junger Herr, Ende zwanzig, öffnet mir die Tür. Sichtlich überrascht von meinem Erscheinen um diese Uhrzeit blickt er mich einen Moment wie erstarrt an. Ich schildere ihm meine Situation und bitte ihn um ein paar Quadratmeter Platz auf dem Gelände, schließlich gibt es ja genug davon. „Sollte dir auf dem Grundstück etwas zustoßen, dann haben wir ein Versicherungsproblem, daher denke ich, dass es nicht geht", meint er etwas verunsichert. Aus seiner Stimme höre ich jedoch einen Unterton des Bedauerns, dass er mir nicht behilflich sein konnte. „Lass mich mal den Feuerwehrkommandanten der Station fragen, eventuell macht er eine Ausnahme." Kurz danach werde ich Bill vorgestellt. Er ist ein typischer Kalifornier – braun gebrannt, groß und muskulös. Zwischen seinem akkurat gestriegelten Schnauzbart grinst ein breiter Mund, seine Augen verstecken sich unter einer Baseballmütze mit der Aufschrift „Solana Beach FIRE Station". „Klar kannst du hier übernachten, Buddy, herzlich willkommen bei uns",

[38] *Engl.: Privatgrund – Betreten verboten!* [38] *Engl.: Betreten verboten – Vergehen werden strafrechtlich verfolgt!*

lädt er mich großzügig ein. „Wenn du willst, kannst du dich gerne in meinen Pick-up legen, dann musst du dein Zelt nicht aufbauen."

Wenig später sitze ich mit der gesamten Schicht der Feuerwehrmänner beim Abendessen. Es gibt Grillhähnchen, Nudeln und Salat. „Welche Art von Barbecuesoße dürfen wir dir servieren? Süßsaure, Senf-, Honig-, Chili- oder eine Pfeffersoße? Und was willst du trinken? Eistee, Fanta, Pepsi, Seven Up oder Coca Cola Light? Pudding, Kuchen, Muffins oder Eis zum Nachtisch?" Schon wieder fühle ich mich von dem riesigen Angebot überfordert, die Wahl zu haben, kann ganz schön anstrengend sein! Die Feuerwehrmänner sind sehr interessiert an meiner Reise, viele von ihnen sind ebenfalls radsportbegeistert und würden am liebsten mit mir aufbrechen. Den ganzen Abend sitzen wir beisammen und tauschen Geschichten und Erlebnisse aus, unterhalten uns über meine Tour, den Alltag von kalifornischen Feuerwehrmännern, Waldbrände, Arnold Schwarzenegger und die Kirche. Erst als gegen Mitternacht meine Stimme versagt und mir die Augen vor Müdigkeit zufallen, lege ich mich in Bills Pick-up schlafen. Was für ein Empfang in den USA!

„Sven, dein Frühstücksei ist fertig", tönt es am nächsten Morgen vom Balkon des Feuerwehrgebäudes, „komm hoch und frühstücke mit uns." Ich setze mich zu den Männern an den Frühstückstisch und werde wie am Abend zuvor großzügig bedient. Bill richtet mir sogar noch zwei Sandwiches und packt sie für mich in eine Tüte mit vier Äpfeln, Reiseproviant. Als ich mich mit einem Zehndollarschein für ihre Großzügigkeit bedanken will, weist Bill das Geld sofort zurück. „Nein, kein Geld, du bist unser Gast!" Er bedrängt mich, den Schein wieder zurückzunehmen, und als ich ihn widerwillig einstecke, liegt plötzlich ein zweiter Schein neben mir auf dem Tisch. Einer der Kollegen meint: „Der ist für dich, du hast ja im Moment keinen Job und die USA sind etwas teurer als Mexico." Kurz darauf folgt ein zweiter und ein dritter, dann ein vierter Schein. Ich kann es kaum fassen, vor mir liegen vierzig Dollar, gespendet von den Feuerwehrleuten.

Vor meiner Abfahrt machen wir noch ein gemeinsames Foto, inklusive meines Fahrrades und eines ihrer Feuerwehrfahrzeuge, das extra für die Aufnahme aus der Garage gefahren wird. Wie abgeleckt steht die frisch polierte Maschine da, auf den Chromteilen blitzt die Sonne, nicht ein einziges Staubkörnchen ist darauf zu erkennen. Als ich mich für die Betätigung des Selbstauslösers der Kamera kurz von meinem Rad entferne, öffnet ein Feuerwehrmann meine Lenkertasche und steckt weitere 20 Dollar sowie einen kleinen Zettel mit der Aufschrift „Good luck, Sven, hope to see you again!“[40] hinein.

In Santa Monica bei Los Angeles bleibe ich ein paar Tage bei Simon und Josef, ehemalige Arbeitskollegen von meiner früheren Arbeitsstelle in Kalifornien. Ein Freund aus New Jersey sowie zwei Freunde aus Deutschland, die in der Nähe von Los Angeles wohnen, kommen ebenfalls zu Besuch. Es ist wunderbar, nach so langer Zeit, allein in einer fremden Welt, wieder Bekannte zu treffen und Deutsch reden zu können. Wir kochen und essen gemeinsam, gehen an den Strand, spielen Volleyball oder schlendern durch die Straßen. Es ist wie ein kleiner Urlaub im Urlaub, entspannend, erholsam und belebend. Und endlich mal ein paar Tage, ohne auf dem Rad sitzen zu müssen. Obwohl noch mehr als 4 000 Kilometer vor mir liegen, fühle ich mich schon ein bisschen wie am Ziel meiner Reise. Es fällt mir im Moment schwer, mich für die Weiterfahrt zu motivieren. Die Luft ist raus und mein Kilometerdurst vorerst gestillt, obwohl noch viele interessante und schöne Orte vor mir liegen.

[40] *Engl.: Viel Glück, Sven. Ich hoffe, wir sehen uns wieder!*

Ich verweile daher noch ein bisschen in der Umgebung von Los Angeles und schaue mir die verschiedenen Gesichter der Stadt an. Ich cruise über den berühmten Sunset Boulevard in Hollywood, vorbei an weltweit bekannten Clubs, Designerboutiquen, Restaurants und Fünfsternehotels. Das als „Pink Palace" bekannte „Beverly Hills Hotel" liegt hier, es gehört dem Sultan von Brunei und gilt als eines der besten Hotels der Welt. Ich mache auch einen Abstecher nach Beverly Hills, der Stadt der Stars und Sternchen. Zwischen piekfein geschnittenen Büschen, elegant tanzenden Wasserstrahlen kunstvollen Springbrunnenanlagen und schneeweißen Statuen aus Stein hat man immer wieder einen Blick auf die pompösen Fassaden prunkvoller Villen. Die Gebäude sind wahre Meisterwerke der Übertreibung, ihre Botschaft an deren Nachbarn ist eindeutig: „Ich habe das gleiche Haus wie du – nur größer."

In Venice Beach, nur wenige Kilometer westlich davon,

gilt dieser Slogan ebenfalls, allerdings ist er hier auf die Größe von Silikon-Brustimplantaten bezogen. Es wimmelt von gepimpten Superschönheiten mit Botox-Look, Frauen über fünfundvierzig, die krampfhaft versuchen, zwanzig Jahre jünger auszusehen. „Cougars"[41] werden sie in Kalifornien genannt, weil sie sich gerne junge Männer schnappen. Venice Beach ist die Hauptstadt der Exzentriker

und Lebenskünstler – nirgendwo sonst trifft man an einem einzigen Ort auf so viele Bodybuilder, Skater, Surfer, Hippies, Wahrsager, Kunstverkäufer und Gaukler wie hier. An der palmengesäumten Uferpromenade umgibt einen häufig ein nach Marihuana duftendes Wölkchen. Haschisch gehört in Kalifornien zum alltäglichen Konsumgut, schließlich ist es hier unter gewissen Umständen legal. Sogenannte „Evaluation Center" am Strand stellen Zertifikate aus, die den regelmäßigen Konsum dieses „Medikaments" legalisieren. Um das Zeug besitzen und konsumieren zu dürfen, genügt es, dem „Doctor" zu versichern, dass man regelmäßig von Kopfschmerzen und

[41] *Engl.: Panther*

Stimmungsschwankungen geplagt wird, und schon hat man die Lizenz zum Kiffen.

Entlang der atemberaubenden Pazifikküste geht meine Reise nach Norden weiter. Der stramme Nordwind und die steilen Küstenanstiege machen das Fortkommen zur Schwerstarbeit, teilweise werde ich fast vom Rad geblasen. In San Simeon weht der Wind so stark, dass ich mir ein T-Shirt um den Kopf binden muss, um meine Ohren vor dem brutalen Rauschen zu schützen. Doch die Landschaft entschädigt für die Strapazen, fast jeden Abend finde ich einen Zeltplatz an der Küste mit Blick auf das Meer. In den teilweise menschenleeren Buchten sehe ich Hunderte von wilden Seelöwen, Pelikane und auf einem kleinen Felsen sogar einen Condor. Die Strecke von Los Angeles nach San Francisco gehört zweifelsohne zu den schönsten und abwechslungsreichsten Straßen der Welt. Schon oft bin ich sie gefahren, doch jedes Mal bin ich aufs Neue beeindruckt.

Eine weitere Woche verbringe ich Anfang Juli in San Francisco, besuche Bekannte und Freunde, die ich während meines USA-Aufenthalts kennengelernt habe. Einer von ihnen ist Gunter. Während des Zweiten Weltkrieges wurde er in der Nähe von Lübeck geboren und emigrierte 1954 mit seinen Eltern in die USA. Mit dem Dampfer „SS America“ ging es von Lübeck über Le Havre und Southampton über den Atlantik nach New York und in mehreren Stationen im Mittleren Westen bis nach Kalifornien. Einige Jahre wohnte er bei seinem Onkel in Colby, Wisconsin, auf seiner Farm. Seine damals 19 Jahre alte Schwester verliebte sich während der Überfahrt in einen deutschen Arzt, der in der Mayo Clinic in Rochester, Minnesota, seine medizinischen Kenntnisse vertiefen wollte. Nur wenige Monate nach der Ankunft in New York kehrte sie mit ihm wieder nach Deutschland zurück, wo sie ihn heiratete und bis heute wohnt. Für Gunter hingegen wurden die USA zur neuen Heimat. Er studierte Werkstoffwissenschaften und arbeitete als Ingenieur bei vielen verschiedenen Firmen, zuletzt bei der NASA in Mountain View. Sein Alter ist ihm nicht anzumerken, noch immer sprudelt aus ihm die Energie eines umtriebigen Zwanzigjährigen. Er spielt Gitarre, lernt Spanisch, fährt Kajak und plant eine Radtour von San Francisco nach Seattle. Zudem möchte er im kommenden Jahr ein neues Haus auf seinem Grundstück bauen.

Ich besuche ihn und seine Frau Janet in Menlo Park, rund eine halbe Autostunde südlich von San Francisco. Sie teilen sich ein gemütliches Haus mit einer Horde Katzen und Hunden auf einem riesigen Waldgrundstück am Rande der Stadt. Das Gebäude ist völlig eingewachsen, außer den Squirrels, den amerikanischen Eichhörnchen, sind keine Nachbarn weit und breit zu sehen. Obwohl Menlo Park nur wenige Meilen vom Silicon Valley entfernt ist, hat der Ort einen Hauch von Wildnis. Regelmäßig besuchen ihn wilde Hasen, Rehe und Waschbären und vor ein paar Jahren streunte sogar ein wilder Puma über ihr Grundstück.

In seiner Freizeit repariert Gunter gebrauchte Fahrräder. Die Werkstatt in der kleinen Holzhütte neben seinem Wohnhaus platzt vor Ersatzteilen und Werkzeugen beinahe aus allen Nähten. Als er mein sichtlich mitgenommenes Fahrrad erblickt, macht er sich sofort an die Arbeit und beginnt Teile auszutauschen, die 19 000 Kilometer haben deutliche Spuren hinterlassen. Stefanie erhält einen neuen Sattel, ein neues Hinterrad, einen neuen Bremshebel und neue Bereifung. Zum Abschied schenkt mir Janet einen Beutel mit Reiseproviant, der so groß ist, dass ich beinahe Angst habe, ihn selbst bis Kanada nicht verzehren zu können.

Auch nördlich von San Francisco hat der Highway Number One einiges zu bieten. Die Straße verläuft an vielen Stellen direkt am Pazifik entlang, auf einer aufwendig in die Steilküste gegrabenen Trasse. Von der Fahrbahn aus hat man faszinierende Blicke auf das türkisgrün leuchtende Meer, das an einigen Stellen von kleinen felsigen Inseln aufgerissen wird. Meterhoch in die Luft spritzende schneeweiße Gischt zeugt von der Gewalt der Wassermassen, die diese grandiose Landschaft geschaffen haben. Ich bin in bester Radellaune, mit Musik in den Ohren und der Energie einer Dampflok in den Beinen brause ich nur so dahin.

Das kleine Dörfchen Garberville in Nordkalifornien ist landläufig als Marihuana-Hauptstadt der USA bekannt. Ein nahezu perfektes Klima sowie die Legalisierung des Anbaus von Cannabis für private medizinische Zwecke machen die Gegend zum Eldorado für Hippies, Alternative und Aussteiger. Mehrere Kilometer vor Garberville ereilen mich bereits die ersten Vorboten dieser freiheitsliebenden Subkultur. Aus den geöffneten Fenstern eines vorbeifahrenden Autos schwappt eine blass-blaue Rauchwolke. Kurz nachdem es mich überholt hat, steigt mir auch schon der penetrante Duft von Haschisch in die Nase.

Ein paar Kilometer hinter Garberville treffe ich Adrian, einen ehemaligen Börsenmakler, der seinen Job vor einigen

Monaten an den Nagel hing und nun am „Cannabis College" arbeitet. Das von Einwohnern Garbervilles gegründete Bildungszentrum bietet verschiedene Kurse mit den Themen „Tipps zum Anbau der Cannabis-Pflanze" und „Nutzen von Marihuana für Gesundheit und Wohlbefinden" an.

Garberville liegt südlich des Redwood National Parks, der die größten Bäume der Erde beheimatet. Bis zu 100 Meter ragen die Kolosse in die Höhe, einige von ihnen sind über 2 500 Jahre alt. Auf der „Avenue of the Giants" passiere ich zahlreiche dieser faszinierenden Giganten, wie ein Zwerg komme ich mir zwischen den Baumstämmen vor,

auf deren Grundfläche man ein Haus bauen könnte. Die dichten Baumkronen schlucken fast das ganze Licht, obwohl die Sonne scheint, ist es zwischen den Bäumen kühl und schattig. Der Erdboden ist vollständig in eine grüne Schicht mit den unterschiedlichsten Schattierungen gehüllt, Baumstümpfe und niedere Äste sind mit Moos und Flechten überzogen, dazwischen wachsen Farnsträucher und dichte Teppiche aus Klee. Es fehlen lediglich die Elfen und die Zwerge.

Es vergeht kein Tag, an dem ich nicht die Großzügigkeit der Menschen erfahre, entweder wird mir auf der Straße etwas geschenkt oder ich werde zum Essen oder Übernachten eingeladen. Meist kommen die Leute auf mich zu und sprechen mich an vor Supermärkten, in Parks, bei McDonalds oder einfach mitten auf der Landstraße. Als ich den Barkeeper in einem Restaurant bitte, meine Wasserflaschen mit Leitungswasser aufzufüllen und wir ins Gespräch über meine Radtour kommen, meint er: „Such dir einen Tisch, bestell, was du willst und iss und trinke, soviel du möchtest – ich bin der Besitzer dieses Gasthauses und lade dich ein."

Nach drei Tagen Pause in Grants Pass bei Sam, mit dem ich ein paar Monate zuvor gemeinsam von Peru nach Ecuador geradelt bin, verlasse ich endgültig die Küste und fahre durch schier endlose Wälder und Prärielandschaften in Richtung Osten. Um ins Landesinnere der USA zu gelangen, muss zuerst die Kaskadenkette überquert werden, ein in Nord-Süd-Richtung verlaufendes Gebirge. Über 20 Vulkane gehören zu dem über 1 000 Kilometer langen Gebirgszug, die höchsten Gipfel ragen über 4 000 Meter in die Höhe. Eines der Highlights meiner Reise ist der Crater Lake, ein See im Krater des erloschenen Vulkans Mount Mazama im Süden des Staates Oregon. Der nahezu kreisrunde See hat weder einen Zufluss noch einen Abfluss, lediglich durch Regen- und Schmelzwasser wird er gespeist und ist daher eines der saubersten und klarsten Gewässer der Erde. Bei Sonnenschein und Windstille leuchtet seine spiegelglatte Oberfläche in einem tiefen Blau, so magisch und prachtvoll, dass ihn das in der Umgebung ansässige Volk der Klamath Indianer bis heute als heilige Stätte verehrt.

Ich zelte am Kraterrand und erlebe einen der spektakulärsten Sonnenaufgänge, die ich jemals gesehen habe.

Je weiter ich nach Osten gelange, umso flacher wird die Landschaft und umso karger die Vegetation. Das Gebirge mit teilweise schneebedeckten Gipfeln verkümmert immer mehr zu einer weichen und runden Hügellandschaft, aus der nach einer prärieartigen Zone mit Weideflächen eine trockene wüstenartige Steppe hervorgeht. Aus den gigantischen Mammutbäumen an der Küste werden allmählich hohe bis mittelhohe Bäume, die dann schließlich Büschen und kniehohen Sträuchern weichen. Am Ende befinde ich mich auf einer von Horizont zu Horizont verlaufenden Ebene ohne jegliche Geländemerkmale, stundenlang fahre ich auf einer bolzgeraden Straße ohne eine einzige Kurve. Für einen Moment habe ich das Gefühl, der einzige Mensch auf Erden zu sein, weit und breit ist kein Anzeichen von Leben auszumachen.

Im Staate Idaho nimmt der Verkehr auf den Straßen dann wieder zu und das Leben kehrt zurück. Ich gelange durch kleine, niedliche Städtchen, in denen noch immer etwas vom Charme der Pionierzeit vorhanden ist. Bevor die erste Eisenbahnverbindung zwischen der Ost- und der Westküste in Betrieb ging, zog ein großer Teil der Siedler durch dieses Gebiet, auf einer Route, die auch Oregon Trail bekannt ist. Mit Planwagen, vor denen Ochsen, Maultiere und Pferde gespannt waren, zogen sie wochenlang durch Wüste, Steppe und überquerten Berge. Zahlreiche Landmarken und Denkmäler neben der Straße erinnern an die abenteuerliche Passage in den Westen. Die wilde und ursprüngliche Landschaft vergangener Tage musste vielerorts landwirtschaftlicher Kulturfläche weichen, wo einst Büsche und Sträucher wuchsen, gedeihen heutzutage Getreide, Gemüse und Gras. Für die nötige Wasserzufuhr sorgen automatische Bewässerungssysteme. Wie von Geisterhand gesteuert kreisen Kräne mit einer Spannweite von bis zu 600 Metern über die Felder und sprühen Grundwasser aus mehreren Hundert Metern Tiefe auf die Pflanzen. Wie ich von einem Farmer erfahre, wächst in Oregon dank Bodenbeschaffenheit und Klima das beste Heu der Welt, es ist qualitativ so hochwertig, dass es in großen Mengen exportiert wird. Ich glaube meinen Ohren nicht zu trauen, als mir der Bauer erzählt, dass das Heu bis nach Japan geschifft wird, wo es dann in Form der Kobe-Rinder zum teuersten Steak der Welt heranreift. Getrocknetes Gras reist über 9 000 Kilometer um den Erdball? Die Idee scheint absurd, die Globalisierung kennt keine Grenzen.

In Idaho bäumen sich die Rocky Mountains zum ersten Mal vor mir auf. Anfangs handelt es sich noch um sanfte Grashügel, mit der Zeit stechen aber immer mehr scharfkantige Grate und schneebedeckte Gipfel in den Himmel. Die bizarre „Sawtooth Range" ist schon von Weitem am Horizont zu erkennen, wie die Zähne eines überdimensionalen Sägeblattes zerschneiden sie das Firmament. Sie werden gerade vom glutroten Licht der untergehenden Sonne angestrahlt, als ich sie passiere. Der Anblick ist wunderschön.

Der Höhenzug ist der Ursprung des Salmon River, der aufgrund seines Reichtums an Wildlachsen bekannt ist. Für die Nez Percé, einem in der Region einst ansässigen Indianerstamm, stellte dieser Fluss über mehrere Jahrhunderte eine bedeutende Nahrungsquelle dar. Nachdem hier jedoch im 19. Jahrhundert Gold gefunden wurde, mussten sie ihr Land und ihre Heimat zurücklassen, der Großteil des Stammes wohnt heutzutage in Reservaten im Norden des Bundesstaates. Ich versuche mir vorzustellen, wie das Leben der Menschen wohl vor der Ankunft der Europäer hier gewesen sein musste, als sie noch ein Teil dieser wunderschönen Landschaft waren und mit der Natur und sich selbst in Einklang lebten. Der Gedanke an das Schicksal dieser Menschen und ihre Situation in den Reservaten heutzutage erfüllt mich mit tiefer Trauer.

Über ein Internetforum für Radreisende lerne ich Brian und Laurie kennen, zwei Kalifornier in den Mittfünfzigern, die vor gut zehn Jahren ihr Haus bei San Francisco verkauft haben und nach Hamilton in Montana ins Bitterroot Valley gezogen sind. Brian ist Sales-Manager von Beruf, doch seit mehreren Jahren arbeitet er bereits als Yoga-Lehrer und Personal Trainer in einem Fitnessstudio. Der Ausstieg aus dem Stadtleben und dem stressigen Beruf vor gut zehn Jahren war eine seiner bisher besten Entscheidungen, meint er. Er fühlte sich wie neu geboren, als sie hier ankamen. „Welcome Sven – we are glad to host you“[42], empfängt mich seine Frau Laurie an der Haustüre und bedeutet mir einzutreten. Laurie arbeitet für ein Hightech-Unternehmen im Silicon Valley. Ihre 1 500 Kilometer entfernten Arbeitskollegen trifft sie nur alle paar Wochen, alles andere lässt sich mittels E-Mails und per Telekonferenz abwickeln. Die

[42] *Engl.: Willkommen Sven, wir freuen uns, dich beherbergen zu dürfen.*

beiden führen mich in ihr Gästezimmer. „Hier ist dein Bett, hier dein Bad, WC. Deine Kleider kannst du in unserer Waschmaschine im Keller waschen, ein Trockner steht daneben. Ansonsten fühl dich wie zu Hause! Wenn du fertig bist mit Duschen, dann komm bitte runter zu uns auf die Terrasse, es gibt Abendessen. Ich hoffe, dir schmeckt gegrillter Lachs mit Salat?"

Die Terrasse bietet einen fabelhaften Blick auf die Gipfel der Rocky Mountains, deren Ausläufer beinahe bis zum Garten hinter dem Haus reichen. „Deine Muskeln müssen nach der langen Zeit auf dem Rad ziemlich verspannt sein, was hältst du von einer Massage morgen Mittag? Ich kenne eine hervorragende Masseurin hier in Hamilton", meint Brian, als wir uns unterhalten. Am nächsten Tag liege ich tatsächlich über eineinhalb Stunden auf einer Massagebank und lasse mich bei Meditationsmusik von einer jungen Dame weichkneten. Ich fühle mich danach wie neugeboren, Beine und Nacken sind wieder frei von Verspannungen und in mir fließt ein Strom neuer Energie. Brian erteilt mir danach noch eine Lektion Yoga und zum Ausklang gehen wir auf ein Bier in eine Kleinbrauerei. „Du kannst gerne mehrere Tage bei uns wohnen bleiben, nimm dir so viel Zeit, wie du willst."

Ihr Maß an Gastfreundschaft ist überwältigend, ich fühle mich beinahe schon ein bisschen schlecht beim Gedanken, so viel geschenkt zu bekommen und dabei so wenig geben zu können. Von fremden Menschen derart großzügig behandelt zu werden, ist eine ganz besondere und prägende Erfahrung. Auf die Frage, wie ich mich jemals bei ihnen bedanken kann, meint Laurie: „Du brauchst uns nichts zurückzugeben, gib es einfach an andere Menschen weiter, dann gleicht sich das längerfristig wieder aus. Wir wurden in unserem Leben auch schon oft beschenkt und konnten es nicht gleich wieder zurückzahlen." Als ich wieder aufbreche, füllen sie meine Taschen mit Lebensmittelvorräten, Laurie backt einen Kuchen und Brian bereitet frischen Hummus zu.

STEFANIE WIRD KRANK – AUF DEN LETZTEN KILOMETERN

In Missoula besuche ich die „Adventure Cycling Association", einen gemeinnützigen Verband zur Förderung des Fahrrad-Ferntourismus. Greg, selbst passionierter Radreisender und Panamericana-Bezwinger, gründete den Verband im Jahre 1973. Seit 1982 führt er ein Archiv mit Informationen und Geschichten von Fahrradreisenden, die während ihrer Touren durch Missoula kamen und ihn besucht haben. Über 3 500 Leute zählt sein Archiv bereits, täglich kommen neue dazu. An einer Pinnwand im Eingangsbereich des Gebäudes hängt eine Collage mit den von ihm aufgenommenen Schwarz-Weiß-Fotos der Besucher samt ihrer Fahrräder. Jedes Foto ist einzigartig und erzählt seine eigene Geschichte. Wenngleich die Bilder aus verschiedenen Epochen stammen, die Radler auf den unterschiedlichsten Vehikeln unterwegs und in allen möglichen Teilen der Erde zu Hause sind, ist den Menschen darauf eine Sache gemein: Aus allen Gesichtern spricht eine leidenschaftliche Begeisterung, eine unvergleichliche Lebenslust und Zufriedenheit. Die Frage, was das Reisen per Fahrrad ausmacht, könnte durch nichts besser beantwortet werden, als durch diese Fotos.

Vor einer Leinwand gehe auch ich mit meinem Fahrrad in Pose, gleich wird Greg seine alte analoge Spiegelreflexkamera auf mich richten und das Archiv um einen Eintrag erweitern. Während ich das Rad vor mir positioniere und in Stellung gehe, bemerke ich etwas, das mich zutiefst erschüttert. Ich entdecke einen Riss im Rahmen, die Schweißnaht im Übergangsbereich zwischen Oberrohr und Sattelrohr ist gebrochen. Stefanie, nein, nicht sterben!!! Ausgerechnet auf den letzten 500 Kilometern bricht der Rahmen. Ist dies ein Zeichen, dass es nun langsam genug ist? Der Anblick ist herzzerreißend, zusammen sind wir durch dick und dünn gegangen und nun ereilt uns dieses Schicksal. Ich habe Glück im Unglück, denn nur ein paar Häuserblocks entfernt gibt es eine Metallwerkstatt, die den Aluminiumrahmen für 50 Dollar wieder zusammenbrutzelt. Ich bin froh, dass ich den Schaden bei Stillstand bemerkt habe und das Rad nicht während der Fahrt kollabiert ist – was bei höheren Geschwindigkeiten fatale Folgen gehabt hätte.

Ein paar Tage später erreiche ich den Glacier National Park im Norden Montanas. Seit meinem Gespräch mit der kanadischen Familie in der deutschen Bäckerei in Costa Rica markiert er das Endziel meiner Reise. Ich fühle mich beinahe schon wieder zu Hause, dabei liegen noch gut 400 Kilometer sowie der 2 026 Meter hohe Logan zwischen mir und Calgary. Noch einmal bäumen sich die Rocky Mountains vor mir auf und ich muss in die untersten Gänge schalten, ein letztes Mal rinnen mir dicke Schweißperlen über die Stirn. Entlang der „Going to the Sun Road" passiere ich den Lake McDonald, einen tiefblauen Zungenbeckensee, der während der letzten großen Eiszeit vor rund 20 000 Jahren von einem gigantischen Gletscher ausgehoben wurde. Die

Landschaft ist fantastisch, die Rockies zeigen sich hier in voller Schönheit. Über eine abenteuerlich in den Fels gehauene Straße winde ich mich hinauf in die Bergwelt, wilde Schneeziegen und Dickhornschafe grasen an den

steilen Hängen. Das Ökosystem des Parks ist dank strikter Schutzauflagen und der Obhut der UNESCO nahezu ungestört. Zu den Bewohnern zählen neben Grizzlybären, Schwarzbären, Elchen, Pumas und Wölfen weitere 65 Säugetierarten.

Ich kann es kaum glauben, als ich auf einem Schild lese, dass die Straße zwischen 11 und 16 Uhr für Fahrradfahrer gesperrt ist. Typisch USA, denke ich mir, Wohnmobile, Busse und Trucks haben mal wieder Vorrang und Radfahrer das Nachsehen. Das Verbot ignorierend fahre ich auf der viel befahrenen Straße weiter, immer wieder werde ich von passierenden Fahrzeugen angehupt. Nach gut zwei Stunden überholt mich ein Fahrzeug der Parkverwaltung mit eingeschaltetem Blaulicht. Durch das heruntergelassene Seitenfenster sieht mich ein Ranger mit ernstem Blick an und meint: „Da vorne in der nächsten Parkbucht ist Schluss für dich, wir sehen uns dort in wenigen Minuten!" Als ich an dem Parkplatz ankomme, steht der Typ bereits wartend vor dem Fahrzeug, Motor und Blaulichter sind natürlich noch immer eingeschaltet. Der Ranger verkörpert den typischen amerikanischen Cop, er trägt einen Cowboyhut, eine verspiegelte Sonnenbrille und über sein Kinn verläuft ein akkurat geschnittener Bart. Lässig kaut er auf einem Kaugummi und blickt mich erst einmal wortlos an, als ich vor ihm zum Stillstand komme. Ein Revolver, ein Schlagstock und eine Dose Tränengas an seinem Gürtel machen klar, dass mit ihm nicht zu spaßen ist, und sein Blick sagt mir unzweifelhaft, dass er nicht zum Kuscheln aufgelegt ist. „Hast du das Verbotsschild am Parkeingang gesehen?“, jault er mit aufbrausender Stimme und mit einer Gefühlsregung, als hätte ich ihn mit dem Befahren der Straße persönlich beleidigt. „Ja, aber …“, versuche ich zu beschwichtigen. Doch ich habe keine Chance, den Rest meines Satzes bügelt er kalt nieder: „Willst du etwa mit mir diskutieren? Ich arbeite seit 21 Jahren in diesem Park. Entweder du akzeptierst meinen mündlichen Verweis oder ich stelle dir einen saftigen Strafzettel aus. Ist das klar? Keine Diskussion!“ Die Arme in die Hüfte gestützt blickt er mich herausfordernd an, sein Kaugummi kauendes Kinn wippt lässig hin und her. „Im Übrigen bin ich selbst auch Fahrradfahrer, wie du an meinem Körper erkennen kannst, doch hier auf dieser Straße haben Räder nichts verloren, basta!“ Widerwillig gebe ich nach und akzeptiere die zwei Stunden Wartezeit am Straßenrand.

Der Rest der Strecke hinauf bis zum Pass ist ein Traum. Mit jedem Höhenmeter weitet sich die Sicht auf die Bergwelt, am Horizont glänzen schneebedeckte Gipfel. Ein letztes Mal fahre ich bergab, bevor die völlig ebene Schlussetappe vor Calgary bevorsteht. Eine haushohe rot-weiße Tafel mit dem kanadischen Ahornblatt kündigt das letzte Land meiner Reise an. Die Aufschrift „Calgary – 240 km“

auf dem Schild daneben macht mir bewusst, wie nahe ich meinem Ziel gekommen bin und dass ein einzigartiges Kapitel meines Lebens bald zu Ende gehen wird.

Würde man mich fragen, wie ich mich fühle, dann bliebe ich wahrscheinlich die Antwort schuldig. Von Freude und Wehmut hin- und hergerissen durchlaufe ich ein Wechselbad der Gefühle. Ich bin so sehr ergriffen, dass mir die Tränen in den Augen stehen, doch ich weiß nicht, welche Art von Tränen es sind. Mir gehen die Erlebnisse der vergangenen Monate durch den Kopf, die Herausforderungen der Straße, die physische Anstrengung, die Begegnungen mit Menschen. Ich fühle die Anspannung und die Angst, in Lateinamerika überfallen zu werden, spüre plötzlich wieder ganz deutlich das Gefühl der Einsamkeit während der weiten Wüstenetappen und des Ausgeliefert- und Abhängigseins von fremden Menschen. Schweißtropfen rinnen über meine Stirn und in meine Augen, meine Kleidung klebt vor

Salz an meinem Körper. Ich rieche den Staub der Wüste Mexicos, den Dreck auf den Straßen Nicaraguas, höre die Rufe „Gringo, give me money“ bettelnder Kinder in Peru und Bolivien. Ich erschrecke vor dem aggressiven Bellen wilder Hunde und vor dem Beben vorbeifahrender Trucks. Mein Kopf wird noch eine Weile damit beschäftigt sein, die vielen Reize zu verarbeiten und die Eindrücke zu verdauen.

Mich beschäftigt der Gedanke, in wenigen Tagen wieder in ein „normales Leben“ zurückkehren zu müssen. Wird sich Langeweile einstellen oder werde ich es als angenehm empfinden, an einem festen Ort zu wohnen und von Alltagsroutine bestimmt zu werden? Und wie werden sich die Fesseln des Berufsalltags anfühlen? Bei allen Bedenken freue ich mich auf jeden Fall schon jetzt darauf, bald in der Nähe meiner Freunde und meiner Familie zu sein und dass vieles wieder planbarer und weniger kraftraubend sein wird.

Ich stelle mir die Frage, ob mir die 21 935 Kilometer, die am Ende der Reise in Calgary auf meinem Tacho stehen, nun weit oder kurz vorkommen. An manchen Abenden der vergangenen knapp zehn Monate bin ich beim Anblick der zurückgelegten Tagesstrecke auf der Landkarte beinahe verzweifelt, die Distanz wirkte im Vergleich zu den Dimensionen des riesigen Kontinents so klein wie ein Mückenschiss. Dann hatte ich immer das Gefühl, die Erde ist unendlich groß und es ist unmöglich, die gesamte Strecke zu schaffen. Doch wenn ich nun aus jetziger Sicht zurückblicke, dann erscheint es mir so, als wäre der Erdball gar nicht so groß und als wäre ich gar nicht so weit gefahren. Wahrscheinlich liegt es daran, dass ich schon wieder viel vergessen habe und die in meinem Gedächtnis übrig gebliebenen Momente ergeben aneinandergereiht eine wesentlich kürzer gefühlte Distanz.

Die letzte Nacht ist eine der ungemütlichsten der gesamten Reise. Am frühen Abend bricht ein ohrenbetäubendes Gewitter über mich herein, Blitze zucken aus schwarzgrauen Wolken. Fette Regentropfen prasseln auf mich ein, als ich auf einem Feldweg neben der Straße mein Zelt aufbaue. Ein stürmischer Wind kommt auf und ich habe Mühe, die Zeltplane nicht aus den Händen gerissen zu bekommen. Verschwitzt und überzogen von einem Gemisch aus Sonnencreme, Straßenstaub und während des Tages aufgesammelten toten Insekten lege ich mich in meinem Schlafsack. Eigentlich eklig, aber es stört mich nicht im Geringsten. Zu spät bemerke ich, dass ich den Zelteingang nicht richtig geschlossen habe und sich ein Teil meines Schlafsacks bereits mit Wasser vollgesaugt hat. Die Situation wäre zum Verrücktwerden, doch ich bade in einem Meer von Gelassenheit, ich bin so ausgeglichen wie selten zuvor. Vergnügt packe ich eine Sahnetorte aus, die ich kurz zuvor in einem Supermarkt gekauft hatte. Genau genommen ist es nur ein Haufen Fett, Konservierungsstoffe und Zucker, eigentlich würde ich diese Sünde meinem Körper nicht antun. Doch an diesem Augustabend verspeise ich die zuckersüßen 4 000 Kalorien mit Hochgenuss an einem Stück und bin dabei derart von Freude erfüllt, dass meine Stimmung selbst von Bauchschmerzen nicht mehr getrübt werden könnte.

IM RÜCKSPIEGEL

Was bleibt von einer derartigen Reise mit so vielen Erlebnissen am Ende? Ich fühle mich ein wenig, als wäre ich aus einem langen schlaflosen Traum erwacht, der gezeichnet ist von einem Leben unter einem azurblauen Himmel und dem Gefühl der grenzenlosen Freiheit. Die vielen einsamen Stunden im Fahrradsattel haben meinen Kopf und meine Gedanken frei gemacht, ich fühle mich ein bisschen wie nach einer geistigen Fastenkur. Manche Situationen während der Reise gingen ganz heftig unter die Haut, gelegentlich wurde es mir fast zu viel. Die Welt hat mich eingesaugt, mich kräftig herumgewirbelt und viele meiner Ansichten und Vorstellungen auf den Kopf gestellt. Fast immer, wenn ich mir nach einem Erlebnis ein bestimmtes Bild machte, dann folgte kurze Zeit später die Bestätigung des Gegenteils.

Zu Hause in Deutschland angekommen war alles noch genau so, wie ich es verlassen hatte, nur in mir drin sah einiges anders aus. Als Bewohner eines westeuropäischen Landes mit beinahe grenzenlosen Chancen und Möglichkeiten neigt man gerne dazu, Wohlstand, Bildung, Frieden, Sicherheit und Gerechtigkeit als selbstverständlich zu betrachten. Man vergisst, um welch kostbare Errungenschaften es sich dabei handelt und welche Bedeutung diese für die Lebensqualität haben – bis man mit Menschen konfrontiert wird, die in einer Gesellschaft ohne diese Gegebenheiten leben. Umso beeindruckender empfinde ich daher den Mut und die Kraft jener Menschen, die ihr Schicksal mit eigenen Mitteln meistern und trotz allem einen positiven Blick für das Leben bewahren. Sie zeigen uns, dass man mit Situationen unterschiedlich umgehen kann und mehrere Wege zum Ziel führen. Der Blickwinkel spielt dabei eine entscheidende Rolle. Auch wenn man eine Gegebenheit nicht ändern kann, hat man zumindest die Wahl, sich für eine Sichtweise zu entscheiden.

Die Begegnungen meiner Reise werden mir noch lange in Erinnerung bleiben, ganz besonders die vielen Momente, in denen mir eine Großzügigkeit entgegengebracht wurde, die ich so nicht erwartet hatte.

DANKSAGUNG

Mein ganz besonderer Dank gilt meinen Eltern Gunhild und Manfred für ihre kontinuierliche Unterstützung während, vor und nach der Reise.

Ein großes Dankeschön gilt Barbara, Sonja, Andrea und Klaus für ihre konstruktive Kritik und ihre wertvollen Beiträge zur Gestaltung dieses Buches.

Außerdem danke ich Sylvia und Tin für ihre Gastfreundschaft und ihre Unterstützung in Rio de Janeiro und während meiner gesamten Reise.

Ich danke Gunter und Janet für die Reparatur meines Fahrrades und den Fahrtproviant;

Andrea und Axel für ihre Gastfreundschaft und das Abendessen;

Klever für die Wanderung durch die Berge;

Diana für die Salsa-Tanzstunden;

Igor und Klaus für die vielen motivierenden Gespräche am Telefon und die moralische Unterstützung;

Ana für ihre Gastfreundschaft und für ihre Hilfe bei der deutschen Botschaft;

Gudiel für das Frühstück;

Hilde und Nelson für das Obst und die Bilder und

Magui für die Gastfreundschaft und die tollen Erlebnisse in Mexico City.

Ich möchte mich auch bei Carmen und Tomas für ihre

Gastfreundschaft;

bei Simon, Uli, Christian und Josef für das gemeinsame Abendessen und

bei den Feuerwehrleuten von der Solana Beach Fire Station für ihre Großzügigkeit, ihr Vertrauen und ihre Spende bedanken.

Ein großes Dankeschön geht auch an Gudrun und Hans-Peter für das köstliche Abendessen mit Spätzle;

an Darlene, Manuel, Fernando, Michael und Linnea für die Unterkunft und das Barbecue;

an Brian und Laurie für die Einladung, den Yoga-Unterricht, das selbst gemachte Hummus und die Massage;

an Claudio, Cassia und Eduardo für die Unterkunft und das Fest und

an Ana für die Einführung in Mosambique.

Danke José und Mari für den Aufenthalt in Chirilagua und

danke Sam für die Kajaktour.

Vielen Dank Bitu und José Luiz für Eure Gastfreundschaft und Eure Unterstützung in Rio de Janeiro.

Vielen Dank Tim für Deine Begleitung in Bolivien und Peru und die leckere Weihnachtsschokolade.

Vielen Dank Peter für Deine Inspiration und Deine Unterstützung.

Ich danke auch von ganzem Herzen allen hier nicht genannten Menschen, die mit ihrer Freundlichkeit, ihrer

Großzügigkeit und ihrer Offenheit diese Reise für mich zu einem ganz besonderen Erlebnis gemacht haben.

Die Sehnsucht ist mein Kompass ...

Unsere Bücher handeln vom Reisen abseits der üblichen Routen und berichten damit von Abenteuern aus erster Hand.

Slow Way Down

ISBN 978-3941760127

237 Seiten

Grenzenlos

ISBN 978-3941760226

426 Seiten

Noch mehr Reiseträume?

www.verlag-kastanienhof.de

100.000 Meilen Einsamkeit

ISBN 978-3941760059

434 Seiten

Eiskalt

ISBN 978-3941760172

296 Seiten

Moto Libre

ISBN 978-3941760189

253 Seiten